성경은 참 이상한 문헌이다. 수천 년의 역사를 담으면서 서로 다른 시대의 수많은 인간 저자들을 두는 하나님의 책이기 때문이다. 그렇다면 성경을 어떻게 읽어야 할까? 성경은 서로 다른 다양한 문학적 장르로 구성된 이합집산 모음집일까? 아니면 창세기부터 요한계시록까지 일관된 흐름이 있는 장대한 서사일까?

이 책의 저자들은 단호하게 말한다. "성경의 모든 부분, 그러니까 성경의 모든 사건, 책, 인물, 명령, 예언, 약속, 시는 하나의 줄거리에 속한 일부분으로 이해되어야 한다." 쉽게 말해 저자들은 성경을 6막으로, 곧 (1) 왕국 건국으로서 창조, (2) 왕국에 대항하는 반역으로서 죄와 타락, (3) 왕국 회복의 시작으로서 이스라엘의 선택, (4) 왕국 회복의 성취로서 그리스도, (5) 왕의 소식 전파자로서 교회의 임무, (6) 왕의 귀환과 새로운 창조의 도래로 구성된 장대한 드라마로 읽을 것을 제안한다.

저자들은 이 대서사가 온 세상에 대한 참된 이야기라고 말한다. 즉 수많은 사이비 서사의 각축장이 되어버린 이 혼탁한 세상에서 성경은 그리스도인들이 반드시 알아야 하는 참된 서사이고, 그 서사 안에서 자신들의 이야기들을 읽어낼 수 있어야 하는 "온 세상에 대한 참된 이야기"라는 것이다.

이 책은 명쾌하고 선명하게 기술된 기독교 세계관의 정석이다. 장마다 묵상하고 성찰할 주제들을 제시한다. 무엇보다 하나님의 이야기 안에서 우리의 이야기를 찾아보자는 항목은 아주 유익하다. 목회자와 신학도들은 물론 특별히 교회의 청년들과 생각하는 일반 신자들에게 강력하게 추천한다.

류호준 백석대학교 신학대학원 은퇴 교수

세상은 원자가 아니라 이야기로 만들어졌다는 말처럼 인간의 삶도 이야기로 형성된다. 책과 영화와 노래는 우리가 어떤 세상에서 무엇을 위해 살아야 할지를 들려준다. 무수한 이야기 중에 어느 것에 귀를 기울여야 할까? 저자들은 창조에서 새 하늘과 새 땅으로 펼쳐지는 온 세상에 대한 참된 이야기 속으로 우리를 초대한다. 그들은 우리가 그 이야기 속 어디에 있는지, 어떤 역할을 맡고 있는지도 자상히 일러준다. 오랜 친구 둘이 주거니 받거니 풀어낸 이야기를 듣노라면 우리도 그들처럼 하나님의 벗이 된다.

신국원 총신대학교 명예교수, 기독교세계관학술동역회 이사장

이 책은 성경 계시가 우리에게 들려주는 삼위일체 하나님께서 주도해가시는 "구원 역사"(*historia salutis*)의 서사를 "창조-타락-회복-완성"이라는 구도 속에서 정리하여 이 세계를 이해하고 파악하는 일관된 관점을 제공해준다. 그렇게 함으로써 이 책은 우리에게 일관된 삶의 체계로서의 기독교적인 세계관을 견지하면서 그리스도인다운 삶을 우리의 삶의 전 영역에서 살아갈 것을 촉구하고 있다. 독자들은 이 책을 읽음으로써 하나님의 창조, 인간의 타락, 타락한 세상을 회복시키기 위한 하나님의 구원 사역, 이미 시작되었으나 아직 완성되지 않은 "하나님 나라의 백성"(*gens regni Dei*)으로서의 교회의 역할, 종국적으로 완성될 "새 창조"(*creatio nova*)로서의 하나님 나라의 전망을 수미일관되고 총체적으로 파악하게 될 것이며, 인생과 세계를 일관되게 이해하고 해석할 수 있는 성경적으로 풍요롭고 지성적으로 신뢰할 만한 세계관적인 관점을 얻게 될 것이다. 신앙과 삶이 심각하게 괴리되고, 신앙이란 개인의 구원과 축복만을 희구하는 사적인 영역의 기복으로 전락해버린 한국교회의 심각한 현실 속에서 저자가 성경 계시에 의존해서 들려주는 온 세상의 구원을 위한 "하나님 이야기"는 우리로 하여금 삶의 모든 영역에서 그리스도인다운 참된 제자도의 삶을 신실하게 살아가도록 독려하는 아름답고 요긴한 안내서가 될 것이다. 이에 독자들에게 기쁜 마음으로 일독을 권한다.

이동영 서울성경신학대학원대학교 조직신학 교수

『온 세상에 대한 참된 이야기』는 기가 막힐 정도로 대담한 제목이고 모든 세계에 어울린다. 이 책은 중요한 해석과 관련한 세부 사항들을 희생시키지 않으면서도 성경의 이야기를 종합한다. 그것은 구원의 역사에 대해 경외심을 느끼게 하는 동시에 예수 나라의 임무에 참여하도록 촉구한다. 나는 우리의 전체 교회에 이렇게 쉽게 접근하도록 도움을 주는 책을 추천할 수 있어서 매우 기쁘다.

조나단 도슨 미국 텍사스주 오스틴 시티라이프 교회 담임목사,
Our Good Crisis: Overcoming Moral Chaos with the Beatitudes 저자

최근 유행하는 신흥 세대들에게 이 책보다 더 중요한 책은 없다. 이 책은 접근하기 쉽고 영향력이 매우 크다. 고힌과 바르톨로뮤는 나와 많은 이들을 세상을 바꾸는 예수 그리스도의 이야기에 몰입시킨다. 이 책은 오늘날의 교회가 세상에 빛이 되라는 부르심에 왜 무기력한지를 이해하도록 도와주는 폭넓은 성경적 지혜를 제시한다. 나는 지혜를 원하는 모든 이들에게 이 책을 추천한다. 이 책을 읽고 여러분의 삶과 사역에 꼭 적용하길 바란다.

타일러 존슨 미국 아리조나주 리뎀프션 교회 담임목사

나는 탄탄한 학자들이 이렇게 멋진 방법으로 성경의 드라마를 쉽게 풀어내준 것에 대해 매우 기쁘게 생각한다.

N. T. 라이트 영국 세인트앤드루스 대학교 신약학 교수

이 매력적인 책은 학생들이 성경의 전경을 볼 수 있도록 도와준다.

매리 E. 힐리 미국 세이크리드하트메이저 신학교 교수

The True Story of The Whole World

Finding Your Place In the Biblical Drama

Michael W. Goheen · Craig G. Bartholomew

The True Story of The Whole World

성경 드라마 안에서 당신의 자리를 찾다

온 세상에 대한
참된 이야기

마이클 W. 고힌 · 크레이그 G. 바르톨로뮤 지음

장혜영 옮김

새물결플러스

삼 대에 걸쳐 이 이야기를 전해주시고
선한 영향력을 행사해주신 신실함을 기억하면서
마이크의 부모님이신 로스와 라일린 고힌에게
이 책을 바칩니다.

평생의 지지를 보여주신
크레이그의 아버지이신 레너드 바르톨로뮤에게
이 책을 바칩니다.

목차

서문

수년 전 밥 웨버(Bob Webber)와 필 케넌(Phil Kenyon)은 복음주의 공동체를 향하여 열정적이고 날카로운 호소를 했다. 기독교 신앙이 마주한 거대한 위협들 가운데 우리가 복음에 보다 더 신실해야 한다는 부름이었다. 성경의 권위를 확인하고 21세기가 시작되면서 복음주의 교회가 마주한 여러 세계적 도전들을 지적한 후에 그들은 다음과 같이 말한다. "고대 시기와 마찬가지로 오늘날에도 교회는 복음과 모순되고 경쟁하는 여러 거대 서사들을 마주합니다. 우리는 다음과 같은 질문을 긴급히 던져야 합니다. '누가 이 세상의 이야기를 우리에게 들려주고 있습니까?'"[1]

그들은 기독교 교회가 서로 경쟁하는 이야기들 가운데 자신의 믿음을 지킨다면 이 같은 질문에 대해 다음과 같이 성경적 서사를 통해 명확히 대답할 수 있다고 올바르게 믿는다. **성경은 온 세상에 대한 참된 이야기를 들려준다.** 따라서 그것들의 첫 부분은 "성경적 서사의 탁월함"으로

---

1   Alasdair MacIntyre, *After Virtue* (Notre Dame, IN: University of Notre Dame Press, 1984), 210. 『덕의 상실』(문예출판사 역간).

명명된다. 이것을 분명히 밝히는 것이 중요한 출발점이다. 교회와 신학, 예배, 영성 형성 그리고 이 세상 속 신자의 삶에 대하여 이어지는 부분은 모두 이 같은 성경 이야기와 관련이 있다. 교회는 이 성경 이야기 속에서 자신이 수행하는 역할로 자신의 정체성을 찾는다. 신학은 이 이야기에 대한 우리의 이해를 심화시킨다. 예배는 이 이야기를 우리에게 보여주고 들려준다. 영성 형성은 교회가 이 이야기를 구현하도록 우리를 준비시킨다. 모든 공적 생활을 포함해 이 세상 속 신자의 삶은 이 이야기가 참이라는 증거가 된다.

이 책에 대한 우리의 바람도 동일한데, 그것은 사람들이 성경을 성경이 쓰인 의도대로, 곧 온 세상에 대한 참된 이야기로 읽는 것이다. 이 책, 곧 **온 세상에 대한 참된 이야기**는 성경의 이야기를 온 창조세계를 죄로부터 회복하기 위해 역사 속에서 지속되어온 하나님의 구속 사역에 관한 통일되고 일관된 서술로 들려준다. 하나님이 세상을 창조하시고 인간의 반역이 그것을 오염시킨 후 그분은 온 세상을 회복하기로 작정하신다. "당연히 분노하셨지만 하나님은 세상으로부터 등을 돌려 그것을 파괴하기로 작정하지 않으시고 대신 사랑 가운데 세상을 향해 자신의 얼굴을 돌리셨다. 주님은 인내와 애정 어린 보살핌으로 잃어버린 자들을 자신의 백성으로, 이 세상을 자신의 나라로 되찾으시기 위한 구속의 긴 여정을 시작하셨다."[2] 성경은 하나님이 걸으신 구속의 긴 여정

---

2   MacIntyre, *After Virtue*, 216.

에 대한 이야기를 들려준다. 이것은 역사 속에서 온 세상을 치유하시기 위해 하나님이 행하신 일들을 풀어내는 드라마다. 성경은 단순히 역사와 시, 도덕 교훈과 신학, 위안을 주는 약속, 우리를 인도하는 원칙과 명령의 집합이 아니다. 기본적으로는 통일되고 일관적인 서술로 하나님의 목적이 전개되는 과정을 기록한다. 성경의 모든 부분, 그러니까 성경의 모든 사건, 책, 인물, 명령, 예언, 약속, 시는 **하나**의 줄거리에 속한 일부분으로 이해되어야 한다. 우리는 독자들이 이것을 자신의 이야기로 만들기를, 그 안에서 자신의 자리를 발견하기를, 그리고 세상에 대한 참된 이야기로서 그 안에 거하기를 바라며 초청한다.

이 책에는 세 가지 강조점이 있다. 첫째, 우리는 하나님의 구속 사역의 포괄적 범주와 회복적 본질을 강조한다. 성경의 이야기는 이 세상의 파괴와 우리의 천국으로의 개인적 "구조"(rescue)를 향해 움직이지 않는다. 이 이야기는 온 창조세계와 인간의 생명이 원래의 선으로 회복되며 끝이 난다.

둘째, 우리는 이 성경 이야기, 곧 우리가 살고 있는 시대의 성경 이야기 속 우리의 자리를 강조한다. 우리는 이 이야기 속 어디에 속해 있을까? 이 이야기는 현재 우리의 삶을 어떻게 빚어갈까?

셋째, 우리는 이 성경 이야기 속 **임무**의 중심 역할을 강조한다. 성경은 창조세계를 회복하시는 하나님의 임무를 서술한다. 하나님은 온 세상을 위한 인류라는 자신의 창조 목적과 설계를 구현할 백성으로 이스라엘을 선택하신다. 그들은 복이 되도록 복을 받는다. 구약은 이 같은 하나님의 부르심에 이스라엘이 반응한 역사를 서술한다. 이스라엘은 실패하고 아버지는 예수를 보내시며 예수가 이스라엘에게 주셨던 선교적 소명을 취하신다. 예수는 인류를 위한 하나님의 목적을 구현하시고 십자가에서 죄를 이기시고 부활하심으로써 새로운 창조세계를 시작하신다. 그분은 동일한 임무를 지속하도록 명령하시며 자신의 교회를 파송하신다. 따라서 오늘날 하나님 백성의 삶 역시 임무로 정의된다. 우리의 시대, 곧 오순절과 예수의 재림 사이에 선 우리는 하나님의 백성으로서 모든 생명을 통치하시는 예수 그리스도를 우리의 삶과 행동, 말로 증거해야 한다.

N. T. 라이트(Wright)는 성경을 드라마에 비유했고 우리는 이 책에서 그 같은 유익한 비유를 빌려왔다.[3] 하지만 라이트가 **다섯 개**의 막(창조, 죄, 이스라엘, 그리스도, 교회)을 언급한 것과 달리 우리는 **여섯 개**의 막을 통해 이 이야기를 전달한다. 성경 드라마의 마지막 막으로 새로운 창조세계의 도래를 덧붙인 것이다. 또한 서막도 덧붙였는데 인간의 삶이 어떠한 이야기로 빚어진다는 말이 무엇을 의미하는지를 서두에서 다루기 위함이다.

이 책은 SPCK(2006)와 이후 Faith Alive(2009)에서 출간된 『성경은 드라마다』(*The Drama of Scripture*, Baker Academic, 2004)를 간략하게 줄인 개

---

3   Lesslie Newbigin, *The Gospel in a Pluralist Society* (Grand Rapids: Eerdmans, 1989), 15. 4. 『다원주의 사회에서의 복음』(IVP 역간). N. T. Wright, *The New Testament and the People of God* (London: SPCK, 1992), 40. 『신약성서와 하나님의 백성』(CH북스 역간).

정판이다. 이 책의 제목은 Faith Alive에서 출판한 것과 동일하게 『온 세상에 대한 참된 이야기: 성경 이야기 안에서 우리의 자리를 찾다』로 지었다.

보다 부피가 얇아진 이 책은 개인과 소그룹이 스터디 자료로 활용하는 데 안성맞춤이다. 『온 세상에 대한 참된 이야기』와 보다 부피가 큰 『성경은 드라마다』 사이에는 세 가지 차이가 있다. 첫째, 『온 세상에 대한 참된 이야기』는 『성경은 드라마다』보다 2/3 정도로 분량이 줄어들었다. 둘째, 설명을 위한 대다수의 각주, 일부 도표들, 그리고 모든 지도가 빠졌다. 셋째, 각 막은 이야기의 각 부분이 오늘날 우리의 삶에 대하여 갖는 현대적 의미를 탐구하고 토의를 위한 질문들로 마무리된다.

아래 웹사이트는 독자들이 이 책을 사용할 때 도움이 될 만한 다양한 자료들을 제공하는데, 지금도 그 양은 늘어나고 있다. 강의 계획서, 분량이 다양한 성인 성경 공부 수업 일정, 파워포인트, 스터디를 위한 추가 질문, 기사, 링크, 13주 과정 읽기표, 보충 읽기 자료, 영상 추천 등이다(www.missionworldview.com).

너무나도 많은 분이 이 책의 다양한 유형이 유익했다고 느끼신 것에 대해 우리는 매우 감사하고 마음이 겸손해진다. 이 책은 여러 상황과 많은 나라에서 우리의 기대를 훌쩍 뛰어넘어 사용되었다. 기독교 신앙은 정말로 말씀, 곧 온 세상에 대한 참된 이야기 속에 존재하고 우리는 이 책이 그것의 회복에 작게나마 기여했다는 사실에 감사하다. 이 원고가 더 생생하고 일관적인 글이 될 수 있도록 숙련된 작가이자 편집자로

긴 시간을 투자해준 우리의 친구 더그 로니(Doug Loney)에게도 감사를
전한다.

캐나다 브리티시컬럼비아주 서리(Surrey)에서 마이클 W. 고힌

영국 케임브리지에서 크레이그 G. 바르톨로뮤

The True Story of The Whole World

서막

위대한 이야기로서의 성경

알래스데어 매킨타이어(Alasdair MacIntyre)는 특정 사건들이 어떠한 이야기의 문맥 안에서만 이해될 수 있다는 사실을 보여주기 위해 다음과 같은 가상의 우스꽝스러운 만남을 제시한다.[1] 자신이 버스 정류장에 서 있고 바로 옆에서 한 남성이 이렇게 말하는 장면을 상상한 것이다. "흔한 야생 오리의 라틴어 이름은 흰줄박이 오리(*histrionicus*), 흰줄박이 오리(*histrionicus*), 흰줄박이 오리다(*histrionicus*)." 이 문장의 의미는 분명하다. 하지만 이 사람은 도대체 왜 이 말을 한 것일까?

이 특정한 행동은 보다 폭넓은 의미의 틀 안에서만 이해될 수 있다. 예컨대 세 가지 다른 이야기가 이 특정 사건에 의미를 부여할 수 있다. 먼저 이 젊은 남성은 자기 옆에 서 있던 사람을 어제 도서관에서 만나 자신에게 "혹시 야생 오리의 라틴어 이름이 무엇인지 아시나요?"라고 물었던 사람과 착각했을 수 있다. 아니면 괴로운 수줍음의 문제를 해

---

1   Alasdair MacIntyre, *After Virtue* (Notre Dame, IN: University of Notre Dame Press, 1984), 210.

결하기 위해 도움을 받고 있는 치료사를 방금 만나고 나왔을 수도 있다. 그 치료사가 낯선 사람에게 말을 걸어보라고 강권한 것이다. 이 젊은 남성이 "무슨 말을 해야 하죠?"라고 물었을 때 심리치료사는 "어떤 말이든 괜찮아요"라고 대답했을 것이다. 이것도 아니면 이 젊은 남성은 이 버스 정류장에서 자신의 연락책을 만나기로 되어 있던 소비에트 첩자일 수도 있다. 자신의 정체를 드러낼 암호가 야생 오리의 라틴어 이름이었던 것이다. 핵심은 이것이다. 이날 버스 정류장에서 일어난 만남의 의미는 어떠한 이야기가 그것을 빚을지에 달려 있다는 것이다. 실제로 각각의 이야기는 이 사건에 각기 다른 의미를 부여할 것이다.

이것은 인간의 삶에도 적용된다. 우리의 삶을 이해하기 위해 우리는 보다 넓은 의미의 틀을 제공해줄 이야기가 필요하다. 매킨타이어의 탁월한 표현을 빌리자면 "'내가 무엇을 해야 하죠?'라는 질문에 대답하기 위해 '나는 어떠한 이야기의 일부분이죠?'라는 질문에 먼저 대답해야 한다."[2] 우리 삶의 모든 부분은 언제나 보다 더 큰 이야기 안에서 그 의미를 찾는다.

내가 그 안에서 의미와 목적을 찾는 이야기는 내 삶의 이야기, 그러니까 나의 사적·자전적 여정에서 시작할 수 있다. 하지만 그것은 그러한 여정보다 더 확대되어야 한다. 사실 보다 더 깊은 의미를 찾으려 할수록 내가 추구하는 문맥은 나의 가족, 나의 도시, 나의 조국, 심지어 나의

---

2   MacIntyre, *After Virtue*, 216.

문명의 이야기로까지 보다 더 넓어질 것이다. 그리고 이것은 매우 중요한 질문으로 우리를 인도하는데, 바로 "나를 포함해 모든 사람에게 참된 문맥을 제공해줄 **온 세상**에 대한 참된 이야기가 존재하는가?"다. 레슬리 뉴비긴(Lesslie Newbigin)은 이렇게 표현했다. "우리가 인간의 삶을 이해하는 방식은 인간의 이야기에 대해 우리가 갖고 있는 이해에 의존한다. 내 삶의 이야기를 포함하는 진짜 이야기는 무엇인가?"[3] **모든** 장소, **모든** 시간, **모든** 사람을 위한, 따라서 이 세상 속 나 자신의 삶을 위한 의미의 틀을 제공하는 "진짜 이야기"는 무엇인가?

오늘날 많은 사람이 이 "진짜 이야기"를 발견하는 것에 대한 희망을 버렸다. 그들은 세상에 대한 진실한 설명이 존재하지 않으며, 설령 있다고 하더라도 우리가 찾을 수 없다고 주장한다. 사람들과 공동체들은 자신들에게만 중요하고 한정된 이야기에서 발견되는 분리된 의미에 만족해야 한다. 다원주의에 대한 헌신은 우리가 이처럼 모든 것을 아우르는 이야기, 그러니까 모든 사람과 모든 공동체, 모든 민족에게 참일 수 있는 이야기를 찾으려 해서는 안 된다고 주장하는데, 그와 같은 이야기의 발견이 모든 이야기가 동일하게 유효한 것은 아니라는 사실을 암시하기 때문이다.

반면 모든 사람, 모든 공동체에 의미를 부여하는 하나의 참된, 진짜 이야기가 존재한다고 주장하는 이들도 많다. 예컨대 이슬람교도들은 (코

---

3   Lesslie Newbigin, *The Gospel in a Pluralist Society* (Grand Rapids: Eerdmans, 1989), 15.

란이 들려주는) 자신들의 이야기, 곧 알라와 그가 창조한 세상, 그가 다스리는 역사, 그의 마지막 승리에 대한 이야기를 참된 이야기로 믿는다. 이슬람교도는 이렇게 말할 수 있다. "언젠가 모든 사람은 우리의 이야기가 하나의 참된 이야기인 것을 보게 될 거예요." 마찬가지로 여전히 계몽주의적 인본주의 이야기에 헌신한 근대주의자들 역시 실재에 대한 다음과 같은 설명이 참이라고 믿는다. 곧 인류가 결국에는 자연을 정복하고 과학과 기술, 그리고 경제, 정치, 사회와 같은 합리적인 조직체를 통해 보다 더 나은 세상을 만들 것이라고 말이다. 특히 북미의 많은 사람이 이와 같은 이야기를 보통은 절대적으로 여전히 믿고 있으며, 세계화의 과정을 통해 전 세계로 확산하고 있다.

그리스도인들 역시 **하나**의 참된 이야기가 존재한다고 믿는데 그것은 성경이 들려주는 이야기다. 이것은 하나님의 창조와 인간의 반역으로 시작해 이스라엘의 역사에서 예수와 교회를 지나 하나님 나라의 최종적 도래를 향하여 움직인다. 이 이야기의 중심에는 나사렛 예수가 있으며 하나님은 그를 통해 온 세상을 향한 자신의 계획을 드러내시고 성취하신다. 이 이야기만이 인간의 역사를 구성하는 모든 사람과 모든 문화에, 따라서 당신의 삶과 나의 삶에도 참된 의미를 부여한다. 이 같은 이야기는 우리에게 온 세상과 그 안에 있는 우리의 자리에 대한 이해를 제공한다. 이것은 우리 삶의 보다 작은 모든 이야기를 망라하고 설명하는 거대한 이야기다. 이 같은 주장에는 "**세상이 실제로 존재하는 방식**을 논하기 위한 최선의 방법은 이야기"라는 믿음이 깔려 있다.[4] 이것이 하나님이 이 세상을 창조하신 방식이다.

이 같은 포괄적 이야기는 개인적·국가적 역사에 대해서뿐 아니라 **우주적·보편적** 역사에 대해서도 의미를 제공한다. 이슬람교도들과 근대주의자들, 그리스도인들은 모두 자신의 이야기만이 이 세상에 대한 **참된** 이야기이며, 언젠가는 모든 이들이 코란이나 진보라는 인본주의적 이야기 혹은 성경을 참으로 인정하게 될 것이라고 믿는다. 하지만 이 이야기들은 서로 다르고 모두가 유일한 참일 수는 없다. 우리는 선택해야 한다.

우리는 다원주의적 관점을 암묵적으로 수용한 사회의 한복판에서 그렇게 하는 것이 얼마나 어려울지 안다. 다양한 문화들, 민족들과 조화를 이루어야 한다는 압력은 우리로 하여금 성경을 세상이라는 도서관에 비치된 개인적이고 종교적인 이야기들을 다루는 또 다른 책으로만 여기도록 강권한다. 하지만 그렇게 하는 것은 성경을 그것이 자신에 대하여 주장하는 사실, 곧 세상에 대한 하나의 참된 이야기라는 사실과 다르게 대우하는 것이다. 이것은 기독교 신앙의 본질을 변화시킨다. 성경의 이야기에 따르면 세상의 역사가 갖는 의미는 예수라는 인물을 통해 가장 온전하게 드러났다. 우리는 예수를 받아들이고 이 이야기를 사실로 믿

---

4   N. T. Wright, *The New Testament and the People of God* (London: SPCK, 1992), 40. 강조체는 덧붙여진 것이다.

든지 아니면 예수를 거절하고 그것을 거짓으로 일축해야 한다. 하지만 우리는 성경을 우리의 개인적·종교적 선호에 맞추어 변개할 수 없다. 자신이 우리의 세상에 대해 하나의 참된 이야기를 이야기하고 있다는 성경의 주장은 그것의 본질적 핵심이다.

애석하게도 많은 그리스도인이 성경의 이 같은 중요한 특징을 인식하지 못했는데 특히 지난 두 세기 동안 그랬다. 세계 종교를 연구하는 한 힌두교 학자는 뉴비긴에게 이렇게 이야기하기도 했다.

> 저는 왜 당신네 선교사들이 우리 인도에 성경을 종교 서적으로 소개하는지 이해할 수가 없어요. 성경은 종교 서적이 아니에요. 그리고 인도에는 종교 서적들이 너무나도 많죠. 우린 더 이상의 종교 서적이 필요하지 않아요. 저는 당신의 성경에서 우주적 역사와 천지 창조의 역사, 그리고 인류의 역사에 대한 독특한 해석을 발견해요. 결과적으로는 역사 속 책임감 있는 행위자로서의 인간에 대한 독특한 해석을 말이죠. 이건 유일무이해요. 세상 종교 문헌 중에서 이것에 견줄 만한 것은 없어요.[5]

뉴비긴은 인도를 찾은 기독교 선교사들조차도 성경을 있는 그대로 분명히 인식하지 못했다는 점이 못마땅하다. 힌두교 학자와 다르게 기독교

---

5   Lesslie Newbigin, *A Walk through the Bible* (Louisville: Westminster John Knox, 1999), 4. 『레슬리 뉴비긴의 성경 한 걸음』(복있는사람 역간).

선교사들은 성경을 또 하나의 종교 서적의 지위로 축소시켰다. 이 힌두교 학자는 이 세상 종교 문헌들을 통틀어 성경과 같은 책이 존재하지 않는다는 사실을 인식했다. 이것은 성경이 인간의 삶에 의미를 부여하는 온 세상에 대한 참된 이야기라는 놀랍고 대담하기까지 한 주장이다.

왜 성경을 믿는다고 주장하는 그리스도인들은 이것을 보지 못했을까? 기독교 학자와 목회자들을 포함해 많은 기독교인이 성경을 작은 조각들로 나누어버렸다. 묵상 조각들, 도덕 조각들, 신학 조각들, 역사비평 조각들, 서술 조각들 그리고 설교 조각들로 말이다. 하지만 우리가 성경을 여러 파편으로 나눌 때, 성경은 필연적으로 우리의 문화를 빚어가는 다른 이야기로 흡수될 것이고 결국에는 마땅히 그래야 하는 것처럼 우리의 삶을 빚어가지 못할 것이다. 우상숭배는 세속적이고 다원적인 서구 세계의 지배적인 문화 이야기를 왜곡시켜왔다. 만일 우리가 신자로서 (성경이 아니라) 이 같은 문화적 이야기가 우리의 삶을 빚어가도록 허용한다면 우리는 우상숭배 문화의 거짓말을 삶으로 구현하게 될 것이다. 따라서 **성경의 서사적 통일성은 사소한 문제가 아니다. 조각난 성경은 실제로 신학적으로 정통하고 도덕적으로 올바르며 경건에 열심인 우상숭배자들을 만들어낼 수 있다.**

자칭 비그리스도인이자 오스트레일리아의 사회학자인 존 캐롤(John Carroll)은 서구 교회가 쇠퇴하는 이유를 교회가 자신의 이야기를 잊어버렸기 때문이라고 설명한다. 그는 다음과 같이 주장한다. "서구 사회에서 나타나는 기독교의 쇠락은 쉽게 설명될 수 있다. 기독교 교회들이 자신들의 가장 중요한 임무, 곧 시대가 공감하는 방식으로 자신들의 기초가 되는 이야기를 재생산하지 못했기 때문이다."[6]

N. T. 라이트의 표현이 적절하다. "기독교의 중요한 핵심은 이것이 제공하는 이야기가 온 세상의 이야기라는 사실이다. 이 이야기는 공적 진실이다." 기독교 신앙의 본질은 기독교가 온 세상에 대한 참된 이야기를 들려준다는 점이다. 라이트는 이어 이야기하기를, 따라서 오늘날 우리의 신학적·선교적 과업의 본질적 일부는 "이 이야기를 가능한 한 분명하게 말하는 것과 그것이 세상에 대한 이야기를 전하는 다른 방식들을 전복하도록 하는 것이다."[7] 우리는 여기에 의견을 같이하고 그것이 이 책을 쓴 이유다. 우리는 우리의 문화를 지배하는 강력한 서사를 전복하기 위하여 성경의 이야기를 일관성 있는 참된 드라마로 들려주고자 한다.

우리는 성경을 드라마에 비유하여 성경의 이야기를 여섯 개의 막으로 들려줄 생각이다. 또한 우리가 믿기로 성경 안에서 발견되는 가장 포괄적 심상인 왕국을 사용할 것이다. 드라마의 개요는 다음과 같다.

1막. 하나님이 왕국을 세우시다: **창조**
2막. 왕국에서 반역이 일어나다: **타락**

---

6   John Carroll, *The Existential Jesus* (Brunswick, Australia: Scribe Publications, 2008), 7.
7   Wright, *New Testament and the People of God*, 41-42.

3막. 왕이 이스라엘을 선택하시다: **회복의 시작**

　1장. **왕을 위한 백성**

　2장. **하나님의 백성을 위한 땅**

막간. 마지막을 기다리는 왕국의 이야기: **신구약 중간기**

4막. 왕이 오시다: **회복의 성취**

5막. 왕의 소식이 퍼져 나가다: **교회의 임무**

　1장. 예루살렘에서 로마까지

　2장. 그리고 온 세상으로

6막. 왕이 돌아오시다: **회복의 완성**

우리는 이것이 온 세상에 대한 참된 이야기라고 믿는다. 독자들도 우리와 함께 **이 세상의 회복을 향한 역사 속에서 일하시는 하나님**의 여정에 동참하기를, 그리고 이 이야기 안에서 자신의 자리를 찾을 수 있기를 기대한다.

· · · · · · · · · ·
이야기 안에서 우리의 자리를 찾다

1. 다음 문장을 읽고 토의해보세요. "성경의 서사적 통일성은 사소한 문제가 아니다. 조각난 성경은 실제로 신학적으로 정통하고 도덕적으로 올바르며 경

건에 열심인 우상숭배자들을 만들어낼 수 있다.”

2. 성경을 “작은 조각들”로 나누는 것의 위험은 무엇인가요? 묵상이나 성경 공부, 설교 등에서 그 예를 본 적이 있나요? 어떻게 이것을 방지할 수 있을까요?

3. 성경의 이야기는 어떻게 우리의 문화적 이야기와 다르게 성이나 정치, 경제, 기술, 교육, 은퇴, 창조세계의 돌봄, 빈곤 문제에 대한 우리의 이해를 빚어갈 수 있을까요?

4. 왜 많은 그리스도인이 너무나도 쉽게 인본주의적 이야기를 수용했다고 생각하나요? 성경의 이야기에 보다 더 일관되고 충실하기 위해 교회 안에서 우리는 무엇을 할 수 있을까요?

The True Story of The Whole World

1막

하나님이 왕국을 세우시다

—

창조

"야웨 하나님"은 누구신가?

성경의 이야기는 "태초에 하나님이…"라는 말로 시작한다. 지금 주연 배우가 누구인지를 분명하고 즉각적으로 시사해주는 대목이다. 하지만 하나님이 누구신가? 창세기를 여는 장에서 하나님을 지칭해 사용된 이름들은 이분이 누구신지에 대해 많은 것을 말해준다. 독자들에게 "마이클"(Michael)이 "하나님과 같은 사람"을 뜻하는 히브리 이름이거나 "크레이그"(Craig)가 "암석 노두"(rocky outcrop)를 뜻하는 게일어 단어인 것은 그다지 중요하지 않을 것이다. 우리 문화에서 이름은 중요하지만 우리는 그것에 많은 경우 특별한 의미를 부여하지 않는다. 하지만 우리가 방문하려는 구약 세계에서 어떠한 이름의 의미는 큰 의의를 갖는데 특별히 하나님을 지칭하는 이름들은 더욱 그렇다.

창세기 1장에서 (성경들에서 단순하게 "하나님"으로 번역된) **엘로힘**(*Elohim*)이라는 히브리어는 고대 근동에서 신을 지칭해 일반적으로 사용된 단어다. 성경은 "하나님"이 모든 창조세계를 무로부터 창조하셨다고 말한다. 하지만 창세기 2:4에서 성경의 저자들은 하나님을 지칭하는 또 다른 이름을 소개한다. "하나님"은 이제 **"야웨 하나님"**(*Yahweh Elohim*)[1]으로 불린다. 이것은 하나님을 지칭하는 매우 특이한 방식으로서 그분이 누구신지에 대해 중요한 사실들을 드러낸다.

하나님이 모세를 불러 이스라엘 백성들을 이집트의 종살이에서 이끌어내도록 하셨을 때 그분은 모세에게 자신을 **야웨**(출 3장, 6:1-12)로 소개하신다. 하나님은 자신이 자기 백성을 속박으로부터 구원하시고 이들을 시내산에서 만나주신 신적인 구원자, 곧 언약의 하나님이라고 밝히신다(출 19:3-6).

야웨(주님)와 **엘로힘**(하나님)이라는 이름들이 창세기 2:4에서 한데 합쳐질 때 이스라엘을 종살이에서 구원하신 바로 그 하나님이 만물을 지으신 하나님이라는 강력한 주장이 가능해진다. 이 하나님은 하늘과 땅의 창조주시다. 이스라엘 백성들은 먼저 (모세를 통해) 자신의 구원자로 하나님을 알게 되며 이후에야 창조주로서의 하나님을 배우게 된다.

성경의 이야기로부터 멀리 떨어진 시대를 사는 우리도 크게 다르지 않다. 우리는 하나님의 아들이신 예수의 구원 역사를 통해 하나님을 먼저 알게 되고, 이때 우리는 하나님을 우리의 구세주, 곧 구원자로 만나게 된다. 하지만 우리는 곧 (성부, 성자, 성령) 하나님이 이전에 존재했고 지금

---

1   이 책에서 우리는 보통 "Lord"로 번역되는 두 가지 다른 히브리어들을 구분하기 위해 일반적 관습을 따랐다. 한 단어(*adonai*)는 그분의 주권과 능력, 힘의 측면에서의 하나님을 지칭한다. 두 번째 단어(*Yahweh*)는 하나님의 개인적인 이름이다.

존재하며 앞으로 존재할 모든 것의 창조주이심을 깨닫게 된다. 그분은 한 분이신 영원한 주 하나님, **야웨 엘로힘**이시다. 따라서 우리가 우리의 신앙을 증언하고 (우리 자신의 개인적 이야기가 담긴 보다 큰 이야기로서의) **기독교의 이야기**를 전하기 시작하는 순간, 우리는 필연적으로 이 모든 것의 출발, 곧 만물의 창조에서 시작하게 된다. "태초에 하나님이…."

이스라엘의 믿음

성경 이야기에서 첫 막은 매우 중요한데 창조가 나머지 이야기의 배경이자 기초이기 때문이다. 하나님은 지금 바로 이 창조세계를 회복하고 계신다!

창조의 이야기를 들려주는 창세기의 첫 장들은 오래전에 쓰였고 당시의 문화는 우리의 문화와 매우 달랐다. 창세기 1장과 2장에 등장하는 창조 이야기 중 일부가 우리에게는 기이하게 보일 수 있지만 이 이야기들을 처음 들은 이스라엘 백성들은 그것들을 쉽게 이해할 수 있었다는 사실을 우리가 기억할 필요가 있다. 저자가 당시 사람들에게 익숙한 심상을 사용했기 때문이다. 창세기 첫 장들이 쓰인 고대 세계의 배경에 비추어 그것을 읽을 때 우리는 이전에는 발견하지 못한 강력한 메시지를 발견하기 시작한다.

몇몇 학자들은 창세기 1장과 2장에 한 가지 강력한 논쟁적 측면이 있다는 사실을 지적해왔다. 고대 근동 사람들은 세상의 기원에 대해 여러 경쟁적인 설명들을 제시했다. 이스라엘 백성들도 이집트에 잡혀 있었을 때는 물론 가나안에 정착하기 시작하면서부터는 그곳에서도 그와 같은 이야기들을 분명히 들었을 것이다. 이 땅에서 자신보다 먼저 혹은 지금 자신 곁에서 살고 있는, 따라서 자신보다 이 땅에 대해 훨씬 더 많은 것들을 알고 있는 사람들의 이야기를 수용하기는 아주 쉬웠을 것이다. 가나안 족속들이 숭배했던 우상 중 다수는 그 땅의 풍요와 관련이 있었다. 새로운 땅을 어떻게 기경해야 할지 배워나가야 할 이 신참자들은 야웨 하나님보다 이 신들에게 도움을 청하려는 유혹을 느꼈을 것이다.

우리는 고대 세계에서 회자된 창조 이야기들에 대해 꽤 많이 알고 있다. 창세기 1장과 2장이 들려주는 이야기가 얼마나 의도적으로 이 이야기들의 중심 요소들을 반박하는지 지켜보는 것은 흥미로운 일이다. 예로 창세기 1:16이 해와 달을 어떻게 묘사하는지 보라. 본문은 해를 평범한 히브리 이름으로 지칭하지 않고 대신 하나님이 낮을 위하여 만드신 "큰 광명체"라고 지칭한다. 비슷하게 달은 "작은 광명체"라고 부른다. 왜일까? 해와 달은 이스라엘이 함께 살고 있던 사람들이 신으로 섬기는 대상이었다. 하지만 창세기의 이야기에서 독자들은 태양을 숭배받아야 할 신으로 오해할 수 없다. 그것은 빛과 열을 제공하기 위한 단순한 목적으로 하늘에 자리한 피조물이기 때문이다. 성경은 모든 관심을 이 놀라운 빛을 창조하신 분, 그 능력이 매우 커 그저 말 한마디만으로 온 우주가 존재하게 된 그분에게 두고 있다. 하늘의 어떤 빛도 우리의 예배를 받기에 합당하지 않다. 하나님만 홀로 신이 되시고 하나님만 홀로 예배를 받으셔야 한다. 창조세계 전체는 "심히 좋았"고(창 1:31) 이것은 그것을 창조하신 분이 그가 창조하신 어떤 것보다 무한히 나으시기 때문이다.

이 초월적 창조주는 예를 들어 인간을 신들의 시중을 들고 이들의 행복을 위해 존재하는 종들로만 그리는 바빌로니아 창조 이야기 속에 나오는 변덕스럽고 이기적인 신들과는 전혀 다르다. 창세기에서 세상을 창조하신 하나님은 자신이 존재하도록 하신 만물에 대한 유종의 미로서 남자와 여자를 그 안에 두신다. 성경의 이야기는 이 세상을 인류를 위하여 준비된 놀라운 집, 남자와 여자, 아이들이 살고 번성하며 창조주 하나님과의 친밀한 임재와 동행을 누리는 공간으로 묘사한다.

창세기 1장은 어떤 종류의 문헌인가?

창세기 속 창조 이야기는 논쟁을 일으킨다. 이 이야기는 자신이 세상에 대한 진실을 말하고 있다고 주장하지만 고대 세계에서 흔했던 다른 이교들의 이야기와는 정면으로 부딪힌다. 이스라엘은 천지를 창조하신 야웨 하나님에 대한 믿음을 대신해 다른 우상숭배의 이야기들을 자신들의 세계관의 기초로 받아들이도록 지속적인 유혹을 받았다.

하지만 창세기의 서술은 고대 다른 이야기들에 대한 논쟁에 그치지 않는다. 창세기의 또 다른 목표는 하나님이 만드신 세상을 바라보고, 우리가 그 안에서 어떻게 살아가야 하는지에 대한 우리의 관점을 긍정적

온 세상에 대한 참된 이야기

으로 빚어가는 데 있다. 창세기는 이야기를 들려주는 것으로 그렇게 하
는데 이 이야기를 곡해하지 않기 위해 우리는 세심한 주의를 기울여야
한다.

창조에 대한 창세기의 설명을 이해하기 위해 우리는 이것이 어떠한
종류의 글인지를 이해해야 한다. 학자들도 어려워하는 설명이지만 한
가지 동의하는 바는 창세기의 첫 장들이 매우 신중하게 쓰였다는 사실
이다. 따라서 우리도 그 이야기를 들려주는 **방식**에 집중할 필요가 있다.
또한 우리는 이 서술을 근대 역사가나 과학자들이 읽는 것처럼 읽어야
하는지도 자문해야 한다.

창세기가 들려주는 이야기는 역사 자체의 신비한 시작이다. 창세기
의 대체적 개요는 그것을 처음 들은 이들에게 그랬던 것처럼 우리에게
도 분명 선명하다. 하나님이 존재하는 모든 것의 신적 근원이 되신다는
것이다. 그분은 창조주와 피조물의 특별한 관계 가운데 다른 모든 것들
과 구별되어 존재하신다. 그분은 자신의 지혜와 선하심 가운데 창조를
명령하신다. 하나님의 형상을 닮아 남자와 여자로 창조된 인류는 만드
시고 빚으시는 하나님의 역사 가운데 정점에 해당한다. 하나님은 자신
과 인간 사이에 아주 특별한 관계를 의도하셨다.

이 장들을 통해 우리는 창조의 이야기를 듣지만 하나님이 세상을
만드신 **방법**과 **시기**라는 세부 사항에 관해서는 21세기식 호기심을 충족
시킬 만큼은 아니다. 창세기의 이야기는 우리에게 그보다 훨씬 더 중요
한 무엇, 그러니까 우리가 살고 있는 세상과 그것의 신적 창조주, 그리고

그 안에 있는 우리의 자리에 대한 참된 이해를 제공해준다.

　메소포타미아와 이집트, 가나안을 지배했던 이방 종교의 개념에 반대해 창세기의 서막은 하나님과 인류 및 세상에 대한 진실을 선포한다. 그것은 우리에게 연극의 주연 배우들―곧 하나님과 인류―과 이 역사적 드라마가 펼쳐질 무대인 세상을 소개한다.

만물을 존재하게 하신 하나님

창세기의 첫 장들을 읽는 것은 정말로 훌륭한 미술 전시회를 방문하는 것과 같다. 멋들어진 작품들의 아름다움과 힘에 압도되어 가만히 앉아 있는 자신의 모습을 상상해보라. 누군가가 다가와 이렇게 말을 건넨다. "작가님을 만나기 원하십니까?" 누가 이 같은 초청을 거절할 수 있을까? 창세기 1장은 가장 먼저 그 작가를 소개한다. 그리고 얼마나 멋진 소개인가! 히브리 성경의 첫 세 단어는 (1) "태초에" (2) "창조하셨다" (3) "하나님이"(행위의 주체)라고 번역될 수 있다. 이 세 개의 짧은 히브리 단어는 우리를 모든 것의 근원, 존재하는 모든 것의 신비하고 인격적인 근원, 곧 영원하시고 자존하시는 하나님께로 데려간다. 시작과 끝이 없으신 이 하나님은 존재하는 다른 모든 것을 존재로 불러들이시는 데 명령한 말씀이면 충분했다.

　창세기의 이야기는 창조가 말씀으로 이루어졌다는 사실을 강조한다. 하나님이 말씀으로 창조하셨다는 개념은 창조주와 피조물 사이의 근본적 차이를 시사한다. 창조는 하나님의 인격적 의지의 결과물이다. 하나님과 피조물 사이의 유일한 연관성은 하나님의 말씀뿐이다.

창세기 1장은 하나님을 모든 피조물을 존재하게 하신 영원하신 분으로 소개한다. "천지"(창 1:1)는 모든 피조물을 지칭한다. 빛과 어둠, 낮과 밤, 바다와 하늘, 땅과 식물, 동물과 인류는 모두 이 하나님, 곧 그분의 강하고 선한 창조 역사에서 나왔다. 그분이 모든 것을 존재하게 하셨기 때문에 온 세상은 그분의 것이다. 그리고 이것은 논리로는 좀처럼 돌파할 수 없지만 믿음으로 헤엄쳐나갈 수 있는 사실이다.

요한계시록 4:11에서 하나님의 왕좌가 놓인 방에는 그분의 창조 역사에 대한 찬양이 끊임없이 울려 퍼진다.

> "우리 주 하나님이여, 영광과 존귀와 권능을 받으시는 것이 합당하오니 주께서 만물을 지으신지라. 만물이 주의 뜻대로 있었고 또 지으심을 받았나이다" 하더라(계 4:11).

성경의 마지막 책에 등장한 이 같은 찬송은 창조 기사의 시작부터 암시되어온 하나님에 대한 심오한 사실을 반복해 알려준다. 하나님은 능력의 말씀으로 모든 피조물을 존재하게 하셨으며 자신의 거대한 왕국을 세우셨다. 그분은 모든 피조물을 다스리시는 위대한 왕이시며 모든 영광과 존귀와 능력을 받으시기에 합당하신 분이시다.

고대 근동 사람들은 권위에 대해 소상히 알고 있었다. 부족이나 국가의 통치자들은 거의 절대 권력을 향유했다. 창세기 1장은 다양한 방식으로 하나님을 권리와 능력을 통해 모든 피조물에게 주권을 행사하시는 **유일한** 군주이자 왕족으로 묘사한다. 고대 세계에서는 보통의 왕이 하는 아주 작은 말이라도 명령의 무게를 지녔다. 하지만 이 불멸의 왕은 말씀하시고 모든 피조물이 그분의 신적 명령으로 존재하게 된 것이다.

하나님은 창조의 행위 안에서 창조하신 것에 이름을 붙이시는데, 이것은 그분의 주권에 대한 추가적 표현이다. 고대에서 이름을 짓는 행위는 왕의 주권적 행동이었다. 따라서 명명은 하나님이 모든 창조물의 주인이시라는 주장의 생생한 표현이 된다.

창세기 1장에서 하나님의 명령의 말씀, 곧 "있으라"라는 반복된 구절은 질서와 조화로 특징되는 창조세계를 존재로 이끌어낸다. 하나님의 창조는 "좋았"고 이 창조된 선은 창조주 자신의 비할 데 없는 선과 지혜, 공의를 강조하는 것에 지나지 않는다. 오직 그분만이 존재하는 모든 것의 위대한 왕국을 다스리실 지혜로운 왕이시다.

하지만 왕 되신 하나님은 자신의 창조물들로부터 거리를 두지 않으신다. 그분은 멀리서 다스리며 자신의 영토나 백성들에게 무심한 군주가 아니시다. 하나님은 깊은 사랑 안에서 인격적인 방식으로 창조물들을 다스리신다. 하나님의 말씀은 단순히 명령에 지나지 않고 그분이 우주를 만드셨을 때 직접적으로 관여하셨다는 사실을 보여준다. 이것은 "우리가 사람을 만들자"(창 1:26)라고 하신 신비로운 구절에서도 볼 수 있다. 이 극적인 순간 본문은 하나님이 자신과 구별된 (하지만 관련이 있는)

다른 이들이 있기를 바라셨다는 사실을 강조한다.

이 같은 바람은 하나님이 만드신 사람을 축복하시며 다음과 같이 직접 말씀하신 장면에서 극적으로 드러난다. "생육하고 번성하여 땅에 충만하라. 땅을 정복하라"(창 1:28). 여기서 우리는 신이신 왕과 인간 백성들 사이의 인격적인 관계를 발견한다. 하나님은 인간 창조물들을 초청하셔서 그들에게 집으로 주신 세상을 충만하게 채우고 빚어갈 위대한 과업에 참여하도록 하신다. 하나님이 인류와 맺은 개인적인 관계는 창세기 2장과 3장에서 더욱 분명하게 그려진다. 주 하나님(*Yahweh Elohim*)은 아담과 하와와 더불어 동산을 거니시고 그들과 그들의 필요와 책임에 대해 가장 친밀하고 인격적인 관심을 보이신다.

하나님의 형상으로서의 인간

인간의 창조는 창세기의 창조 이야기에서 절정을 이룬다(창 1:26-28). 우리가 삶의 기준으로 여기는 성경 이야기에서 남자와 여자는 하나님이 설계하고 만드신 창조물이다. 우리가 창조의 이야기를 어떤 과학 이론들과 연관시키든 우리 삶의 기준이 성경 이야기라면 우리는 우리 자신을 (무신론적 진화론을 주장하는 사람들처럼) 시간과 우연의 무작위적 결과물로 생각할 수 없다. 인간은 하나님의 창조물이며 창세기(와 나머지 성경)에 따르면 각 사람은 특별한 창조물이다.

무엇이 인간을 그렇게 특별하게 만든 걸까? 하나님은 인간과 개인적으로 대화를 나누시고 인간은 하나님과 유일하게 개인적인 관계를 누린다. 아우구스티누스가 오래전 주시한 것처럼 우리는 하나님을 위하여 지음 받았고 우리의 마음은 그분 안에서 평안을 누릴 때까지 평안할 수 없다. 남자와 여자는 하나님과의 친밀한 관계를 위하여 지음 받았고 그들이 땅에 속했다고 해도 그러한 특성이 그와 같은 관계에 걸림돌이 되지 않는다. 하나님은 아담과 하와를 위하여 따로 예비하신 거대한 동산에서 그들과 함께 규칙적으로 거니셨다. 창조주는 그들의 돌봄 가운데 이 거대한 동산이 어떻게 발전하고 있는지, 이곳의 동식물들이 어떻게 번성하고 있는지 그들과 함께 이야기를 나누셨다.

창세기 1장은 인간과 온 세계의 관계 안에서 인간을 바라본다. 창세기 2장은 남자와 여자가 서로와 하나님에 대하여 갖는 그들의 관계 안에서 남자와 여자에게 집중한다. 이 두 본문은 서로 다른 심상과 비유를 사용하는데 그 본문들이 인간이 된다는 것이 무엇을 의미하는지에 대해 서로 다른 측면에 집중하기 때문이다.

창세기 1:26-28에서 하나님은 인간을 자신의 형상, 자신의 모양대로 창조하신다. 형상과 모양이 동일한 핵심을 말하고 있다는 사실에 주목하라. 하나님은 무한한 창조주이시고 인간은 하나님의 유한한 창조세계의 일부에 불과하지만 둘 사이에는 근본적으로 비슷한 무엇이 있다. 형상의 비유는 우리가 근본적으로는 하나님과 다르다는 사실을 부인하지 않으면서도 동시에 놀랄 만큼 비슷한 무엇으로 우리의 주의를 돌려준다. 만일 인간이 "하나님의 형상대로" 창조되었다면 우리는 어떠한 면에서든 우리를 창조하신 그분과 비슷할 것이다. 다음의 구절들은 그 모습을 분명하게 보여준다. 창세기 1:26에서 하나님은 "우리의 형상을 따라…사람을 만들고 그들로…모든 것을 다스리게 하자"라고 말씀하신다. 이어 창조하신 사람에게는 "생육하고 번성하여 땅에 충만하라. 땅을 정복하라.…모든 생물을 다스리라"(창 1:28)라고 말씀하신다. 이 구절은 하나님과 인간 사이에 있는 근본적 유사성을 분명히 밝혀주는데, 곧 그것은 인간의 고유한 소명이 만물의 최고 통치자이신 하나님 아래서 인간을 제외한 다른 모든 창조세계를 다스리는 것이라는 점이다.

하나님은 인간에게 "왕의 대역"(under-kings)이라는, 곧 하나님의 왕국에서 그분의 통치를 대신할 특별한 역할을 부여해주셨다. 우리는 하나님의 우주적 왕국 안에서 그분의 명예를 증진하고 그분의 이름을 영화롭게 하기 위해 창조세계를 다스린다.

창세기 1:26-28은 이 같은 가르침이 근대 세계를 특징짓는 환경 파괴 중 상당 부분을 합리화하는 데 사용되었다고 믿는 일부 환경운동가들 사이에서 악명이 자자하다. 하지만 이 본문은 인간의 통치 소명이 자연에 대한 압제적 착취가 아니라 돌봄이라는 청지기적 직무인 것을 분명히 한다. 하나님은 이기적 쾌락이 아니라 창조세계의 선을 위하여 역사하신다. 하나님은 인류를 위하여 완벽한 집을 만드셨으며, 하나님이 역사하신 모든 순간마다 창세기는 창조를 "좋다"고 묘사하고 마지막에는 특별히 "심히 좋다"고 표현한다. 하나님은 인간을 이 좋은 창조세계의 "통치자"로 부르시고 그것을 청지기 혹은 주권자의 대역

(undersovereign)으로 섬기며 창조세계를 향한 하나님 자신의 돌봄과 보호를 그분의 주권적 다스림 안에서 구현하도록 하신다. 시편 8:6은 이것을 탁월하게 표현했다. 곧 인간의 영광은 하나님이 그들로 하여금 자신의 손으로 지으신 것들을 "다스리게 하신다"는 것이다. 이것을 우리가 하나님의 작품을 원하는 대로 자유롭게 다룰 수 있다는 뜻으로 해석하기란 불가능하다. 그리고 무엇보다 관리자가 된 인간은 이 세상을 지으시고 자신에게 그것을 돌보도록 맡기신 신적 창조주에 대한 책임을 진다.

하나님은 인간에게 커다란 자유와 책임을 주신다. 따라서 창조세계에 대한 인간의 통치를 표현하는 더 나은 방법은 우리가 하나님의 왕실 청지기이며 창조세계의 숨은 잠재력을 개발해 이곳의 모든 것이 하나님의 영광을 찬송하게 하도록 부름받았다고 표현하는 것이다.

당신이 15세기 조각가이고 어느 날 미켈란젤로가 직접 메시지를 보내 자신의 작업실로 와서 자신이 시작한 작품을 완성해줄 수 있을지를 물어왔다고 하자. 당신의 임무는 그 작업을 지속해 완성된 작품이 미켈란젤로의 명성을 증진하도록 하는 것이다. 자신의 창조세계를 통치하라는 하나님의 부르심에는 우리가 그것을 성취할 수 있다는 일종의 자신감이 함의되어 있다. 또한 그와 같은 청지기적 의무에서 나온 결과물에 대한 무거운 책임도 있다. 만일 이것이 "하나님의 형상대로" 지음 받은 것을 의미한다면, 하나님에 대한 우리의 섬김은 분명 창조세계만큼이나 넓다. 우리의 임무는 창조세계의 잠재력을 개발하는 것뿐 아니라 그것을 잘 돌보는 일을 포함한다. 개발과 돌봄, 이 두 가지가 모두 인간의 소명을 정의한다(창 2:15).

창세기 1:28과 2:15을 지칭하기 위해 보통 **문화 명령**(cultrual mandate)이라는 용어가 사용된다. **문화**는 세상을 더 낫게 만드는 것, 동산의 풍요한 잠재력을 개발해(창 1-2장) 번영의 도시를 세우는 것이다(계 21-22장). 인간의 시작에 대한 성경의 이야기는 우리로 하여금 모든 종류의 문화 활동을 하나님에 대한 섬김 속으로 가지고 들어오도록 한다. 정말로 하나님의 형상에는 역동적 요소가 존재한다. 우리는 하나님을 높이는 방식으로 농업과 예술, 음악, 상업, 정치, 학문, 가정생활, 스포츠, 여가 생활 등에서 그것의 잠재력을 개발하고 가능성을 일구는 것으로 하나님의 창조세계 안에서 그분을 "비춘다." 우리는 사람들과 풍성하고 다양한 관계를 개발해 이 땅에 충만한 것으로 하나님을 "비춘다." "~이 있으라"라고 하시는 하나님의 창조 명령의 잠재력을 개발해 우리는 하나님의 창조 역사의 선이 이 세상에서 지속적으로 확산되도록 한다.

창세기 1장은 인간을 **코람 데오**(*coram deo*), 곧 하나님의 임재 앞에서 다스리는 청지기들로 묘사한다. 우리 관계의 본질은 우리가 하나님의 선한 창조세계의 잠재력을 어떻게 개발하고 돌보는지를 통해 드러난다. 그리고 우리는 단순히 개인으로서가 아니라 협력자로서 이것을 한다.

우리는 하나님을 위해 그리고 서로를 위해 창조되었다. 창세기 1장에서 인간은 "남자와 여자"로 지음 받았다. 성별의 차이는 창조세계의 체계 안에 내재되어 있고 우리는 언제나 남자 아니면 여자, 남성 아니면 여성이 된다. 이것은 우리가 언제나 하나님에 대한 관계, 그리고 서로에 대한 관계 안에 서 있다는 뜻이다. 혼자의 힘으로 온전히 인간인 사람은 없다. 우리는 언제나 다양한 관계 가운데 존재한다.

창세기가 아담의 통치를 표현하는 방식 중 하나는 그가 동물들에게 이름을 붙인 사건을 통해서다. 하나님이 (창세기 1장에서) 자신이 지으신 창조물들에 이름을 붙이신 것처럼 하나님은 지금 아담을 불러 자신이 지으신 동물들에 이름을 붙이도록 하신다. 하지만 아담은 동물들이 제공하는 것 이상의 교제가 필요하다. 창세기 2:18-25은 하나님이 하와를 아담의 돕는 배필로 창조하신 사실을 들려준다. "이는 내 뼈 중의 뼈요 살 중의 살이라"(창 2:23)던 환호에 찬 아담의 외침은 모든 관계 중 가장 친밀한 관계, 곧 결혼을 통한 인간의 교제가 주는 기쁨을 포착한다. 결혼을 통해 아담과 하와는 "한 몸"(창 2:24)이 된다. 하나님은 그들의 삶을 풍요롭게 할 것들을 제공하셔서 이 인간 부부를 향한 깊은 사랑을 보여주신다.

창조세계를 다스려야 하는 아담과 하와의 소명은 창세기 2장, 곧 동산에서 일하고 그것을 돌보아야 할 이들의 책임을 통해 그 모습을 드러낸다(창 2:15). 창세기 2:8-14이 묘사하듯 "동산"은 우리 집 뒤뜰보다는 국립 공원에 더 가깝다. 너른 강들이 종횡으로 동산을 가로지르고 온갖 종류의 동식물들이 그것을 가득 채운다. 우리는 아담과 하와를 최초의 농부들, 환경보호관들로 생각할 수 있다. 다시 말하거니와 인간이 된다는 것은 땅과 깊이 연관되어 그것의 잠재력을 개발하고 그것을 돌보는 것이 분명하다.

인간은 다음과 같은 네 가지 관계 안에서 살도록 지음 받았다(그림 1 참조). (1) 우리는 하나님을 위하여 지음 받았다. (2) 우리는 다양한 관계 안에서 서로를 위하여 살도록 지음 받았다. (3) 우리는 인간 외의 창조세계를 경작하고 돌보도록 지음 받았다. (4) 우리는 우리 삶의 각 영역이 하나님에 의해 올바로 정돈되어 조화를 경험하도록 지음 받았다. 이 모든 관계와 우리 삶의 각 영역이 올바로 정돈될 때 우리는 우리 자신 안에서 조화를 경험한다.

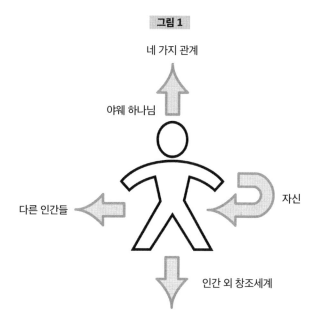

그림 1

네 가지 관계

야웨 하나님

다른 인간들

자신

인간 외 창조세계

하나님의 선한 왕국으로서의 세상

기독교가 내세적이라고 비난을 받을 때도 있지만 지금 즈음이면 성경 이야기의 시작이 그와 같은 견해를 허용하지 않는다는 사실은 분명해진 다. 성경은 이 창조된 물질적 세상을 하나님의 영광이 드러나는 극장으 로 묘사한다. 세상은 하나님이 다스리시는 왕국이다. 모든 피조물은 그 분의 백성이다. 창세기 초반의 장들은 우리를 불러 이 세상에 대하여 매 우 긍정적인 태도를 갖도록 한다. 세상은 창조되었지만 (따라서 창조되지 않은 하나님과 절대 대등하게 여겨져서는 안 되지만) 언제나 선하다고 묘사된 다. 창세기 1장에서 반복되는 좋다라는 단어는 모든 창조세계가 하나님 에게서 나왔고 처음 상태에서는 그것을 향한 하나님의 설계와 계획을 아름답게 반영했다는 사실을 우리에게 상기시킨다. 창조세계의 풍성한 다양성과 잠재력은 창조물들의 놀라운 조화를 반영한다. 오케스트라처 럼 창조세계는 창조주를 향한 찬송의 교향곡을 만들어낸다.

창세기의 서술은 긴 역사적 이야기의 시발점이 된다. 창세기 2:4은 "이것이 천지가 창조될 때에 하늘과 땅의 내력[서술]이니"라고 시작한 다. 하나님은 분명 인류가 그 땅에서 번성하고 흩어지면서, 이 창조세계 를 다스리고 돌보면서, 그것의 잠재력을 개발하면서, 그리고 문화를 형 성하면서 자신의 창조세계가 시간을 두고 발전해가기를 의도하셨다. 역 사는 선한 창조세계의 필수적인 부분이다. 하나님이 만드신 영광스러운 동산에서 아담과 하와가 한 일은 이 같은 긴 역사적 과정의 시작이며 앞으로 이들의 자녀와 후손들 역시 이 같은 과정 안에서 창조세계의 풍성함을 개발해간다. 태초에 세상은 "심히 좋았"다. 그리고 이것은 시작에 불과했다! 아담과 하와가 하나님께 순종하여 자신의 놀라운 소명을 수용했더라면 아주 큰 기쁨과 즐거움이 그들을 기다리고 있었을 것이다.

오늘을 위한 묵상

성경의 첫 장들은 성경의 이야기가 이어지면서 앞으로 펼쳐질 세 가지 큰 주제에 주목한다. 먼저는 조물주, 둘째로는 하나님이 만드신 것, 그리고 셋째로는 하나님의 걸작품, 곧 우리다.

조물주

유일무이라는 단어는 광고로 포화된 우리 세상에서는 진부한 단어가 되었지만, 그 단어는 창세기의 창조주에게 어울리는 유일한 단어이기도 하다. 오직 한 분 하나님이 존재하시고, 이 하나님은 존재하는 다른 모든 것과 상상하기 어려울 만큼 다르시다. 하나님은 능력이 많으시고 선하시며 인자하시고 지혜로우시며 신실하시고 거룩하시다. 그분은 모든 것을 주권적으로 다스리신다. 하지만 이 창조주는 자신을 낮추어 다른 모든 것들과 자신을 연결시키신다. 그리고 독자들과 나를 자신과의 관계로 초청하신다. 우리에게 그같이 중요한 자리를 주신 사실을 인식하면서 하나님의 이야기를 읽는 것은 얼마나 큰 특권인가!

하나님이 만드신 것

창세기의 첫 장들은 완벽한 아름다움과 조화, 기쁨, 즐거움의 우주를 그린다. 거기에는 우리가 알고 있는 세상의 평범한 요소들, 곧 고통이나 악, 죽음이 없다. 하지만 여기서 잠시 멈추어 "평범한"이라는 단어의 의미에 대해 생각해볼 필요가 있다. 이것은 "평균의, 보통의" 혹은 "일상적인"이라는 의미를 갖는다. 이 같은 의미에서 고통과 실망을 경험하는 것은 "일반적일" 수 있다. "이런 일들은 항상 있어. 세상이 그런 곳이야." 하지만 똑같은 단어를 지금 일어나고 있는 일이 아니라 일어나야 하는 일을 설명하기 위해 사용할 수도 있고 우리는 실제로 그렇게 한다. 예로 "일반적인" 신체 온도를 섭씨 36.5도라고 말하는 것이다.

창세기는 후자의 의미로 "일반적인" 세상이 어떤 모습이어야 하는지에 대한 인상적인 스냅 사진을 제공한다. 독자들과 내가 그 같은 세상을 한 번도 보지 못했다고 해도 우리는 우리의 세상이 그렇게 의도되었다는 사실을 잘 안다. 창세기가 그리는 인간과 나머지 놀라운 세상 사이의 관계는 종종 오해되어왔다. 인간에게는 이 땅을 "다스리고 정복"할 임무가 주어졌고 부끄럽게도 이 일은 억압적이고 무책임한 방식으로 이루어져왔다.

"일반적인" 창조세계가 어떤 모습으로 의도되었는지에 주목했듯이 하나님이 의도하신 방식으로 "다스리고 정복"하는 것이 보통은 무엇을 의미하는지도 살펴볼 필요가 있다. 이것은 하나님이 선하게 만드신 세상을 개발하고 돌보는 것을 뜻한다(창 2:15). 예로 하나님의 창조세계를 조심스레 섬기는 청지기들은 과수원을 일구고 나무들을 돌보아 나중에는 그 나무의 열매들을 누릴 것이다. 이것이 하나님이 생각하신 종류의 개발과 돌봄이다. 순종의 청지기는 경솔하게 그 땅을 오염시키고 나무들이 열매 맺지 못하도록 만들지 않을 것이다. 다른 청지기들이 나무들을 키우고 난 후 목재를 위해 그것들을 베어버린다고 해도 선한 청지기들은 숲과 그것을 공유하는 다른 피조물들의 지속적 건강을 생각하지 않은 채 무분별한 벌목을 행하지는 않을 것이다.

하나님이 우리에게 개발하도록 허락해주신 창조세계의 다른 모든 측면도 마찬가지다. 인간은 그것의 풍요로움과 다양성 안에서 문화를 창조하는데, 곧 결혼과 우정, 예술과 학문, 경제와 정치 구조, 게임과 스포츠, 그리고 온갖 다른 선한 은사 중 우리의 정신과 손으로 빚어내는 것들이다. 하나님은 우리를 청지기로 불러 창조세계에 내재된 잠재력을 발견하고 개발하도록 하시는데, 이 선한 은사들을 돌보고 보호하며 그것들을 만드시고 우리에게 주시는 하나님을 높이고 피조물 된 우리 자신의 책임을 인식하며 그렇게 하도록 하신다. 그리고 이것은 우리를 세 번째의 주제, 곧 우리에게로 인도한다.

걸작품

만일 우리가 독자들에게 고등학교 졸업반 사진을 건넨다면, 독자들은 누구의 얼굴을 가장 먼저 찾을까? 맞다, 독자 자신의 얼굴이다! 물론 우리도 그럴 것이다. 우리 인간은 놀라울 만큼 자기 중심적인 피조물이다.

창세기 초반의 내용을 읽다 보면 인간의 허영심 같은 것이 북돋아지는데, 이는 인간을 남자와 여자의 영광 가운데 지으신 것이 창조주의 역사에서 꽤나 분명하게 절정에 해당하기 때문이다. 하지만 동산을 돌본 남자와 여자의 모든 특징 중 가장 영광스러운 특징이 이들의 육체적 아름다움이나 언어와 자의식의 은사 혹은 지성이 아니라는 사실이 곧 이해되기 시작한다. 우리의 가장 영광스러운 특징은 미세하게나마 우리가 말로 다할 수 없는 하나님의 영광을 반영한다는 데 있다. 하나님의 모든 피조물 중 유일하게 우리만이 하나님이 우리를 사랑하시고 우리에게 말씀하시며 우리에게 귀 기울이신다는 사실이 무엇을 의미하는지를 알고 있는데, 오직 우리만이 이와 같은 일을 할 수 있도록 지음 받았기 때문이다. 다른 피조물 중 누구도 이와 같은 방식으로 하나님을 드러내지 못한다.

우리 존재에 영원히 새겨진 하나님의 형상을 온전히 지우는 것은 불가능하다. 하지만 우리 안에 있는 하나님의 형상은 때로는 알아보기 어려울 만큼 죄로 끔찍하게 손상되었다. 살아 있는 사람 중 하나님의 형상을 창세기가 제시하는 일반적인 수준으로 온전히 드러내는 사람은 한 명을 제외하고는 아무도 없다. 이것을 위해 우리는 성경 드라마의 나중 내용을 살펴보아야 하는데, 인류 안에 있는 하나님의 형상이 마침내 예수를 통해 회복되었기 때문이다. 바울은 예수를 두 번째 아담이라고 불렀다(롬 5:14; 고전 15:45). 우리는 예수를 통해 하나님의 완벽한 형상이 회복된 사실을 본다. 예수를 닮아가는 것으로 우리는 위대하신 창조주 하나님이 언제나 우리에게 의도하셨던 모습에 보다 더 가까이 다가갈 수 있는데, 곧 하나님과 교제하고 창조세계와 조화를 이루며 선한 창조세계를 이해하고 누리고 개발하는 우리의 소명 가운데 보람되고 행복한 삶을 사는 것이다. 마침내 일반적이 되는 것이다.

• • • • • • • • • •

이야기 안에서 우리의 자리를 찾다

1. 많은 작가가 복음주의 전통에는 창조의 교리가 없다고 주장해왔습니다.[2] 이 말에 동의하십니까? 동의하는 이유 혹은 동의하지 않는 이유는 무엇입니까?
2. 시편(예로 시 8; 19; 33; 65; 104편)은 어떻게 하나님을 이 세상에 임재하시고 역사하시는 분으로 묘사하고 있나요? 이와 같은 이해는 세상에 대한 우리의 견해를 어떻게 다시 빚어줄 수 있나요?
3. 주 하나님이라는 이름은 우리를 구원하시는 하나님이 동일하게 모든 것을 창조하신 분이라는 사실을 보여줍니다. 이것은 왜 그렇게 중요할까요? 그리스도인들은 구원과 창조를 어떻게 분리하고 있나요?
4. 그리스도인들이 하나님이 모든 것을 선하게 만드셨다는 사실을 기억하는 것이 왜 그렇게 중요할까요? (참조. 창 1:4, 12, 18, 21, 25, 31) 사도 바울은 창

---

2   창조에 대한 성경의 가르침이 갖는 의의를 숙고해보기 좋은 장소는 다음 책의 2장 그리고 Michael W. Goheen과 함께 쓴 후기다. Albert M. Wolters, *Creation Regained: Biblical Basics for a Reformational Worldview*, 2nd ed. (Grand Rapids: Eerdmans, 2005). 『창조 타락 구속』(IVP 역간).

조세계의 선을 부인하는 것이 "악마의 가르침"이라고 이야기했는데(딤전 4:1-5) 그것은 무슨 의미일까요?

5. 세상과 인간 생명의 기원에 대한 창세기의 이야기와 근대 과학 개념들 사이에는 어떤 관련이 있을까요?

6. 창세기는 하나님의 말씀으로 우주가 존재하게 된 사실을 보여주고, 신약성경에서 동일한 말씀은 모든 것들에 명령하시는 것으로 나타납니다(참조. 요 1:3; 히 1:3). 어떻게 하나님은 정치 권력, 경제 생활, 스포츠, 예술 그리고 인간의 감성에 명령하셨을까요?

2막

왕국에서 반역이 일어나다

—

타락

이야기의 중심 갈등, 곧 잘못되어 해결되어야 하는 무엇이 모든 이야기를 이끌어가는 특징이다. 유진 피터슨(Eugene Peterson)은 인간의 반역을 이같이 묘사했다. "대참사가 일어났다. 우리는 더 이상 우리의 좋았던 시작의 연장선상에 서 있지 않다. 재난이 일어났고 우리는 좋았던 시작으로부터 분리되었다. 우리는 물론 우리의 선한 결말로부터도 분리되었다. 다른 말로 혼란의 한가운데 처한 것이다."[1] 창세기 3장은 하나님의 심히 좋았던 세상으로 악이 들어온 비극의 이야기를 들려준다. 이 같은 불행은 죄의 오염이 세상의 모든 구석구석으로 침투하면서 창조세계 자체의 선을 위협한다. 이것은 성경 이야기의 우주적 갈등, 여전히 우리의 삶을 괴롭게 하고 꼭 해결되어야 할 혼란이다.

반역의 이야기를 논할 때 어떤 사람들은 너무나도 성급하게 **신화**와 **전설** 같은 용어에 의존한다. 하지만 이와 같은 서술은 "이것이 천지가

---

1   Eugene Peterson, *Working the Angles: The Shape of Pastoral Integrity* (Grand Rapids: Eerdmans, 1993), 82-83. 『균형 있는 목회자』(좋은씨앗 역간).

창조될 때에 하늘과 땅의 내력[서술]이니"라는 중요한 구문과 함께 소개되었던 보다 큰 구조의 일부다(창 2:4-3:24). 이것은 우주적 역사의 시작으로서 앞으로 이어질 일이 **실제로 일어났다**는 사실을 우리에게 시사해준다. 따라서 우리는 그 세부 사항이 (말을 하는 뱀이나 상징적 나무를 포함해) 우리에게 익숙한 다른 역사적 본문들과 흡사하지 않다는 사실을 인정하면서도 창세기 3장에 기록된 사건들을 진지하게 받아들일 필요가 있다. 우리가 생각할 때 창세기 3장은 첫 번째 인간 부부의 반란에 뿌리를 내린, 하나님의 세상 속 악의 신비한 근원에 대해 믿을 만한 이야기를 들려준다.

창세기의 첫 두 장은 하나님이 선하고 거룩하게 지으신 인간의 모습을 그린다. 공원을 닮은 이들의 집인 에덴은 풍요롭고 비옥하며 기쁨과 즐거움이 넘치는 장소였다. 이곳에서 야웨 하나님은 아담과 하와와 더불어 시간을 보내신다(창 3:8). 따라서 시작점에서의 창조세계는 하나님이 자신의 피조물들을 위해 의도하신 풍요롭고 통합적이며 관계적인 온전함, 그러니까 구약의 단어로는 평화인 **샬롬**을 상기시킨다. 아담과 하와는 하나님과 함께 걸었고, 그들은 서로를 즐거워했으며, 동산은 비옥하여 이들이 경작하는 식물들은 빠르게 성장했고, 그들에게 필요한 모든 것을 공급했다. 무엇이 잘못될 수 있었을까?

우리는 모두 경험을 통해 우리가 살고 있는 세상이 심각하게 깨어진 사실을 안다. 무엇이 세상을 그렇게 만든 것일까? 에덴에서의 삶을 읽을 때 우리는 우리의 삶이 그것과 같기를 갈망한다. 왜 우리의 경험은 이렇게 다른 걸까? 창세기 3장은 이 같은 질문에 대해 답을 하는데, 물론 우리가 원하는 만큼 모든 정보를 제공하는 것은 아니다. 말하는 뱀이 어디에서 왔으며 누구인지는 이야기하지 않는다. 어떻게 이런 피조물이 하나님의 선한 창조세계를 방해할 수 있다는 것일까? 이와 같이 답변되지 않은 질문들은 창조세계 속 악의 근원을 둘러싼 불가해한 신비로 우리의 주의를 환기시킨다.

인간이 된다는 것에는 선택할 자유가 포함되어 있다. 하나님의 선한 창조세계에서도 아담과 하와에게는 사랑할 자유가 있었는데 그것은 그들에게 사랑하지 않을 자유 역시 있었음을 의미한다. 따라서 그들은 유혹을 경험할 수 있었다. 하지만 그들에게 유혹은 무엇을 수반했을까? 이에 대한 대답은 신비한 "선악을 알게 하는 나무"에서 발견된다(창 2:9). 뱀은 그들을 유혹해서 하나님이 그들에게 말씀하신 사실에 반해 나무의 열매를 먹도록 했다(창 2:17; 3:1-5). 하지만 이것의 의미가 무엇일까?

아담과 하와는 하나님께 순종할 수도 있었고 하나님을 거부할 수도 있었다. 그들은 하나님의 자애로운 규칙에 복종하고 생명을 누릴 수도 있었고 반역을 하고 하나님의 길을 떠나 자기만의 길을 찾으며 죽음을 경험할 수도 있었다. 아담과 하와는 하나님의 다스림 아래서 자신의 자유를 살아낼 때 온전한 의미에서 완벽한 인간이 될 수 있었다. 그들은 복종과 순종의 자세를 통해 번성할 수 있었다. 그들이 뱀을 통해 마주한 유혹은 자신의 자율성을 주장하는 것이었는데, 이는 곧 방향을 정하기 위해 하나님의 말씀을 의지하기보다 자기 스스로 옳고 그름을 결정하는 원천이 되는 것이다.

뱀은 아담과 하와에게 하나님의 말씀에 대한 은근한 의심을 심었는데 심지어 하나님의 본질적 선하심에 대해서도 그렇게 했다. 하나님은 그들에게 그 열매를 먹으면 죽을 것이라고 말씀하셨지만 뱀은 그것을 먹으면 참된 생명의 길을 찾게 될 것처럼 이야기했다. 그들은 선택해야 했다. 무엇이 생명의 길일까? 그들은 열매를 따 먹었다.

처음에는 뱀이 사실을 말한 것처럼 보였다. 아담과 하와가 곧바로 죽지 않았기 때문이다. 아니, 그들은 곧바로 죽은 것일까? 아담과 하와의 육체적 생명은 그들이 그 열매를 맛본 즉시 끝난 것이 아니다. 그 열매가 동화에 나오는 독 사과는 아니었기 때문이다. 하지만 그들 안에, 그리고 그들 사이에 있는 깊은 무언가가 **실제로** 죽었다. 자신에 대해서 그리고 서로 간에 맺는 관계에 대한 그들의 의식은 산산이 부서졌다. 그들은 남의 시선을 의식하게 되었고 급하게 자신의 벌거벗은 몸을 가리고자 했다. 더욱 심각한 것은 야웨 하나님과의 관계도 깨어졌다는 것이다. 그들은 두려움과 부끄러움 속에서 자신들의 몸을 숨겼고 생명을 주시는 하나님의 임재로부터 끊어졌다.

하나님은 아담과 하와를 직면하시고 심판을 선언하신다. 하나님은 뱀을 저주해 땅을 기어 다니게 하시고 여자에게는 출산의 고통을 주신다. 아담과 하와의 관계는 이들이 서로를 이기적으로 이용하면서 여러 문제로 악화된다. 심지어는 땅 자체도 저주를 받아 죄의 영향으로 노동에도 부담이 따르게 된다. 마지막으로 하나님은 아담과 하와를 에덴 동산에서 쫓아내시고 그들의 출입을 금하신다. 하나님과의 관계, 서로 간의 관계, 창조세계에 대한 모든 관계가 이제는 변질된 것이다.

이 이야기가 죄의 깊은 신비를 설명해주는 것은 아니지만 오늘 우리의 삶 가운데 존재하는 죄의 근본적인 본질의 상당 부분을 조명해준다. 죄는 자율성을 향한 추구, 하나님을 섬기지 않겠다는 거절로 언제나 비극적 결과를 낳는다. 창세기 2장이 인간을 창조적 관계 안에서 보여준 것처럼 창세기 3장은 신적 왕에 대한 인간의 반란으로 인해 이 같은 관계가 붕괴된 사실에 초점을 맞춘다. 우리 인간은 관계를 위하여 지음 받았지만 죄는 우리를 서로에게서 멀어지도록 한다. 무엇보다 우리는 하나님과의 관계를 즐거워하도록 지음 받았지만 아담과 하와의 죄는 이들로 하여금 두려움과 부끄러움, 외로움을 느끼며 하나님으로부터 도망하도록 했다. 즐거워야 할 이 땅에 대한 우리의 청지기적 의무는 이제 고통스러워졌고 우리의 문화적 임무는 우상숭배로 일그러졌다.

이 세상의 이야기는 이렇게 빨리 그리고 이렇게 슬프게 끝이 나는 걸까? 절대 그렇지 않다. 죄가 세상에 들어온 비극적인 사건 이후에도 하나님은 이 창조세계와 왕국을 포기하지 않으신다. 아담과 하와는 도망쳤지만 하나님은 은혜로 그들을 찾으신다. 하나님은 심판을 선언하시고 뱀을 저주하시며 뱀의 자손과 여자의 자손이 원수가 되게 하실 것을 약속하신다(창 3:14-15). 여자의 자손은 뱀의 머리를 상하게 할 것이고 하나님은 아담과 하와가 반역하여 불러일으킨 악의 세력을 소멸하시겠다고 약속하신다. 이것은 성경에 처음으로 등장한 복음의 약속이다. 그리스도는 "여자의 자손"이 되어 비록 (사탄이 그분의 발꿈치를 상하게 하여) 큰 대가를 치르시겠지만 결국에는 그를 이기실 것이다. 창세기 3:21에서 하나님은 아담과 하와를 위해 공급하시는데, 부끄러움에 처한 이들에게 가죽옷을 지어 입히신다. 구약에서 누군가의 옷을 벗기는 것은 상속권의 박탈을 상징할 수 있는데, 아담과 하와에게 옷을 제공하심으로써 하나님은 자신이 그들을 포기하지 않으셨다는 사실을 보여주신다. 그들은 이 세상에서 여전히 하나님의 형상을 지니며 여전히 이 땅을 유업으로 받을 것이다.

아담과 하와가 에덴의 동쪽으로 움직일 때 그들의 앞날은 암울해 보였다. 이들의 비극적인 불순종 이후 경이로운 동산은 이제는 굳게 닫힌 과거가 되었으며 불확실하고 위험한 세상이 그들 앞으로 다가오고 있었다. 마침내 야웨 하나님이 그들을 찾으셨을 때 그분을 마주하는 것은 얼마나 끔찍했을까! 그분의 얼굴을 대면하는 것이 얼마나 힘들었을까! 하지만 그분의 은혜와 약속은 여전히 빛을 발한다. 그들에게 옷을 입혀주시면서 하나님은 일부이지만 그들의 수치를 거두어주셨고 지속적인 돌봄을 보여주셨다. 그리고 언젠가 뱀의 머리를 상하게 할 하와의 자손에 대한 신비한 약속을 주시는데, 그 약속이 이제 그들의 마음속에서 메아리친다. 모든 창조세계와 인간의 삶의 모든 부분이 죄로 부패했다. 하지만 그 약속은 미래에 대한 소망을 준다.

오늘을 위한 묵상

금지된 열매를 먹은 일은 왜 그렇게 특별했을까? 그것은 자체로는 대수롭지 않게 보인다. 하지만 여기서 이 이야기는 우리의 삶과 우리의 세계를 건드리며 역사를 통해 앞으로 나아간다.

하나님은 남자와 여자를 하나님 자신의 형상으로 지으셨고 자신의 선한 창조세계의 청지기로 삼으셨다. 한갓 피조물이 창조주와 그토록 가까이 있을 수 있다는 것은 얼마나 큰 특권인가! 그리고 이 같은 특권에는 그분의 형상을 순종적으로 지니고 창조주의 무한하심을 신뢰하는 동시에 피조물로서 자기의 한계를 인정할 책임이 따른다. 하나님이 주시는 단 한 가지의 계명, 곧 동산에 있는 모든 나무 중 한 나무의 열매는 먹지 말라는 명령은 속임수가 아니다. 인간 청지기들이 다스리도록 모든 것을 내어주신 창조주는 자신의 영광스러운 세계 안에 단 한 가지 형태의 상기물(reminder)을 남기셔서 자신만이 그들의 생명을 포함해 모든 것을 만드시고 유지하시는 분이심을 상기시키신다. 그분은 그들의 야웨시다. 하나님의 청지기이자 동료로서 자신에게 맡겨진 놀라운 임무를 성취할 때 오는 행복, 동산의 아름다움을 통해 느끼는 기쁨, 서로와 함께 있을 때 오는 즐거움 모두가 이 한 가지의 충성에 달려 있다.

하지만 뱀이 이 같은 사실을 왜곡해 마치 하나님이 이기적인 의도로 인간 피조물들로부터 무언가 좋은 것을 감추고 계신 것처럼 보이도록 했다. 그리고 그들은 뱀을 믿기로 선택했다. 우리가 죄를 시시한 것으로 여길 때도 있지만 이 같은 이야기는 죄가 정말로 무엇인지에 관심을 갖도록 한다. 죄는 단순한 실수가 아니며 우리가 인간이고 또 우리에게 한계가 있기 때문에 나타나는 불가피한 결과도 아니다. 죄는 하나님이 창조세계에 심어두신 방식 대신 우리 자신의 방식을 선택하려는 결정이다. 그것은 신적 통치자에게 순종으로 반응하지 않고 우리 스스로 법이 되려고 하는 것이다. 이것은 자율적 반역 행위다.

한계가 있는 인간 피조물로서 아담과 하와는 어떠한 권위에 굴복해야만 했는데 하나님이 그들을 그렇게 만드셨기 때문이다. 뱀은 이들에게 궁극적인 자유를 주지 않았다. 다만 뱀은 복종할 다른 권위를 주었을 뿐이다. 그리고 그들은 우리와 마찬가지로 그것에 속아 넘어갔다.

창조주의 방식을 거절하는 것으로 우리는 인생의 더 큰 조각을 향하여 손을 뻗는데 그 조각에서는 죽음과 같은 맛이 난다. 우리는 하나님이 주시는 것보다 더 큰 무엇에 접근하고 있다고 생각하지만 결국에는 훨씬 더 작은 무엇을 만난다. 깨어진 우정·결혼·가정, 부패한 정부와 법률 제도, 세계 많은 지역의 기아 상황과 그 외 지역에서의 비만이라는 재앙, 강자가 약자를 억압하는 것과 한 인종이나 성이 다른 인종이나 성을 억압하는 것이 그렇다. 슬프게도 우리는 이 모든 일이 일반적이라고 생각하기에 이르렀다.

죄는 일반적이지 않다. 그것은 하나님이 우리와 우리의 세상에 대하여 원래 의도하신 것을 반영하지 않는다. 우리는 죄를 다양한 방식으로 생각해볼 수 있다.

죄는 반역이다. 이것은 창조주에 대한 피조물(우리)의 배반이다. 우리는 사랑이 많으시고 선하시며 지혜로우신 아버지로부터 우리의 충성을 거두어 거짓말하는 뱀에게 건네주었다.

죄는 우상숭배다. 우리는 누구 혹은 무엇을 섬기도록 지음 받았다. 이것은 우리의 존재 구조의 일부다. 우리는 하나님을 섬기지 않고 하나님께 순종하지 않기로 선택할 수 있는데 그렇다고 다른 무엇도 섬기지 않기로 선택할 수 있다는 뜻은 아니다. 아담과 하와는 하나님의 말씀에 귀를 닫고 사탄에게만 자신들의 귀를 열었다. 하나님을 섬기지 않기로 결정할 때 우리는 우리의 삶을 위한 다른 중심을 찾게 되어 있다. 이것은 이성이나 과학, 기술의 신을 섬기려는 인간 사회, 그리고 쾌락이나 명성, 돈, 심지어는 관계의 신을 만들려는 남녀 개개인들의 삶에서 엿볼 수 있다. 이 같은 신들은 자신의 약속을 절대로 지키지 못한다.

죄는 자율성을 성취하려는 시도다. 그것은 스스로 무엇이 좋고 옳으며 참되고 가치 있는지를 정하려는 시도다. 우리 자신의 기준을 세우고 하나님의 선한 질서와 목적을 벗어나 자유를 찾으려는 노력을 통해 우리는 우리 자신의 계략 안에 갇히고 만다. 인간의 첫 번째 반역 이후 죄의 파괴적이고 생명을 부정하는 힘은 인간의 삶과 문화를 손상시켜왔다.

하지만 죄는 창조세계의 선을 완전히 파괴할 수 없다. 대신 그것을 비틀고 왜곡시킨다. 예로 죄는 성을 파괴하지 못하고 간음과 다른 착취적 관계로 방향을 돌려 그것을 왜곡한다. 죄는 국가를 파괴하지 못하고 대신 공적 정의로부터 멀어지도록 한다. 죄는 인간의 이성을 파괴하지 못하고 대신 다른 신들에게 굴복하도록 한다. 우리는 우리가 처한 혼란에 대해 선한 창조세계의 어떤 부분도 원망할 수 없다. 정부와 경제, 학교, 권위, 기술─이 모든 것은 선하게 만들어진 창조 질서의 일부분이다. 하지만 이 모든 것이 창조주에 대한 인간의 반역으로 뒤틀리고 타락하며 오염되고 왜곡되었다.

이것은 나쁜 소식이다. 하지만 여기 좋은 소식이 있는데 바로 하나님이 세상을 이대로 내버려두지 않으신다는 점이다! 하나님은 창조세계를 그것이 원래 의도된 대로 회복시키신다고 약속하신다. 이제 예수를 따르는 이들은 아직 오지 않은 우주적 회복의 길을 알려주도록 부름받는다.

* * * * * * * * * *
이야기 안에서 우리의 자리를 찾다

1. 우리는 죄를 마치 고속도로에서 제한 속도를 어기는 일처럼 하나님의 일개 규칙을 어기는 것, 그러니까 사소한 무엇으로 생각하고 죄의 심각성을 축소하곤 합니다. 창세기 3장은 이와 같은 생각을 어떻게 바꾸어줍니까?
2. 우리는 죄를 개인의 불순종으로 생각하고 죄의 범주를 축소하기도 합니다. 죄의 악마적 차원과 구조적 본질이 어떻게 여기에 추가될 수 있을까요?
3. 죄는 우리가 맺은 하나님과의 관계, 서로 간의 관계, 그리고 창조세계와의

관계를 훼손했습니다. 이 각각의 관계들이 어떻게 죄로 뒤틀려 망가지게 되었는지 구체적으로 논의해보세요.

4. 우리는 죄가 보통은 하나님이 만드신 것을 파괴하지 않고 왜곡한다는 사실을 살펴보았습니다. (음식과 음료, 성, 가족, 일, 여가 생활 같은) 하나님의 선한 선물이 어떻게 죄로 왜곡되었는지를 나누어보세요.

5. 다음의 문장을 생각해봅니다. "우리의 세상은 '일반적'이지 않고 예수가 회복의 역사를 완성하실 때까지 그럴 것입니다." 여기서 "일반적"은 무슨 의미일까요?

3막

왕이 이스라엘을 선택하시다

—

회복의 시작

1장: 왕을 위한 백성

창세기: 이스라엘의 기원

죄의 시작과 하나님의 반응

아담과 하와가 에덴에 있는 자신들의 집으로부터 추방되었을 때 그들이 하나님이 창조하신 모습으로의 존재를 멈춘 것은 아니다. 우리 모두에게 미친 타락의 영향은 우리가 인간이기를 멈추게 한 것이 아니다. 여전히 우리는 하나님의 형상을 지닌다(창 5:1; 9:6). 하지만 우리의 반역은 우리가 인간이 되는 방식에 깊은 영향을 끼쳤다. 이렇게 아담과 하와는 그들의 죄 이후에도 결혼 생활을 유지했고 하와는 두 명의 건강한 아들을 출산했다. 이 네 사람은 타락 이전에 하나님이 계획하신 대로 한 가족이었다. 하지만 창세기 4장의 이야기가 이어지면서 인간의 마음 안에 일어난 끔찍한 변화가 분명히 드러난다.

가인과 아벨은 최초의 형제다. 가인은 농부였고 아벨은 목자였다. 그들은 서로 다른 직업을 갖고도 서로 화목하고 서로를 지지하는 대신 가인은 아벨에 대해 강한 질투심과 적대감이 커지는 것을 느낀다. 가인이 아벨을 살해했을 때 이야기는 끔찍한 결론에 다다른다. 상상할 수 없는 일이 일어난 것이다. 하나님이 화목과 기쁨의 근원이 되도록 의도하신 가정이 질투와 분노, 살인의 장소가 된 것이다.

이 끔찍한 살인에 대한 반응으로 우리는 하나님이 즉시 모든 것을 파괴하실 거라 예상할 수 있다. 하지만 하나님은 그렇게 하지 않으신다. 그분이 자신의 창조세계를 위해 세우신 선한 질서는 그대로 유지된다. 가인은 결혼하고 에녹이라는 이름의 아들을 낳는다. 그와 그의 가족은 여전히 하나님의 형상을 지닌 사람이다. 하지만 이 이야기를 통해 이제 사람에게는 자신은 물론 다른 사람에게 큰 혼란을 가져올 수 있는 끔찍한 경향이 있음을 분명히 알 수 있다. 가족생활과 하나님의 다른 선한 은사들은 고통과 복수의 원천이 되기도 한다.

이 같은 배경과 함께 이어지는 사건들을 이해할 필요가 있다. 가인은 성을 쌓고 사람들은 여러 다른 방향으로 문화를 개발하기 시작한다 (창 4:17-22).

문화는 음악을 만들거나 집을 짓거나 경제, 정치 구조를 설계하는 것처럼 사회 안에서 조직화된 활동들에 붙이는 이름이다. 창세기 4장에서 우리는 가인(**에녹**이라는 이름의 도시를 세움)과 야발(장막에 거주하며 가축을 치는 자의 조상), 유발(수금과 통소를 잡는 자의 조상), 두발가인(구리와 쇠로 여러 가지 기구를 만듦), 그리고 (시를 쓴) 라멕에 대한 이야기를 읽는다. 이 같은 문화적 성취들은 사람들이 하나님께서 자신의 창조세계에 심어 두신 잠재력을 개발할 때 이루어진다. 이 같은 추구는 본질적으로 선하며 하나님은 인류가 그렇게 살도록 의도하셨다. 우리가 이야기의 1막에서 보았듯이 문화 활동은 우리가 하나님을 섬기고 영화롭게 하는 한 가지 핵심 방법이다. 하지만 창세기 4장의 문맥을 통해 우리는 죄악된 인간이 이같이 선한 문화적 활동을 호도할 수 있다는 사실을 상기하게 된다.

도시를 세우는 일이 창조세계의 숨은 잠재력을 개발하는 중요한 일부임을 알면서도 가인에 대해 우리가 알고 있는 바를 감안한다면 그가 도시를 세우고 그것을 지배하는 모습을 상상하는 것은 우리의 마음을 무겁게 한다. 창조세계를 향한 하나님의 목표가 원시 상태의 시골 공원에서 멈춘다고 생각한다면 오산이다. 하나님은 도시들 역시 발전하기를 바라셨지만, 가인이 첫 번째 도시를 개발한 인물이라는 사실은 하나님의 의도가 어쩌면 변질되지 않을까 하는 염려를 불러일으킨다. 우리가 잘 알고 있는 것처럼 도시는 인간의 문화가 번성하는 장소이면서 동시에 불결함과 억압의 장소가 될 수도 있다. 가인의 질투와 분노는 그가 (그 아들의 이름을 따라) **에녹**이라고 부른 도시 내, 그리고 주변의 생활에 어떠한 영향을 끼칠까? 이 도시의 문화 개발은 하나님의 최고 통치에 대하여 이미 경멸을 표한 바 있는 사람으로부터 시작한다.

시는 하나님으로부터 주어진 놀라운 선물이고 성경은 하나님의 질서에 대한 순종 안에서 언어의 아름다움과 능력을 발전시킨 수많은 노래와 시들을 담고 있다. 라멕은 성경에 등장한 첫 번째 시인이다. 하지만 그의 시에서 하나님의 놀라운 은사는 이미 복수와 폭력을 위한 협박의 도구로 뒤틀리고 왜곡된다. "가인을 위하여는 벌이 칠 배일진대 라멕을 위하여는 벌이 칠십칠 배이리로다"(창 4:24). 라멕은 창조세계를 위한 하나님의 질서, 그리고 수여자(the Giver)로서 하나님의 역할을 무시하거나 비난하는 방식으로 시적 언어의 은사를 망가뜨린다.

계보를 통해 창세기 5장은 아담으로부터 라멕의 아들 노아에 이르기까지 인류가 발전해온 이야기를 들려준다. **노아**는 "안식"을 뜻하고 라멕의 큰 소망은 하나님이 노아를 통해 타락한 창조세계 속 노동의 어려움으로부터 인간에게 안식을 주시는 것이었다(창 5:28-29). 하지만 창조세계의 상황은 나아지지 않는다. 적어도 처음에는 말이다.

창세기 6:1-8은 어떻게 인류 가운데 악이 절정에 이르렀는지, 어떻게 진노하신 하나님이 대홍수를 통해 세상을 멸하시고 새로 시작하시기로 마음을 정하셨는지에 대한 이야기를 들려준다. 노아는 새로운 아담과 같은 존재가 될 것이다. 그는 라멕이 소망했던 안식의 새로운 가능성을 열겠지만 이것은 끔찍한 심판 이후에만 가능할 것이다. 하나님이 이 땅에 보내시는 홍수는 전 세계에 대한 대재앙, 일종의 "창조의 취소"(uncreation)가 될 것이다. "큰 깊음의 샘들이 터지"고 사십 일 동안 쉬지 않고 비가 내리면서 어마어마한 양의 물이 모든 것을 침수시킬 것이다(창 7:11-12).

죄에 대한 심판은 끔찍하겠지만 하나님은 피조물에 대한 자신의 은혜의 약속을 끝까지 지키신다. 그분은 노아에게 앞으로 일어날 일을 들려주시며 방주를 지으라고 말씀하시는데 이 방주를 통해 그와 그의 확장된 가족, 그리고 이 땅에 있는 모든 동물이 그 종류대로 둘씩 홍수로부터 구원받게 된 것이다. 왜 이 냄새 나는 동물들을 방주에 실어야 할까? 이것은 하나님의 구원이 인류에게서 멈추지 않기 때문이다. 하나님의 구원은 온 창조세계를 포함한다(참조. 롬 8:21). 사람의 죄는 동식물을 포함한 온 창조세계에 깨어짐과 파괴를 확산시키지만 하나님의 구원은 모든 살아 있는 것들에 대하여 평화와 온전함을 회복할 것이다. 우리가 성경에 담긴 이 같은 강조를 무시한다면 구원에 대한 우리의 관점은 너무나도 좁은 것이다.

홍수 이야기는 거룩한 심판자이시고 동시에 은혜로운 구원자이신 하나님을 드러내준다. 노아와 그의 가족이 동물들과 함께 방주로부터 빠져나왔을 때 하나님은 노아와 그의 가족과 더불어 신성한 언약을 맺으신다(창 9:8-17). 여기서 **언약**은 하나님과 그분의 창조세계 사이의 관계를 묘사하기 위해 사용된 단어다.

"언약"의 심상은 고대 왕들이 자신의 왕국을 통치했던 방식을 가리킨다. 언약은 이미 세워진 관계에 중대한 법률적 지원을 제공해서 결혼 예식이 결혼에 대해 그렇게 하는 것처럼 그 관계를 영구적이고 깨어질 수 없는 것으로 만들었다. 따라서 언약은 그 언약의 당사자들을 깊고 영구적인 약속 안에 묶는다. 고대의 왕들은 언약을 통해 주권적으로 관계를 맺었고 관계의 조건을 결정지었다. 그 관계를 깨는 것이 죽음을 의미한다는 사실을 분명히 하기 위해 언약을 피로 봉인하는 경우도 있었다.

여기서 노아 및 온 창조세계와 맺은 하나님의 언약은 태초부터 창조세계와 맺은 관계에 대한 하나님의 약속을 강조한다. 하나님은 죄의 처참한 효력에도 불구하고 세상을 계속해서 보존하시며 결국에는 그것을 회복하실 것이다. 노아 언약은 성경의 이야기를 통해 앞으로 이어질 다른 중요한 언약들, 그러니까 아브라함(창 15장)과 이스라엘(출 19장) 그리고 다윗(삼하 7:11-16)과의 언약을 위한 토대가 된다. 하나님은 창조세계를 회복하시겠다는 자신의 목적대로 우리의 첫 부모에게 행하셨던 것처럼 한 백성의 하나님이 되기로 자청하시며 그들에게 자신을 묶어 매신다.

따라서 하나님이 노아에게 "너와는 내가 내 언약을 세우리니"(창 6:18)라고 말씀하셨을 때 하나님이 언급하신 것은 완전히 새로운 관계가 아니라 기존의 관계다. 우리는 이것을 창세기 9장이 노아를 새 아담으로 묘사한 방식을 통해 발견한다. 하나님은 사실상 동일한 단어를 사용하셔서 아담에게 명령하셨던 것과 같은 방식으로 노아에게 명령하신다. "생육하고 번성하여 땅에 충만하라"(창 1:28; 9:1; 참조. 9:7). 비록 하나님이 노아와 새로운 시작을 하시지만, 자신의 창조세계를 향한 그분의 목적은 항상 존재했던 모습 그대로다. 그리고 하나님이 노아와 맺으신 언약의 내용은 온 창조세계로 확장된다. 창세기 8:21에서 하나님은 다시는 이 땅을 저주하거나 모든 생물을 멸하지 않겠다고 약속하신다. 창세기 9:8-17에서 우리는 하나님의 언약이 노아와의 언약, 그의 자손과의 언약, 그리고 모든 생물과의 언약임을 읽게 된다. 무지개는 하나님과 "땅에 있는 모든 생물" 사이에 세워진 은혜의 언약에 관한 증표다(창 9:17).

하나님은 이 언약을 통해 노아와 그의 가족들과의 특별한 관계로 들어가시지만 이것의 토대는 하나님과 창조세계 간의 지속적인 언약이다. 하나님은 자신의 창조세계를 위하여 언제나 의도하셨던 바를 이루시고자 노아 안에서, 노아를 통해 역사하신다.

하지만 애석하게도 하나님의 새로운 시작은 노아의 아버지 라멕이 소망했던 충만한 안식을 가져오지 못한다. 이 땅은 노아의 세 아들들로부터(창 9:18) 다시 한번 번성하지만 죄의 파괴적인 힘이 다시 그 모습을 드러낸다(창 9:20-27). 한 번 더 문화의 개발은 양면적인 가치를 지닌다. 한편으로는 농업이 발전하고 노아는 최초로 포도나무를 심고 포도주를 제조하는 멋진 기술을 발전시킨다(창 9:20). 하지만 포도주와 포도주를 만드는 기술은 그 자체로는 선한 은사이지만 동시에 오용될 수도 있다. 이 세계 최초의 포도주 제조자는 술에 취해 자신과 자신의 가족을 부끄럽게 만들고 만다. 그 결과로 그의 가족은 붕괴된다. 노아는 함의 아들인 가나안을 저주했고 (따라서 자기 가족 중에 이 혈통에서 태어날 사람들을 저주했고) 셈을 축복했다. (셈으로부터는 이스라엘 백성이 나온다.)

창세기 10장은 이 세상의 민족들이 노아의 아들들로부터 왔다는 사실을 들려준다. 이것은 하나님이 아담에게 명령하시고 이후 노아에게 반복하신 "생육하고 번성하여 땅에 충만하라"는 말씀의 긍정적인 성취다(창 9:1). 하지만 이야기의 지금 단계에서 우리는 문화적·수적 성장이 얼마나 긍정적인지와는 무관하게 죄의 부정적인 결과를 예상하기에 이른다.

창세기의 다음 장은 바벨탑 이야기, 즉 아담의 혈통이 다시 한번 하나님으로부터 인간의 자율성을 탈취하고자 한 기념비적이고 공동체적인 시도를 들려준다. 이미 언급한 대로 도시를 건축하려는 충동은 하나님의 세계 속에서 일반적인 문화 개발의 일부다. 하지만 이 충동은 호도될 수 있고 바벨의 이야기에서 이 일은 대규모로 일어난다. 사람들이 동쪽으로 이주했고 그들은 도시를 건축하고 거대한 탑을 세웠다. 하나님은 사람들이 세상으로 퍼져 흩어지기를 바라셨지만("땅에 충만하라"[창 9:1]) 그들은 그것에 반대해 자신의 의지를 주장했다.

바벨은 "우리 이름을 내고 온 지면에 흩어짐을 면하고"(창 11:4) 하나님을 떠나 자기만의 우상을 숭배하는 왕국을 세우려는 인간의 영구적 갈망에 대한 기념비로 볼 수 있다. 하지만 하나님은 그들의 오만한 계획을 돌연 중단시키시는데 그 방식이 독자들로 하여금 웃음을 짓게 한다. 건축자들 사이에서 각기 다른 언어라는 불협화음이 터져 나오면서 그들이 서로를 이해할 수 없게 된 것이다. 당황한 이들은 흩어졌고 그 결과 그들의 야심 차고 우상숭배적인 건축 프로그램은 끝을 맞이한다. 창세기 11장은 인간의 교만과 죄악에서 최고, 아니 최악의 지점을 표시한다.

창세기 3-11장의 이야기는 세상 속에서 죄가 확산되고 증폭되는 이야기다. 하나님의 심판을 통해 인간의 총력적 반역은 저지되지만 그렇다고 문제가 해결된 것은 아니다(참조. 창 6:5; 8:21). 죄의 어두움이 온 창조세계 위로 내려앉았다. 하지만 바벨에서 일어난 반역의 절정에 뒤이은 다음 장면을 통해 하나님은 어둠 가운데에서의 한 줄기 빛, 창조적 축복을 세상에 회복시켜주시겠다는 약속을 허락해주신다. 하나님이 창조세계를 향한 자신의 목적을 성실히 따르시면서 인류를 위한 또 다른 새로운 시작이 다시 한번 주어진 것이다.

아브라함 언약: 복이 되라는 축복

지금까지 성경의 이야기는 온 인류의 역사를 아울렀다. 하지만 하나님은 이제 바벨의 대재앙에 대한 반응으로 다시 한번 상황을 주도하시며 자신의 관심을 한 족속, 그리고 다시 한 사람, 곧 아브라함에게로 돌리신다. 사실 아브라함과 그의 자손들이 창세기의 나머지 부분의 주된 관심사다. 하나님은 이 사람과 그의 자손을 통해 창조세계를 향한 자신의 목적을 회복시키신다.

창세기 11장의 끝을 향해 달려가면서 이 이야기는 노아의 아들 셈과 그 이후에는 하란(현 북이라크 지역)에 살고 있던 데라라는 작은 족속으로 그 폭을 좁힌다. 그리고 그다음에는 한 사람, 아브라함에게로 모든 관심이 집중된다. 하나님은 아브라함을 불러 그의 고향(우르)과 친척과 아버지의 집을 떠나 자신이 보여줄 땅으로 가라 말씀하신다(창 12:1-3). 그분은 이 같은 급진적인 부르심과 함께 아브라함이 그의 집을 떠나 미지의 장소로 향하도록 초청하신다. 아브라함은 순종하여 그의 아내(사라)와 그의 조카 롯, 그리고 이들의 확대 가족과 함께 길을 떠난다.

하나님은 대체 무슨 계획이신 걸까? 이것은 12장 첫 세 절에서 하나님이 아브라함에게 하신 깜짝 놀랄 만한 약속을 통해 분명하게 드러난다. 사실 이 약속의 중요성은 아무리 강조해도 지나치지 않다. 하나님이 온 땅을 창조의 축복으로 회복하시겠다는 자신의 목적을 어떻게 실행하실지에 대한 청사진이기 때문이다. 하나님은 아브라함으로 큰 민족을 이루도록 하시고 그에게 축복을 회복시켜주시겠다고 약속하신다. 하지만 이것은 하나님이 세우신 계획의 1단계에 불과하다. 2단계에서 하나님은 아브라함의 가족을 통해 이 땅의 모든 민족에게 이 같은 축복을 회복시켜주실 것이다(창 18:18-19).

창세기 12:2-3에서 다섯 번 반복된 **복**(blessing)이라는 단어가 핵심이다. 창세기 1장에서 하나님은 인류와 창조세계를 축복하셨지만 아담과 하와의 반역으로 저주가 그 축복의 자리를 빼앗았다. 이제 하나님은 이 축복을 아브라함의 후손에게 그리고 이후에는 나머지 인류에게 회복시켜주시겠다고 약속하신다.

복이 무엇일까? "복은 풍요한 성경적 개념이다.…성경에서 복은 하나님이 자신의 창조물들에게 모든 선한 것으로 특별히 관대하고 풍성하게 주시는 것과 창조된 생명의 풍성함을 계속해서 새롭게 하시는 것을 가리킨다. 복은 사람을 번성케 하는 하나님의 공급하심이다. 하지만 그것은 동시에 관계적이다. 곧 하나님으로부터 복을 받는다는 것은 하나님의 선한 은사를 아는 것뿐 아니라 하나님의 관대한 베푸심을 통하여 그분 자신을 아는 것이기도 하다."¹ 다른 말로 복은 하나님이 그분의 창조세계, 특별히 인간 피조물들을 위하여 의도하셨던 "심히 좋"은 것들이 회복되는 것이다. 만물을 위하여 하나님이 의도하셨던 번영과 기쁨이 회복되는 것이다.

여기서부터 성경 이야기의 상당 부분은 아브라함과 그의 자손에 집중하고 있지만 우리는 하나님이 한 사람을 통하여 모든 민족과 온 창조세계가 그분의 복을 알게 될 것이라고 약속하셨다는 사실을 잊어선 안 된다. 이 이야기를 들려주는 세심한 방식을 유심히 살펴볼 때 하나님의 전략이 드러난다. **복**이라는 단어는 아브라함을 향한 하나님의 축복을 포함하는 두 개의 구절에서 다섯 번 반복되고 있다. 이것은 3-11장에서 **저주**라는 단어가 다섯 번 반복된 것과 선명한 대조를 이룬다. 인류에 대한 하나님의 저주 혹은 심판은 이들의 자유의 상실(창 3:14-16), 땅으로부터의 소외(창 3:17-19), 서로 간의 불화(창 4:10-11), 도덕적·영적 붕괴(창 9:25)를 의미해왔다. 창세기 12:1-3에서 반복된 **복**은 하나님이 아브라함을 통해 자신의 창조세계에 임한 심판의 효력을 되돌리고자 역사하고 계심을 선언한다. 죄가 창조세계에 하나님의 저주를 가져왔지만 하나님은 그것을 복으로 바꾸신다. 우리가 아이작 와츠(Isaac Watts)의 사랑받는 크리스마스 캐롤("기쁘다 구주 오셨네")을 통해 그리스도를 찬송하는

---

1   Richard Bauckham, *Bible and Mission: Christian Mission in a Postmodern World* (Grand Rapids: Baker Academic, 2004), 34. 『성경과 선교』(새물결플러스 역간).

것처럼 "[그분은] 죄와 슬픔[을] 몰아내고 다 구원하"신다. 하나님은 아브라함을 부르셔서 그를 통해 신적인 회복이 온 세상으로 흘러나가도록 하신다.

아브라함을 통하여 "땅의 모든 족속이 복을 얻을 것이"다(창 12:3). 이 최종적이고 절정에 해당하는 구절은 하나님이 아브라함을 선택하신 사실의 궁극적 결과를 가리킨다. 하나님은 그분의 구속의 초점을 한 사람, 한 민족에게로 좁히신다. 하지만 하나님의 궁극적 목적은 구속의 축복을 온 창조세계로 확대시킨다. 태초부터 하나님의 백성은 선교적 존재로, 곧 다른 사람들을 위한 축복의 통로로 선택된 것이다.

하나님과 아브라함 사이의 관계는 이야기에서 앞서 등장한 하나님과 노아 사이의 관계처럼 창세기 15장과 17장을 통해 "언약"으로 묘사된다. 15장에서 하나님은 아직 한 명의 자녀도 두지 못한 아브라함에게 언젠가 그의 자손이 하늘의 별만큼이나 많아질 것이라고 약속하신다. 또한 아브라함의 자손에게 가나안 땅을 주시겠다고도 약속하신다. 아브라함이 하나님의 약속을 의심했을 때 하나님은 언약 의식을 시행하신다. 아브라함은 세 마리의 동물들을 반으로 갈라 그 절반들 사이에 간격을 두고 내려놓는다. 하나님은 연기 나는 불의 형태로 이 사체들 사이를 지나가신다. 우리에게는 신비하지만 당시 사람들은 잘 이해할 수 있는 이 언약 의식을 통해 하나님은 자신이 이 약속을 지키지 않으실 경우 이 동물들과 같이 찢겨지실 것을 의미하셨다(참조. 렘 34:18-20). 이것은 아브라함에 대한 야웨의 신성한 약속이자 온 세상을 위하여 아브라함과 그의 자손들에게 언약의 약속을 보증하신 것이다.

　얼마의 시간이 흘러 하나님은 아브라함에게 다시 나타나셨고 이 때 아브라함의 나이는 아흔아홉 살이었는데 그에게는 여전히 후손이 없었다. 아브라함은 하나님 앞에 엎드려 넘어졌고 하나님은 수많은 후손(창 17:4-6)과 그의 자손들을 위한 땅과 집(창 17:8)을 약속하시며 자신의 언약을 확증하셨다. 더 나아가 하나님 자신이 아브라함으로부터 나오게 될 민족의 위대한 왕이 되시겠다고도 말씀하신다(창 17:7). 창세기 17:10-11에서 하나님은 아브라함의 혈통에 속한 모든 남자를 위한 표시를 소개하신다. 고대 근동에서 대부분의 민족이 청소년기의 남자들에게 할례를 시행했는데 이는 다산에 대한 장애물을 제거한다는 의미였다. 여기서 하나님은 더 이상 자녀를 낳을 수 없는 아흔아홉 살의 남성과 팔일 된 갓난 아이에게 할례를 명령하시며 자신의 백성을 위하여 이같이 흔한 문화적 관행을 근본적으로 탈바꿈시키신다. 하나님은 자신의 언약을 지키기 위하여 주권적으로 역사하시며 할례는 이들의 피부에 칼로 새겨진, 하나님이 아브라함 그리고 그의 자손들과 맺으신 언약의 상징이 된다.

　아브라함과 맺으신 하나님의 언약에는 세 가지 요소가 포함되는데, 그 요소들은 회복된 하나님과의 관계, 그의 가족이 민족으로 성장하는 것, 이 민족의 집이 되어 줄 땅이었다. 세 가지 관계, 곧 하나님과의 관계 서로와의 관계 그리고 창조세계와의 관계는 회복될 것이다. 한 사람과 맺은 이 약속들은 언제나 그것의 궁극적 목표로 모든 민족과 온 창조세계를 향한 축복을 담고 있다. 모세 오경(창세기에서 신명기에 이르는 다섯 권의 "모세의 책") 속 나머지 이야기는 이 같은 약속이 성취된 시작과 하나님 백성의 형성을 묘사한다.

아브라함과 그의 후손들은 자신들을 가로막고 있는 듯한 많은 장애물에도 불구하고 이 같은 약속들을 믿도록 부름받았다. 그들은 **엘 샤다이**(*El Shaddai*), 곧 전능하신 하나님이 이 같은 장애물들을 극복하시고 자신의 약속을 지키실 것을 신뢰해야 했다.

아브라함과 사라의 이야기들은 이 같은 신뢰를 유지하기가, 특히 여러 해가 지나도록 사라가 임신하지 못하면서 얼마나 어려운지를 드러내준다. 어느 시점에서 아브라함은 이 같은 약속들에 대해 진저리를 내기도 했다. 다 늙은 남자와 여자가 아이를 갖는다는 우스운 생각을 비웃었고(창 17:17) 사라는 그 웃음에 동참했다(창 18:12). 아브라함은 자신의 노력을 통해 약속을 성취할 방법을 찾고자 했는데 바로 그의 여종 하갈을 통해 자녀를 낳은 것이다. 그리고 이것은 그의 가족에게 재앙과 같은 결과를 낳는다. 그러나 종국에는 하나님이 사라를 축복하셔서 약속의 아이를 허락하신다. 이때 아브라함의 나이는 이미 백 세였다(창 21:5).

하지만 하나님의 약속을 믿는 아브라함의 믿음에 대한 시험은 아직 끝나지 않았다. 창세기 22장에서 하나님은 그에게 그의 "유일한 아들" 이삭을 데리고 모리아산으로 가 제물로 바치라고 말씀하신다. 여러 해 동안 아들을 기다렸는데 이삭을 죽여야 하는 것이다. 아브라함의 믿음이 얼마나 대단했는지 그는 순종의 채비를 한다. 자신의 아들을 죽이기 위한 칼을 쥐고 손을 공중으로 높이 치켜 든 마지막 순간 하나님의 사자가 아브라함의 손을 멈춘다. 하나님은 이삭을 대신해 죽을 숫양 한 마리를 예비하시고 아브라함은 그것으로 제사를 드린다. 그분은 이 시험을 통해 언약의 약속을 다시 한번 강력히 확인하신다. "네 씨로 말미암아 천하 만민이 복을 받으리니 이는 네가 나의 말을 준행하였음이니라"(창 22:18).

창세기 25-36장은 이삭과 그의 아들들, 곧 에서와 야곱의 이야기를 들려준다. 야곱의 아들들로부터 이스라엘의 열두 지파가 나온다. 아브라함을 부르신 하나님의 목적은 온 세상에 축복을 가져오기 위함이었지만 한동안 성경의 이야기는 이 가족의 혈통에 집중하는데 이 혈통을 통해 축복이 올 것이기 때문이다. 야곱의 열두 아들, 곧 그의 가족들은 이스라엘 민족의 열두 지파가 될 것이다.

이 이야기들을 묶는 중심 주제는 하나님이 아브라함에게 주신 약속이다. 하나님은 아브라함과 그의 아들, 그의 손주들에게 그 약속을 재차 확인해주시는데 이제 하나님 자신을 "아브라함의 하나님, 이삭의 하나님, 야곱의 하나님"(출 3:6)으로 부르시는 것이다. 하나님은 아브라함(창 18:18-19)과 이삭(창 26:3-5)과 야곱(창 28:13-15)을 큰 민족으로 만드시고 그들에게 땅을 주시며 그들을 축복하시고 궁극적으로는 그들을 통해 모든 민족을 축복하시겠다고 약속하신다.

하지만 하나님은 자신의 약속을 지키시기 위해 여러 장애물을 극복하셔야만 한다. 이 조상들의 아내들은 아이를 낳을 수 없거나 다른 남자의 궁으로 불려 들어간다. 기근 같은 자연 재해가 하나님의 백성들을 엄습해온다. 그들은 여러 번 그들의 불신과 죄악으로 자신은 물론 자신의 가족과, 궁극적으로는 하나님의 목적을 위험에 빠뜨린다. 하지만 인간의 온갖 소란 속에서도 한 가지는 변하지 않는데 바로 하나님이 아브라함에 대한 그분의 약속에 신실하시다는 사실이다.

성경에 펼쳐진 하나님의 지속적인 신실함이라는 주제는 이 조상들의 이야기 가운데 등장하는 하나님의 중요한 이름, 곧 (여러 영어 번역에서는 "전능하신 하나님"으로 번역되는) **엘 샤다이**(El Shaddai, 창 17:1; 28:3; 35:11; 48:3)와 관련이 있다. 출애굽기 6:3에서 하나님은 모세에게 자신이 아브라함과 이삭과 야곱에게 이 같은 이름으로 자신을 보이셨다고 말씀하신다. 엘 샤다이라는 이름은 하나님이 복을 주시겠다는 자신의 약속을 지키시기 위하여 모든 장애물을 극복하시며 모든 상황을 뚫고 역사하신다는 사실을 상기시키는 듯하다. 하나님의 섭리라는 이와 같은 주제는 요셉의 이야기를 통해 유독 분명하게 드러난다(창 37-50장). 창세기 45:5-7에서 요셉은 자신에게 일어난 모든 일이 하나님이 "큰 구원으로 [아버지의 가족의] 생명을 보존하고 [이들을] 세상에 두시려고" 정하신 일임을 깨닫게 된다(창 45:7; 참조. 50:20). 이 아브라함의 가족을 향한 보호는 역사를 다스리시는 하나님의 능력과 이 가족을 통해 세상에 복을 가져다주시겠다는 그분의 변함없는 약속을 보여준다.

창세기의 이야기가 마무리될 즈음 아브라함에게 하신 하나님의 약속, 곧 그가 수많은 자손을 갖게 될 것이라는 약속은 부분적으로 성취된다(창 47:27; 출 1:6-7). 이즈음 야곱의 자손들은 이집트에서 그 수가 많고 번성하는 무리가 된다. 노쇠한 야곱은 자신의 가족들을 모아 이별의 축복을 나누고 희미하지만 놀랍게 미래를 예견한다(창 49:1-28). 그의 아들 유다의 순서가 되었을 때 야곱이 전한 영감의 말은 여러 시대를 걸쳐 신비하게 울려 퍼진다. "유다는 사자 새끼로다.…규가 유다를 떠나지 아니하며 통치자의 지팡이가 그 발 사이에서 떠나지 아니하"리로다(창 49:9-10; 계 5:5도 보라). 여기서 이야기는 다음 장면으로 넘어가기 전에 멈추고 우리는 또다시 하나님의 궁극적인 구원의 목적을 넌지시 전해 듣는다.

출애굽기: 한 백성의 형성

하나님이 놀라운 구속의 역사로 이스라엘을 형성하시다

4세기가 지나 성경의 이야기가 출애굽기에서 다시 시작할 때 야곱의 자손들은 이집트에 그대로 남아 있었다. 요셉과 그의 형제들은 이미 죽었지만 그들의 자손은 하나님이 약속하신 대로 그 수가 크게 증가했다. 하지만 하나님이 아브라함에게 하신 다른 약속들, 그러니까 그들을 축복하시고 그들에게 땅을 주시겠다는 약속은 어떻게 되었을까? 출애굽기의 서술이 시작되는 지점에서 이 약속들은 여전히 요원해 보인다.

"요셉을 알지 못하는" 새로운 파라오가 등장했다(출 1:8). 이 이집트의 통치자는 자신의 나라 안에서 이스라엘 민족의 힘이 커져가는 것을 두려워했고 따라서 그들에게 무자비한 부역을 내리고 심지어는 이스라엘 인구를 억제하기 위해 그들 중에 새로 태어나는 남자아이들을 모두 죽이도록 명령하기도 한다. 역설적으로 이 같은 박해는 이스라엘 민족이 이집트에서 해방되는 계기가 된다. 그들은 고통과 압박 속에서 하나님께 울부짖었으며 "하나님[은] 그들의 고통 소리를 들으시고…아브라함과 이삭과 야곱에게 세운 그의 언약을 기억하"신다(출 2:24).

모세, 곧 이스라엘의 해방자가 될 아이가 태어난다. 모세의 어머니는 아들이 이스라엘 민족에게 태어난 다른 남자아이들처럼 죽임을 당하지 않도록 아이를 상자에 담아 나일 강가 갈대 사이로 내려놓는다. 강으로 목욕을 하러 나온 파라오의 딸이 이 아이를 발견하고 자신의 아이로 입양한다. 결과적으로 모세는 파라오 가족의 심장부에서 이집트가 제공할 수 있는 최상의 교육을 받게 된다.

청년 시절 모세는 자신의 백성이 당하는 고통에 측은함을 느낀다. 그가 한번은 한 이집트 사람이 이스라엘 사람을 때리는 장면을 목격한다. 분노한 모세는 그 이집트 사람을 죽이고 도망치는데 그의 행동을 목격한 사람들이 있었기 때문이다. 파라오가 그를 죽이려고 했지만 모세는 미디안으로 달아났고 결혼해 목자가 된다(출 2:11-22).

모세가 호렙산 부근에서 장인의 양 떼를 돌보고 있을 때 놀라운 만남을 갖게 된다. 하나님이 떨기나무 불꽃으로부터 그에게 말씀하신 것이다(출 3장). 떨기나무는 불타고 있었지만 불타 없어지지는 않았다. 하나님은 모세에게 그가 서 있는 땅이 거룩하니 신을 벗으라고 말씀하셨고 그에게 자신을 아브라함과 이삭과 야곱의 하나님으로 소개하셨다.

하나님은 모세에게 그가 억압받는 백성들의 부르짖음을 들으셨으며 그를 파라오에게 보내어 하나님의 백성을 이집트에서 이끌어내 그가 약속하신 땅으로 인도하시겠다고 말씀하신다. 모세는 자신을 보낸 이가 정말로 하나님이신 것을 어떻게 이스라엘 사람들에게 설명할 수 있을지를 염려하며 대답을 머뭇거린다. 하나님은 이렇게 대답하신다. "나는 스스로 있는 자이니라.…너는 이스라엘 자손에게 이같이 이르기를 '스스로 있는 자가 나를 너희에게 보내셨다' 하라"(출 3:14).

이 사건은 우리에게 구약에서 등장하는 가장 흔하고 독특한 하나님의 이름을 소개하는데 바로 **야웨**(Yahweh)다. 이 이름은 영어에서 일반적으로 "주님"으로 번역된다. 야웨라는 이름은 구약에서 6,800여 회 정도 등장하고 이것의 정확한 의미에 관한 자료는 상당히 많다. 수많은 번역이 이루어졌고 이 이름과 이것의 출처가 된 구절에 대한 제안들도 다수가 있다(출 3:14). 이 표현에 대한 최선의 번역은 아마도 "나는 앞으로도 지금의 내 본질을 유지하는 자"(I will be who I am)일 것이다. 이렇게 이해할 때 야웨라는 이름은 하나님이 **지금** 현존하시는 것뿐 아니라 앞으로도 "이어질 역사 가운데 [그분의 백성을 위한] 신실한 하나님이 되실 것을 가리킨다.…우리는 하나님이 자신이 어떤 분이신지에 관해 충실하실 것이라고 신뢰할 수 있다. 이스라엘은 자신들의 역사를 이 이름으로부터, 그리고 이 이름을 자신들의 역사로부터 이해한다. 이 이름은 이스라엘의 이야기를 형성하지만 그들의 이야기 역시 이 이름에 대하여 보다 큰 질감을 제공할 것이다."[2]

하나님은 아브라함으로부터 나온 민족을 구원하시는 것, 즉 그들을 노예의 신분으로부터 구해주시고 약속의 땅에 데려가주시는 것으로 아브라함에게 하신 약속에 대한 신실하심을 보여주신다. 하나님이 모세를 부르셨을 때(출 6:6-7) 야웨라는 이름은 이집트의 노예 생활로부터 그들을 구원하신 놀라운 역사와 특별히 연관되어 있다. "그러므로 이스라엘 자손에게 말하기를 '나는 여호와라. 내가 애굽 사람의 무거운 짐 밑에서 너희를 빼내며 그늘의 노력에서 너희를 건지며 편 팔과 여러 큰 심판들로써 너희를 속량하여 너희를 내 백성으로 삼고 나는 너희의 하나님이 되리니 나는 애굽 사람의 무거운 짐 밑에서 너희를 빼낸 너희의 하나님 여호와인 줄 너희가 알지라.'"

이스라엘 민족이 이집트를 떠날 때 가장 큰 장애물은 파라오였는데, 이집트 신들의 대표자로서 그는 자신의 권력이 절대적이라고 생각했다. 모세와 아론이 이 이집트의 왕을 찾아가 이스라엘 백성들이 광야에서 야웨께 절기를 지킬 수 있도록 이들을 놓아 달라 요청했을 때 파라오는 이렇게 대답한다. "여호와가 누구이기에 내가 그의 목소리를 듣고 이스라엘을 보내겠느냐? 나는 여호와를 알지 못하니 이스라엘을 보내지 아니하리라!" (출 5:2) 결국 파라오와 야웨의 대결이 이어진다. 파라오

---

2   Terence Fretheim, "Yahweh," in *New International Dictionary of Old Testament Theology and Exegesis*, ed. W. A. VanGemeren (Grand Rapids: Zondervan, 1997), 4:1296.

와 야웨는 모두 자신이 이스라엘과 맺은 언약의 주인임을 주장한다. 그 신들은 모두 이스라엘의 헌신과 충성을 요구한다. 하지만 재앙은 참된 최고 권력이 누구에게 있는지를 분명하게 드러내줄 것이다.

하나님은 모세(와 모세의 대변인인 아론)를 보내 파라오를 직면하도록 하시는데, 파라오는 자신의 마음을 완악하게 해 야웨를 인정하지도 이스라엘 백성들을 놓아주지도 않는다. 열 가지 재앙을 통해 파라오는 하나님의 권위와 능력을 마주한다. 첫 번째 아홉 가지 재앙은 나일강의 피와 개구리, 이, 파리, 가축 전염병, 종기, 천둥과 우박, 메뚜기, 흑암이었다. 마지막으로 한 치명적 재앙이 사람과 동물을 가리지 않고 이집트에 있는 장자들에게 내린다. 하지만 이스라엘 백성의 장자들은 이 재앙을 면한다.

이 재앙들을 이해하기 위해서는 우리가 하나님이 이 기이한 사건들 가운데 역사하고 계심을 인식해야 한다. 하나님은 온 창조세계를 다스리시는 자신의 주권적 능력을 파라오와 이집트 사람들에게 보여주신다. 하지만 이 재앙들은 다른 이집트 신들에 대한 것이기도 하다. 출애굽기 12:12이 선언하는 것처럼 하나님은 "애굽의 모든 신을…심판하"시고 여기에는 나일강 신, 개구리 신, 암소 신, 최종적으로는 태양신 라(Re)가 포함된다. 파라오와 이집트의 신들과 하나님 사이의 대치는 야웨의 능력을 드러내고 그분의 "이름이 온 천하에 전파되"도록 한다(출 9:16). 하나님은 자신의 백성이 자신을 섬길 수 있도록 이들을 우상숭배와 이집트 신들을 섬기는 일로부터 해방시키신다.

마침내 패배한 파라오는 이스라엘 백성들을 놓아준다. 출애굽기 12장은 어떻게 이 같은 위대한 구속이 유월절이라는 연례 절기의 기초가 되었는지를 보여준다. 이스라엘은 유월절을 통해 하나님의 강력한 구원 역사를 기억했다. **유월절**(Passover)이라는 용어는 마지막 재앙으로부터 나왔는데 하나님이 이집트에서 처음 난 남자아이들과 동물들 모두를 멸하셨지만 이스라엘 장자들을 거기서 제외시키셨기(passes over) 때문이다. 억압과 노예 생활로부터 구속된 이 같은 경험은 이후 이스라엘 백성들의 기억을 깊이 형성한다. 이들이 한 민족으로서 자유를 누릴 수 있는 이유는 오로지 하나님이 이들의 강력한 해방자이셨기 때문이다.

파라오는 이스라엘 백성들을 저지하기 위한 마지막 필사의 시도를 하는데 그의 군대를 보내 이집트를 떠나는 이들을 뒤쫓도록 한 것이다. 하지만 (역시 야웨의 통제 아래에 있는) 능력과 혼돈의 위대한 상징인 바다가 파라오의 군대를 집어삼키고 만다(출 14장). 출애굽기 15장은 모세와 이스라엘 백성들이 부른 승리의 노래를 기록하는데 여기서 하나님은 자신의 백성을 위하여 전쟁에서 이기시고 영원히 다스리시는 능력의 용사로 묘사된다. 이 찬송은 하나님이 새로이 구원받은 자신의 백성을 계속해서 인도하시고 이들의 조상에게 약속하셨던 땅을 이들에게 주실 것에 대한 확신을 표현한다. 하나님이 마침내 이스라엘 백성들을 그 땅으로 들이실 때 이것은 온 창조세계의 복구와 회복을 향한 중요한 한걸음이 될 것이다.

이스라엘은 언약 안에서 하나님과 묶여 있다

모세의 리더십 아래 이집트를 떠난 지 삼 개월이 되었을 때, 이스라엘 백성들은 시내산, 곧 모세가 하나님을 처음 만났던 장소에 도착한다. 하지만 여기에는 한 가지 차이가 있다. 이전에 하나님은 떨기나무 불꽃으로부터 한 사람에게 말씀하셨는데, 지금은 온 산이 불타고 있는 가운데 구속받은 한 백성을 만나고 계신 것이다(출 19:16-19). 하나님은 지금 한 개인이 아니라 온 민족을 부르고 계신다. 하나님은 산 위의 천둥과 번개로 이스라엘 백성에게 자신을 보이시는데, 이것은 하나님의 성품과 능력을 탁월하게 상기시킨다. 이곳 역시 거룩한 땅이다.

이 산에서 모세는 이스라엘 백성들에게 하나님이 그들을 위하여 과거에 행하신 일과 그들의 미래를 위한 그분의 목적을 상기시킨다(출 19:3-6). 하나님은 마치 독수리가 자신의 지친 새끼들을 자신의 날개로 업어 옮기는 것처럼 그들을 이집트에서 인도해내셨다. 이스라엘이 하나님의 백성이 된 것은 전적으로 그들을 향한 하나님의 은혜의 역사 덕분이다. "내가…너희를…내게로 인도하였"다(출 19:4). 하나님의 의도는 우상숭배로부터 한 백성을 해방시키시고 그들을 자신에게로 회복시키시는 것이다.

하지만 하나님은 왜 **그들을** 선택하셨을까? 하나님의 의도는 출애굽기 19:5-6에서 드러난다. 하나님은 특별한 목적을 위하여 이스라엘을 부르셨다. 모든 민족 가운데 그들을 하나님의 존귀한 소유로 선택하신 것이다! 하지만 아브라함을 통해 보았던 것처럼 선택은 단순히 특권만 있는 게 아니다. 그것은 모든 민족을 섬기라는 부름이다. 이스라엘이 하나님의 통치 아래에서 산다면 그들은 그들 자신의 삶을 통해 창조세계에 대한 하나님의 통치를 증거하는 제사장 나라, 거룩한 백성이 될 것이다(출 19:6).

그들은 제사장 나라로서, 제사장이 자신의 백성을 위하여 그렇게 하는 것처럼 하나님과 민족들 사이에서 축복을 중재해야 한다(민 6:22-27). 그들은 거룩한 백성이 되어야 한다. 거룩은 성경이 하나님께 부여하는 가장 중요한 성품적 특징 중 하나다. 이것은 우리에게 하나님이 절대로 유일무이하시며 그분이 창조하신 모든 것과 차별되시고 선과 의로 충만하신 분이시라는 사실을 이야기해준다. 하나님은 이스라엘을 부르셔서 하나님이 거룩하신 것처럼 거룩하고 차별되며 모든 민족 가운데 유일무이한 민족이 되라고 하신다. 이 같은 호칭들과 함께 하나님은 이스라엘을 부르셔서 "야웨와의 언약 안에 거하는 것이 한 백성을 어떻게 변화시키는지에 대한 시연, 곧 시범적인 백성(display-people)"이 되라고 하신다.[3] 이스라엘 백성들은 하나님께 순종하고 이것을 통해 하나님의 통치 아래에 거하는 삶이 어떤 모습인지를 보여줄 것이다. 그러면 다른 민족들은 모든 사람을 향한 하나님의 창조적 설계와 참된 사람이 된다는 의미를 엿보게 될 것이다. 가족생활과 법률, 정치, 경제, 오락을 모

---

3   John I. Durham, *Exodus*, Word Biblical Commentary (Waco: Word, 1987), 263. 『출애굽기』(솔로몬 역간).

두 포함해 이스라엘이 경험하는 모든 것은 하나님의 성품과 인간의 삶을 향한 하나님의 원래의 창조 의도를 반영할 것이다. 하나님 아래 거하는 이스라엘의 삶은 자기 백성들과 함께하시는 하나님의 살아 계신 임재를 증언해야 한다. 이 같은 풍요와 번성의 삶이 이 땅의 민족들을 매혹케 하는 것이다. 이 같은 방식으로 이스라엘은 하나님이 아브라함과 맺으신 약속, 곧 모든 민족에게 복을 주시겠다는 언약을 성취할 것이다.

하나님이 이스라엘 백성들을 구출하신 것은 그들이 순종을 통해 어떠한 방식으로든 그것을 얻어냈기 때문이 아니라 그들을 향한 하나님의 은혜로운 사랑 때문이다(신 7:7-8). 하지만 이스라엘이 제사장 나라, 거룩한 백성이 되는 이들의 운명을 성취하는 것은 오로지 그들이 하나님의 통치 아래 거하며 적극적인 순종의 삶을 선택할 때만 가능하다. 나머지 구약은 이스라엘이 이 같은 부르심에 얼마나 충실했는지 혹은 충실하지 못했는지에 대한 서술이다. 윌리엄 덤브렐(William Dumbrell)이 말한 것처럼 "이 시점부터 이스라엘의 역사는 사실상 이들이 시내산에서 받은 소명에 어느 정도 충실했는가에 대한 기록에 불과하다."[4]

이스라엘은 언약의 문맥 안에서 하나님의 부르심을 듣는다. 출애굽기 19-24장에서 하나님은 시내산에서 자신과 이스라엘 백성들 사이에 언약 관계를 세우신다. 오랫동안 학자들은 고대 근동의 봉신 계약과 이

---

4   William Dumbrell, *Covenant and Creation: A Theology of Old Testament Covenants* (Nashville: Nelson, 1984), 80. 『언약과 창조』(크리스챤서적 역간).

시내산 언약 사이의 유사점에 주목했다. 고대의 봉신 조약은 위대한 정복자인 왕과 그의 통제 아래로 들어간 민족 사이에 세워진 관계에 대한 약속으로서 여기에는 법적 구속력이 있다. 모세의 시대 즈음 이 같은 종류의 조약은 히타이트 왕들이 자신의 제국을 다스리는 방식이었다. 출애굽기에 등장하는 언약의 형태는 이 봉신 조약 중 하나와 매우 흡사하다. 이것은 분명 대등한 인물들 사이의 조약이 아니다. 하나님은 위대한 왕이시며 이스라엘은 종속된 민족이다. 이럴 경우 이스라엘은 하나님의 통제 아래 거하며 그분의 백성이 되지만, 이것은 (히타이트 왕들이 주변 부족들을 정복하는 것처럼) 그들이 정복되었기 때문이 아니라 하나님이 그들을 이집트의 노예 생활로부터 해방하셨기 때문이다.

이 같은 성경 본문들은 하나님이 히타이트의 강력한 정복자들과 비슷하게 위대한 왕이시지만 동시에 그들과 비교할 수 없을 만큼 보다 더 위대한 왕이시라는 사실을 시사해준다. 하나님의 왕적 지위에 대한 심상은 우리에게 이스라엘 민족이 하나님의 백성이 된 과정에 대하여 중요한 통찰을 건넨다. 정복하는 왕이 자신의 봉신 국가가 될 민족의 삶의 모든 영역을 진지하게 여기는 것처럼 해방시키시는 하나님 역시 이스라엘 삶의 모든 영역을 다스리기 원하신다. 하나님은 고대 근동의 다른 위대한 왕들과 마찬가지로 이스라엘의 정치와 경제 그리고 법률에 동일한 관심을 기울이신다.

이것은 이스라엘 백성들의 모든 삶의 영역을 규제하고 빚어가기 위해 주신 지침들을 통해 분명히 드러난다. 우리는 보통 이 같은 지침들을

"(율)법"(law)이라고 부른다. 이스라엘 백성들에게 이 같은 율법은 완전히 새로운 것이 아니었다. 그들은 이집트에서 노예 생활을 하는 동안 법에 대해 충분히 경험했다. 하나님이 이스라엘 백성들을 위해 모세에게 주신 율법은 고대 근동 법률의 모든 특징을 포함한다. 하나님은 기이하고 비역사적인 방식으로 살도록 그분의 백성을 부르신 것이 아니다. 그들은 자신이 처한 역사적 시간과 장소의 사람들이 되어야 한다. 동시에 하나님은 창조세계를 향한 자신의 성품과 질서를 반영하도록 고대 근동의 법을 변경하신다. 예를 들어 당시의 법은 일반적으로 사람보다 재산을 더 가치 있게 여겼고 살인보다 절도에 더 큰 형벌을 내렸지만 이스라엘의 율법은 재산보다 사람을 더 가치 있게 여겼다. 이것은 하나님의 모든 피조물 중 오직 사람만이 자신의 형상으로 지음받았기 때문이다. 또한 다른 법들은 돈과 권력이 많은 사람을 보호했지만 하나님의 율법은 가난하고 연약한 이들을 보호했다. (신 24:19-22이 그 예다.)

십계명, 히브리어로는 "열 개의 말씀들"(출 20장; 신 5장)은 이스라엘 백성들의 삶의 모든 영역을 하나님 앞에서 빚어가기 위한 일반적 규정들이다(출 20-22장). 다음 세 장을 통해 이어지는 율법은 이 일반적 규정들을 구체적인 상황에 적용시킨다. 이스라엘 백성들이 하나님께 온전히 순종할 때에만 이들은 진정한 제사장 나라, 거룩한 백성이 될 것이다. 하나님의 율법이 이들의 전 삶을 빚어갈 때에만 그들은 자신들의 부르심을 성취하고 다른 민족들에게 축복이 될 것이다. 율법은 그들을 온전한 인간이 되도록 만들기 위하여 주어졌다.

십계명의 대다수(4계명과 5계명을 제외한 전부)가 부정적 형태로 표현되고 있지만 그것들은 모두 긍정적인 함의를 갖는다. 첫 번째 계명은 이스라엘의 공적 예배에 어떠한 다른 신도 포함시키지 못하도록 금할 뿐 아니라, 긍정적으로 이스라엘이 야웨 한 분만을 섬기도록 안내한다. 사람들이 야웨 혹은 다른 신의 형상을 만들지 못하도록 금한 두 번째 계명은 이스라엘의 시대와 지역에서는 고유한 것이다. 고대 근동 민족들 가운데 유일하게 이스라엘만이 예배의 대상으로서 자신들의 신에 대한 물리적 형상을 가질 수 없었다. 그림도, 조각도 금지되었다. 이 같은 명령만으로도 이스라엘의 근방 민족들은 놀랐고 이스라엘의 하나님의 본질에 대하여 심오한 질문들을 던졌다. 당시 자신의 신당에 형상을 두지 않는다는 것은 어떠한 신도 믿지 않는다는 뜻이었다. 하지만 어떠한 형상도 예배하지 못하도록 금하는 일은 너무나도 중요했다. 이스라엘 백성들은 자신들의 신이 보통 신이 아니라 다름 아닌 하늘과 땅의 주인이심을 깨닫고 증거해야 했다.

이와 비슷하게 하나님은 이스라엘에게 자신을 야웨로 드러내시지만, 그들이 그 이름을 신비한 힘을 휘두르기 위하여 사용하는 것을 금지하신다. 세 번째 계명은 야웨가 존중받으셔야 하며 사람들이 그분의 이름을 자기 목적대로 이용해서는 안 된다는 사실을 가르쳐준다.

네 번째 계명은 노동이 중요하고 필요하다는 사실을 인정하면서도("엿새 동안은 힘써 네 모든 일을 행할 것이나"[출 20:9]) 동시에 노예를 포함해 모든 사람에게 안식을 명령한다. 이것은 노동과 안식, 예배라는 창조적 리듬을 회복시킨다.

다섯 번째 계명에서 십계명은 하나님의 백성 가운데 새로운 세대가 등장하면서 건강한 사회 구조 안에서의 관계를 규정해준다. 다섯 번째 계명은 부모의 권위와 책임을 강조하고 나머지 계명을 통해 하나님은 선택받은 백성들 가운데서의 살인과 간음, 절도, 거짓 증언, 탐내는 것을 금하신다.

십계명은 좋은 소식이다. 십계명을 통해 이스라엘은 어떻게 하나님을 기쁘시게 하고 자신에게 유익하며 다른 민족들에게는 인간을 향한 하나님의 창조 목적을 시연하는 방식으로 살 수 있는지 듣게 된다. 창조주로서 야웨가 주시는 지침들은 그분이 세상과 사람들을 만드신 방식과 잘 어울린다. 따라서 이 계명들은 우리의 삶을 고달프게 만들기 위한 제약들이 아니라 인간의 삶을 온전히 살도록 하기 위한 열쇠다. 율법에 대한 순종은 우리를 번성하는 공동체로 만들어갈 것이다.

출애굽기 20:22-23:33에는 이 일반적 명령에 따르는 여러 구체적 조항들이 등장한다. 그것들은 예배와 노예 제도, 폭행, 납치, 성범죄, 경제 활동, 종교 절기, 동물의 돌봄 등을 포함해 다양한 주제를 다룬다. 모든 생명은 야웨의 다스리심 아래 있다. 이 같은 율법의 의미를 생각할 때 우리는 이것이 고대 근동에 거주하던 이스라엘 백성들에게 주어졌다는 사실을 기억해야 한다. 이것은 여전히 하나님 앞에서 살아가는 우리의 삶과 깊숙이 연관되어 있지만 이스라엘이라는 고대 민족이 이것을 지켰던 것과 동일한 방식으로 우리에게 적용될 수는 없다. 예를 들어 이스라엘 사회에서 이 계명 중 다수를 어길 경우 그 벌은 매우 심각했다. 한 예로 다른 신을 예배한 사람은 죽임을 당해야 했다. 이것으로부터 우리는 하나님이 우상숭배의 죄를 매우 심각히 여기신다는 사실을 계속해서 배워야겠지만 새 언약 아래서는 이 같은 벌이 더 이상 하나님의 의도가 아니라는 사실 또한 알아야 한다.

출애굽기 24장에서 이스라엘 백성은 순종을 약속하며 전례 의식과 함께 이 언약을 확증한다. 모세는 이스라엘 백성들이 동의한 율법을 낭독했고 이것을 받아 적었다. 그다음으로는 제단을 쌓고 열두 기둥을 세웠는데 이것은 이스라엘의 열두 지파를 상징했다. 이 언약은 하나님의 백성 전체와 맺은 언약이었고 그 기둥들처럼 영원했다. 마지막으로 모세는 제물로부터 나온 피의 절반을 제단에 뿌렸고 나머지 절반은 백성들에게 뿌렸다. 이 피는 죄인들이 하나님의 임재로 나아오기 위해서는 제물이 필요하다는 사실을 보여준다. 이 피는 "언약의 피"(출 24:8)라고 불렸는데 예수가 최후의 만찬에서 사용하신 표현이기도 하다. 또한 이 피는 관계의 심각함을 상징한다. 일종의 "우리가 언약의 조항들을 지키지 못할 경우 이와 같은 일이 우리에게 일어나 우리의 피를 쏟게 될 것이다"라는 선언이었다.

이 같은 확증 의식은 하나님과 이스라엘의 리더십이 산 위에서 식사를 나누는 것으로 끝을 맺는다. 여기서 하나님과 이스라엘 백성 사이에 이루어진 성찬은 언약에 매우 중요하고 놀라운 방식으로 이루어진다. 장로들은 하나님을 "뵙고" 그분과 더불어 먹고 마셨다(출 24:9-11).

이것은 하나님이 그분의 백성들과 함께 거하신다는 묘사이기도 하다.

하나님이 자신의 백성과 함께 거하기 위해 오시다

하나님은 자신의 임재가 이스라엘 삶의 영구적 일부가 되기를 의도하신다. 그분은 모세에게 말씀하셔서 이스라엘 백성들로부터 복잡한 천막 구조물과 성막을 세우기 위해 필요한 재료들을 모으도록 하시고, 이후에는 그것의 건축을 위한 자세한 지침들을 주신다. 이스라엘의 공적 예배 생활이 이곳에서 이뤄질 것이다. 제사장들과 레위인들이 이스라엘 백성들의 희생과 제물을 감독하겠지만 성막의 주된 핵심은 이것이 이동식 성전, 그러니까 하나님이 그분의 언약 백성들 가운데 개인적으로 거주하시는 장소라는 것이다. "내가 이스라엘 자손 중에 거하여 그들의 하나님이 되리니 그들은 내가 그들의 하나님 여호와로서 그들 중에 거하려고 그들을 애굽 땅에서 인도하여 낸 줄을 알리라. 나는 그들의 하나님 여호와니라"(출 29:45-46).

출애굽기의 거의 삼분의 일이 성막을 위한 계획을 상세히 열거하고(출 25-31장) 이 세부 사항들은 실제 건축이 진행되는 동안 반복되어 기록된다(출 35-40장). 이 지침들은 길고 복잡해서 이것만 보아도 한 가지 중요한 사실, 그러니까 하나님이 거하시는 장소를 소홀히 여겨서는 안된다는 사실을 알 수 있다. 하나님은 자신의 백성 가운데 거하기 위하여 오신 거룩한 하나님이시다. 세부 사항에 대해 아낌 없이 주목하는 또 다른 이유는 하나님에 대한 예배가 이스라엘 정체성의 핵심이기 때문이다. 출애굽기는 노예 생활로부터 예배에 이르기까지 이 민족의 여정을 기록하고 위대하신 왕[하나님]의 종들은 자신들 가운데 계신 그분의 생명에 대한 모든 세부 사항을 알기 원할 것이다. 이집트에서 그들은 파라오를 위하여 무언가를 짓도록 강요받았지만 지금 그들은 자신들 가운데 하나님의 집을 짓기 위하여 자신들의 소유와 전문 지식을 기꺼이 내어 놓는다.

출애굽기는 성막에 대한 두 가지의 설명 사이에 하나님과 그분의 종 모세에게 반대하여 사람들이 일으킨 반역 사건을 소개한다(출 32장). 사람들은 대제사장 아론을 설득해 우상 곧 금송아지를 만들고 예배를 준비하도록 했다. 하나님의 무시무시한 반응은 이 같은 배교가 언약 관계를 어떻게 위협하는지 알려주지만 모세의 중보를 통해 이스라엘은 파멸을 면한다. 성막이 건축되고 거룩하신 하나님이 죄악된 백성 가운데 거하시기 위해 내려오시기에 앞서 하나님은 자기 자신을 은혜와 용서의 하나님으로 먼저 보이셔야 했다. 하나님은 여전히 언약을 지키시며 자기 백성의 죄에도 불구하고 그들 가운데 계속해서 거하실 것이다(출 34:6-7).

출애굽기는 성막에 거하시기 위하여 그곳으로 오신 하나님과 함께 막을 내린다(출 40:34-38). 이스라엘에게 가끔씩 자신의 모습을 보이셨던 하나님은 이제 이들 가운데 영원히 함께하신다. 하나님은 자신의 백성과 함께 여행하시며, 성막은 그들이 어디를 가든지 그들과 함께 움직인다. 이것은 하나님의 온 창조세계 안에서 그분의 임재가 온전히 회복되는 상징으로 하나님이 원래 의도하셨던 바다.

출애굽기의 이야기가 끝날 즈음 선택하신 백성을 빚으시는 하나님의 역사는 상당한 진전을 이룬다. 하나님은 그들과 공적인 언약 관계로 들어가셨고 그들에게는 이제 율법과 성막이 있다. 그들의 삶에는 윤리적·전례적 형태가 주어졌다. 이제 그들에게 필요한 것은 그들만의 공간이다.

하지만 하나님과 함께 거하는 일은 쉽거나 간단하지 않을 것이다. 이 죄악된 백성들이 자신들 가운데 거하시는 이 대단하고 거룩한 임재를 어떻게 감당할 수 있을까? 금송아지 사건 이후 하나님은 모세에게 자신을 자비로우시고 은혜로우시며 노하기를 더디하시고 인자와 진실이 많으시며 인자를 천대까지 베푸시고 악과 과실과 죄를 용서하시는 분으로 나타내신다(출 34:6-7). 하지만 동시에 벌을 면제하지 않으신다고도 말씀하신다. 실제로 그들이 지은 죄의 효력은 자손의 삼사 대까지 미칠 것이다.

레위기: 거룩하신 하나님과 함께 살다

레위기는 이스라엘 백성들의 진 안에 거하시는 왕과의 언약 관계를 유지하기 위한 규약들을 다룬 책이다. 이스라엘은 거룩하신 하나님과 함께 살고 있으며 그들은 거룩한 백성이 되어야 한다. 이 책은 그들이 삶의 전 영역에서 어떻게 거룩해야 할지에 대한 지침을 포함한다. 첫 일곱

장은 그들이 성막으로 가져와야 할 각기 다른 희생과 제물 및 이 의례들이 어떻게 집행되어야 하는지를 다룬다. 다음 세 장(8-10장)은 제사장들을 위한 지침을 다룬다. 그것들을 함께 읽을 때 우리는 이스라엘의 죄로 언약이 깨어졌을 때 어떻게 보수될 수 있을지를 본다. 9장에서는 제물과 제사장 직분이 실행되고 이것의 실천은 우리에게도 교훈을 준다. 제사장은 다음의 순서로 세 가지 제물, 곧 예배자들의 죄를 제거하는 속죄제와 자신의 삶을 완전히 성별하여 바친다는 상징으로 올려드리는 번제, 그리고 관계의 회복을 기념하는 화목제를 바친다. 하나님은 자신의 백성 가운데 거하시면서 그들이 그분과의 관계를 유지할 수 있는 방법을 은혜로 제공하신다.

성막 안 하나님의 임재와 예배의 조직은 특정한 장소에서 일어난다. 하지만 그렇다고 자기 백성들의 삶 전체에 임재하시려는 하나님의 의도를 감하기 위한 의도는 절대로 아니다. 하나님의 편만한 임재는 이어지는 레위기 장들의 주제가 된다. 레위기 10:10에서 야웨는 아론에게 제사장의 책임을 환기시키시는데 곧 동물과 새, 각기 다른 종류의 음식, 다양한 질병과 관련하여 "거룩하고 속된 것을 분별하며 부정하고 정한 것을 분별"하도록 말씀하신다.

현대 독자들에게 이것은 하나님과의 관계 안에서의 삶을 규제하는 이상한 방식으로 보일 수 있다. 이 모든 규제를 이해하는 가장 좋은 방법은 고대 문화들이 그들의 삶을 체계화한 방식을 연구하는 것이다. 얼핏 보기에 무작위적이고 이상한 이 규제들은 이스라엘 백성에게 심오한 **상**

징적 의미를 갖는다. 개인적·공적 생활의 모든 부분에서 이 규제들은 이스라엘에게 하나님께 선택받은 백성으로서의 특별한 지위를 지속적으로 상기시킨다. 그것들은 일종의 성례와 같이 하나님의 거룩하심과 하나님이 자기 백성의 일상으로부터 기대하시는 거룩함을 전해준다.

거룩하신 하나님과 이 백성들 사이의 관계는 속죄일의 묘사를 통하여 극적으로 표현된다(레 16장). 매해 이날이 되면 대제사장은 지성소, 그러니까 하나님의 속죄소를 상징하는 성막의 내소로 들어간다. 이때 백성의 죄를 속죄하기 위해 필요한 희생을 상징하는 희생 동물의 피를 가지고 들어가 그것을 "속죄소"에 뿌린다(레 16:15). 고대 이스라엘의 이 같은 속죄 의식은 하나님이 어떻게 예수 그리스도 안에서 이 세상의 죄를 완전히, 그리고 최종적으로 속죄하시는지에 대한 강력한 상징이 될 것이다(히 9장).

레위기의 마지막 부분은 이스라엘이 어떻게 거룩하신 하나님과 더불어 거룩한 백성으로 살아가야 하는지에 대한 지침을 제공한다. 레위기 19장이 훌륭한 예시다. 이 장은 반복되어 등장해온 주제로 시작하는데, 바로 "너희는 거룩하라"라는 하나님의 말씀이다. 이것은 "나 여호와 너희 하나님이 거룩"하시기 때문이다(레 19:2). 그다음으로는 이스라엘의 삶을 아우르는 수많은 율법이 뒤따르는데, 곧 부모와 노인에 대한 공경(레 19:3, 32)과 우상숭배의 거절(레 19:3-8, 26-31), 경제적 관계와 가난한 자들에 대한 관심(레 19:9-10), 노동권(레 19:13), 장애인에 대한 긍휼(레 19:14), 법정에서의 공의(레 19:15), 사회적 관계 내에서의 윤리 행동

(레 19:11, 16-18), 이방 이웃들과의 차별(레 19:19), 성적 충절(레 19:20-22, 29), 인종 평등(레 19:33-34), 상업적 정직(레 19:35-36)이다.

민수기: 약속하신 땅으로의 여정

레위기의 결말에서 이스라엘은 여전히 시내산에 있다. 민수기는 시내산에서 약속하신 땅 바로 외곽에 위치한 모압 평지까지의 여정을 다룬 이야기다. 그들이 출발하기 전 하나님은 각 지파에서 스무 살 이상 군 복무가 가능한 이스라엘 남자들의 계수를 명령하신다. 하나님은 이집트에서 탈출한 오합지졸 노예들의 무리를 약속하신 땅의 군사적 정복을 위한 질서 있는 부대로 만드신다. 남자들의 수는 총 육십만 명이었고 이것으로 보아 당시 이스라엘 백성의 수는 이백만 명을 넘겼을 수 있다. 하나님은 아브라함의 자손들로 큰 민족을 이루시겠다고 약속하셨고 지금 이스라엘은 이 같은 큰 민족이 되기 위한 모든 징조를 보이고 있다.

처음에는 준비가 잘 진행된다. 민수기의 첫 열 장은 이스라엘 백성들이 여정의 채비를 마치면서 낙관주의에 찬 모습을 보여준다. 이 같은 낙관주의는 야웨께서 아론과 그의 아들들에게 주신 제사장의 축복을 통해 아주 잘 포착되는데, 이것은 이스라엘을 향한 야웨의 축복이기도 하다.

여호와는 네게 복을 주시고

너를 지키시기를 원하며,

여호와는 그의 얼굴을 네게 비추사

은혜 베푸시기를 원하며,

여호와는 그 얼굴을 네게로 향하여 드사

평강 주시기를 원하노라(민 6:24-26).

히브리어로 보면 이 축복의 각 행은 이전의 행보다 그 길이가 길며 마지막 행은 **평강**(샬롬)이라는 단어로 끝을 맺는다. 샬롬은 하나님과 인류, 그리고 창조세계 사이의 조화가 회복되는 것이다. 약속받은 땅을 향해 출발하는 이스라엘의 여정에서 이것은 목표가 되는데, 바로 하나님 자신이 이들과 함께 가시며 그 길을 이끄실 것이기 때문이다.

안타깝게도 이 같은 낙관주의는 곧 시든다. 광야에서의 여행은 쉽지 않았고 이스라엘 백성들은 하나님이 자신들 가운데 계시지만 그들이 새롭게 처한 어려움을 두고 곧 불평하기 시작한다. 하나님은 진노하시고 성막으로부터 불이 나와 진의 일부를 불로 사르도록 하신다(민 11:1-3). 이스라엘 백성들은 모세에게 도움을 청한다. 모세가 그들을 대신해 하나님께 부르짖었을 때에야 불은 잠잠해진다. 이 같은 경고가 있고도 백성들은 불평을 멈추지 않고 심지어는 식단과 거기에 고기가 포함되지 않은 것을 두고도 불평을 일삼는다. 이후 리더들 사이에도 어려움이 생긴다. 미리암과 아론이 모세의 리더십에 불만을 갖고 그의 결혼에 대해 험담을 한 것이다(민 12장).

광야의 이야기에서 가장 큰 위기는 모세가 약속의 땅으로 정탐꾼들을 보내고 그들이 두 가지 보고를 가지고 돌아오면서 찾아온다(민 13-14장). 다수의 보고는 그 땅이 놀라울 만큼 비옥하고 이스라엘에게 훌륭한 집터가 되어줄 것이지만 그곳에 거주하는 사람들이 강력하며 그들의 성읍이 견고하다는 내용이었다. 이스라엘 백성들이 이 같은 보고를 들었을 때 야웨에 대한 그들의 믿음은 무너졌다. 정탐꾼 중 두 명이 하나님을 신뢰하도록 그들을 격려했지만 그들은 절망과 분노로 등을 돌렸고 하나님이 오로지 자신들을 죽게 하시려고 이 먼 곳까지 데리고 오셨다며 불평했다. 다시 한번 모세의 중보를 통해서만 그들을 모두 멸하시려는 하나님을 막을 수 있었다. 하나님은 즉각적인 심판은 거두셨지만 이 불신의 세대 중 누구도 약속의 땅에 들어갈 수 없다고 맹세하셨다. 따라서 하나님이 의도하신 바대로 이 새로운 땅을 즉시 차지하는 대신 이스라엘 백성들은 가데스 근처 광야에서 이 믿음 없는 첫 세대가 죽을 때까지 사십 년을 방황하게 된다.

사십 년의 길고 고단한 시간이 지나 이스라엘 백성들은 마침내 약속하신 땅의 바로 동쪽에 위치한 모압 평지에 도착한다(민 22장). 이스라엘의 새로운 세대를 계수하기 위한 또 한 번의 인구 조사가 실시된다(민 26장). 요단강의 서쪽 지역은 정복되고 두 개의 지파들에게 분배되며(민 32장) 이제 이스라엘은 요단의 다른 쪽에 있는 약속의 땅을 취하기 위한 태세를 갖춘다.

신명기: 그 땅의 경계에서

이스라엘 백성의 이 새로운 세대에게도 하나님의 언약 기준에 부응하여 사는 것은 어려운 일이다. 하지만 그 땅은 그들 바로 앞에 놓여 있으며 여기에는 안식의 가능성과 하나님이 아브라함에게 주신 약속의 성취도 함께 있다. 신명기는 이스라엘 백성들이 그 땅에 들어가려는 준비를 할 때 모세가 그들을 새로운 임무로 준비시키기 위하여 사용한 설교들의 기록이다. 이 설교들은 이스라엘에게 하나님이 자신의 언약 백성으로 그들을 부르신 사실의 비전을 제시하는데, 그것은 바로 오직 야웨의 권위 아래 함께 모인 사회, 하나님과 맺은 언약으로 그분께 매인 백성, 그리고 다른 민족들을 위한 백성이라는 비전이다.

자신의 첫 번째 설교(신 1:6-4:40)에서 모세는 이스라엘 백성의 최근 역사, 곧 시내산을 떠난 이후의 사십 년을 복기한다. 그는 현세대에게 그들 부모의 경험으로부터 배워야 할 중요한 교훈을 상기시킨다. 그 땅에서 한 백성으로 안녕을 누리는 것은 그들이 마음을 다하여 하나님을 사랑하고 섬길지에 달려 있다. 모세는 자신의 두 번째 설교(신 4:44-26:19)를 통해 언약의 중심이 되는 율법을 자세히 설명하고 또한 그것을 이스라엘 백성들이 그 땅에서 누릴 미래의 삶과 관련해 확장시킨다. 모세는 이스라엘 백성에게 십계명을 상기시키며 이 율법에 순종하고 이것을 그들과 그들 자녀들의 삶에 절대적 중심으로 삼도록 강력히 권고한다.

이스라엘아 들으라! 우리 하나님 여호와는 오직 유일한 여호와이시니 너는 마음을 다하고 뜻을 다하고 힘을 다하여 네 하나님 여호와를 사랑하라. 오늘 내가 네게 명하는 이 말씀을 너는 마음에 새기고 네 자녀에게 부지런히 가르치며 집에 앉았을 때에든지 길을 갈 때에든지 누워 있을 때에든지 일어날 때에든지 이 말씀을 강론할 것이며 너는 또 그것을 네 손목에 매어 기호를 삼으며 네 미간에 붙여 표로 삼고 또 네 집 문설주와 바깥 문에 기록할지니라(신 6:4-9).

하나님의 말씀이 이스라엘 백성들의 삶의 전 영역에서 지침이 되어야 하는데, 오로지 그때에만 이들이 다른 민족들에게 참된 빛이 될 수 있기 때문이다. 종교는 단순히 개인의 문제가 아니다. 하나님의 율법은 그분의 백성이 경험하는 모든 부분으로 침투해야 한다.

현대의 독자들은 그 땅에서 다른 민족들을 몰아내라는 하나님의 명령을 받아들이기 어려워하기도 한다(민 33:50-54; 신 7장). 하지만 성경 이야기의 이 부분은 이스라엘이 현재 다른 백성들이 살고 있는 이 땅을 정복할 경우 거기에 내재해 있는 잠재적인 부정(injustice)에 대한 민감함을 보여준다. 창세기 15:16에 따르면 하나님이 원래 거주민들로부터 그 땅을 빼앗으신 것은 그들의 죄가 너무나도 깊어 사실상 그들이 그 땅에 대한 권리를 포기한 이후다. 그들의 상속권을 빼앗겠다는 결정은 정당하다.

사실 가나안 족속의 행동은 너무도 부패해 그들이 이스라엘 백성의 손에 넘겨졌을 즈음 그들에게 내려진 심판은 이미 오래전에 내려졌어야 했었다. 이스라엘 백성들은 야웨께 온전히 헌신해야만 하고 따라서 그들 주변에 다른 신들과 문화들이 존재한다면, 하나님의 언약 백성이라는 이스라엘의 정체성을 위협하는 것은 물론 우상숭배에 대한 지속적 유혹이 될 것이다. 신명기에서(신 7:5; 참조. 민 33:52) 이전의 거주민들을 그 땅에서 추방하라는 명령이 첫 번째 계명, 곧 "너는 나 외에는 다른 신들을 네게 두지 말라"는 계명에 대한 해설의 일부로 등장하는 것은 이같은 이유에서다. 이스라엘 백성이 하나님을 외면하고 우상을 숭배할 때 하나님은 자신의 백성 역시 단호히 심판하신다. 그들이 정복한 바로 그 땅은 다시 그들을 정복한 민족들의 통제 아래로 들어가게 된다(참조. 왕하 17:5-8, 24).

모세는 이스라엘에게 언약의 책임을 상기시키며 그들의 미래를 위한 두 가지 선택을 제시한다(그림 2 참조). 그들이 하나님의 말씀에 믿음과 순종으로 반응한다면 그들은 생명과 번성, 축복을 경험하게 될 것이다. 반면 불신과 불순종으로 반응한다면 그들은 사망과 파멸 및 저주를 경험하게 될 것이다(신 27-28장; 30:11-20). 이것이 언약 관계의 역학이다. 모세는 백성들에게 순종하여 생명과 축복을 선택하도록 권면한다. 이후에 그는 이들과의 언약을 새롭게 하고 여호수아를 자신의 후계자로 세운다. 하나님은 모세에게 약속의 땅을 보여주시지만 들어가지는 못하게 하신다. 신명기는 가나안 접경에서 모세가 죽는 것으로 마무리된다.

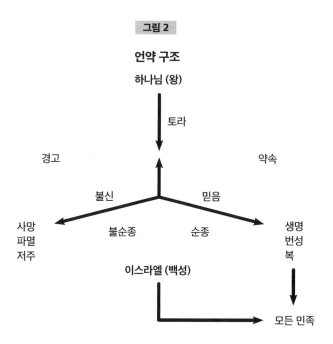

그림 2

언약 구조

하나님 (왕)

토라

경고　　　　　　　　　　　　　　약속

불신　　　　믿음

사망　　　　불순종　　　순종　　　　생명
파멸　　　　　　　　　　　　　　　번성
저주　　　　　　　　　　　　　　　복

이스라엘 (백성)

모든 민족

오늘을 위한 묵상

사도 베드로는 예수 그리스도의 제자들을 "택하신 족속이요 왕 같은 제사장들이요 거룩한 나라요 그의 소유가 된 백성"으로 묘사한다(벧전 2:9). 그들은 이방인으로서 원래는 하나님의 백성이 아니었지만 이제는 그 백성의 일부다(벧전 2:10). 그리스도 안에서 우리는 이스라엘의 이야기 속으로 들어간다. 이것은 왜 우리가 지금 여기서 하나님의 아주 오래된 백성, 곧 이스라엘의 이야기를 아는 것이 중요한지에 대한 한 가지 분명한 표시가 된다. 우리는 시공간 가운데 하나님 앞에 홀로 서 있지 않다. 우리는 역사와 전통 속에 서 있고 지금도 지속되고 있는 위대한 이야기의 일부분이다.

그리스도인들을 묘사하기 위해 베드로가 사용한 이 멋진 문구들은 그가 만들어낸 것이 아니다. 그것들은 우리가 이제까지 근원을 추적해 온 바로 그 백성들의 소명을 묘사하기 위해 구약에서 먼저 사용되었다 (출 19:3-6). 그들의 이야기가 어떻게 우리의 이야기가 되었는지를 온전히 설명하려면 나머지 이야기도 살펴보아야 하지만 간략한 소개는 다음과 같다.

- 하나님은 궁극적으로는 모든 민족의 동참을 생각하시며 온 인류를 위하여 자신이 의도하신 바의 모형이 되도록 이스라엘을 부르신다.
- 이스라엘 백성들은 자신들이 저지른 죄 때문에 하나님의 부르심에 걸맞은 삶을 살 수 없다.
- 예수는 이스라엘의 임무를 대신 맡으셔서 하나님의 백성을 특징 짓는 삶을 선보이신 것뿐 아니라 죽으심과 부활을 통해 죄를 이기시고 새로운 창조세계를 시작하신다.
- 예수는 이스라엘을 모으시고 회복하셔서 그들이 다른 민족들을 위하여 존재하도록 부름받은 바로 그것이 될 수 있도록 그들에게 자신의 성령을 주신다.

- 모이고 회복된 이스라엘은 여러 민족에게로 보냄을 받고 그들이 하나님의 회복에 동참하도록 한다.

이렇게 우리는 그 이야기 속으로 들어간다. 동일한 하나님이 우리를 부르신다. 우리는 동일한 부르심과 동일한 목적과 동일한 임무를 갖는다. 고대 이스라엘의 삶이 우리를 가르치고 경고하며 영감을 주고 우리가 하나님의 백성으로서 살며 그분의 방식을 이해하도록 돕는다. 거대한 시공간의 차이를 거슬러 고대와 현대 하나님의 백성들 사이의 이 같은 연결은 심지어 최초의 성경 이야기 속에서도 암시되어 있다. 아브라함은 하나님과 관계를 맺고 자신의 삶에서 하나님의 복을 누리도록 부름받는다. 하지만 하나님은 이 같은 복이 아브라함을 통해 나중에 올 다른 이들에게까지 흘러나가기를 의도하셨다. 하나님의 목적은 인간의 반역으로 인한 폐허로부터 일부를 구조하시는 것이 아니라 온 창조세계를 회복하시는 것이다. 하나님은 아브라함과 다른 조상들이 세상의 복이 될 수 있도록 그들에게 복을 주신다. 하나님의 백성이 **복을 받는 것**은 복이 되기 위함이다.

나머지 모세 오경을 통해 한 민족 전체의 삶이 등장하는데 그 백성은 온 인류를 위하여 하나님이 의도하신 바를 시연하도록 부름받는다. 이스라엘은 온전한 인간성을 회복하고 그들의 삶이 너무나도 매력적이어서 다른 민족들을 자신들에게로, 따라서 한 분의 참된 하나님께로 이끌도록 부름받은 민족 백성이다. 그들은 하나님의 능력을 통해 노예 생활로부터 구속되었고 언약 가운데 자신들을 사랑하시는 아버지에게 매여 있으며 자신들의 삶을 빚어갈 율법을 받았고 자신들 가운데 하나님의 임재를 누리는 은혜를 얻었다.

예수를 따르는 우리는 고대 이스라엘의 경험과 우리 자신의 경험 사이의 생소함보다는 연속성을 보다 더 발견한다. 우리 역시 보다 강력한 두 번째의 출애굽, 곧 예수의 사역을 통해 우상숭배로부터 구속되었다. 우리 역시 구약의 언약이 예수의 "피로 세운 새 언약"(고전 11:25)을 통해 성취되면서 하나님과의 언약 가운데로 들어갔다. 우리에게도 우리의 삶 전체를 빚어갈 율법이 있는데 바로 성령이 우리 마음 위에 새겨주신 율법이다(롬 8:3-4). 우리 역시 성령을 통해 우리 안에, 그리고 우리 가운데 살아 계시는 하나님의 임재를 누린다. 이스라엘의 이야기는 예수 안에서 성취된 우리의 이야기다. 성경의 이야기 속에서 너무나도 뒤늦게 등장한 우리가 이 세상을 위한 하나님의 계획 가운데 우리에게 주어진 자리를 이해하기 원한다면, 또 우리가 정말로 "택하신 족속이요 왕 같은 제사장들이요 거룩한 나라요 그의 소유가 된 백성"(벧전 2:9)이 되기 원한다면, 우리는 구속과 언약, 거룩, 율법, 임재의 언어를 정확히 이해해야 하는데 이 언어의 교과서는 모세 오경이다.

민수기에서 묘사된 하나님 백성의 불신과 불순종은 하나님의 심판을 가져오고 오늘날 하나님의 백성들에게는 신뢰와 순종에 대한 경고를 건넨다(히 3:7-19). 신명기는 하나님과의 언약 가운데 거하는 삶에 대하여 많은 것을 가르쳐주는데, 하나님의 전 율법을 축복의 방편으로 소개하는 것을 포함한다. 이야기의 이 부분은 하나님이 한 백성을 빚어가고 계신다는 사실을 보여준다. 우리는 이제 그 백성의 일부다. 하지만 이 이야기가 지속되면서 우리는 이스라엘 백성이 그들의 부르심에 실패하는 것을 본다. 이스라엘의 삶에 스며든 죄를 정복하는 예수의 역사만이 자신의 소명에 충실한 백성을 빚어갈 수 있다. 이스라엘의 이야기는 우리를 가르치고 경고한다. 교회는 자신의 부르심을 어떻게 수행할 것인가?

· · · · · · · · · ·
이야기 안에서 우리의 자리를 찾다

1. 아브라함은 참된 인간으로 회복되는 복을 경험하도록 선택받았는데 이것은 그가 다른 사람들에게 복의 통로가 될 수 있도록 하기 위함이었습니다. 오늘날 여러분의 교회가 자신을 위하여 살기보다 자신이 속한 공동체와 이웃에게 복이 되기 위해 바깥으로 자신의 시선을 돌린다면 어떠한 변화가 일어날까요?

2. 출애굽기는 하나님의 백성이 노예 생활과 이방의 우상숭배로부터 구속되고, 언약을 통해 하나님께 매이며, 하나님의 말씀으로 삶 전체가 빚어지고, 그들의 진 가운데서 하나님의 임재를 누린 사실을 보여줍니다. 이것을 감안하여

   a. 우리가 구속받은 우리 문화 속 우상들은 무엇입니까?

   b. 언약의 심상은 어떻게 "예수와의 인격적 관계"에 대한 우리의 이해를 바로잡고 또 풍성하게 합니까?

c. 우리는 어떻게 성적인 문제, 기술, 시민 행동, 창조세계 속 청지기 직분, 돈의 사용이라는 영역을 포함해 "모든 행실에" 거룩할 수 있을까요?(벧전 1:15-16; 레 19:2 인용)

3. 구약의 율법은 사람들이 특정한 문화적 상황 속에서 인류를 향한 하나님의 창조 설계를 살아낼 수 있도록 돕기 위해 주어졌지만, 지금과는 너무나도 다른 시대에 쓰였기 때문에 우리에게는 기이하게 보일 수도 있습니다. 레위기 19장을 다시 한번 읽어보고 이 같은 율법이 오늘날 우리에게 어떠한 지침을 주는지를 자문해보세요.[5]

4. 이스라엘이 광야에서 보여준 불신과 불순종은 신약의 교회들에게 동일한 실수를 반복해서는 안 된다는 경고가 되었습니다(고전 10:1-13; 히 3:7-19). 이 같은 이야기는 어떻게 오늘을 사는 우리에게도 경고가 될 수 있을까요?

5. 모세는 이스라엘에게 생명과 축복의 길을 선택하도록 간곡히 부탁합니다(신 30:11-20). 우리의 소비 문화는 어떠한 방식으로 이제껏 사망의 길을 선택해왔을까요? 그리스도인들은 어떻게 생명의 길을 선택할 수 있을까요?

---

5   Christopher J. H. Wright는 우리가 율법이 오늘날에도 관련성을 갖는지를 분별하도록 돕기 위해 그것에 대한 몇 가지 진단적 질문들을 던진다. 그의 책 *Old Testament Ethics for the People of God* (Downers Grove, IL: InterVarsity, 2004), 323을 참조하라. 『현대를 위한 구약윤리』(IVP 역간).

2장: 하나님의 백성을 위한 땅

여호수아: 땅의 선물

광야에서 자기 백성을 빚으신 하나님은 이제 땅을 주셔서 그들이 그 땅에서 살고 시범 백성(display nation)이 되라는 그들의 부르심을 성취할 수 있도록 하신다. 여호수아서는 이스라엘 백성들이 여호수아의 리더십 아래 가나안을 정복한 이야기를 들려준다. 이집트를 떠나기 전 노예 민족에 불과했던 그들이 자신만의 땅을 취하게 된다는 사실은 그들의 이야기에서 큰 전진의 발걸음이었다. 이스라엘 백성들은 몇 번의 전투를 치르지만 이 서사는 그들이 자신의 성공을 위해 야웨를 온전히 의지했다는 사실을 강조한다. 사실 그 땅은 야웨로부터 온 선물이자 아브라함과 이삭, 야곱, 모세에게 하신 약속의 성취다.

여호수아는 이 땅을 점검하기 위해 정탐꾼을 보내고 정복을 준비한다. 이 정탐꾼들이 돌아왔고 그들의 보고에는 사십 년 전 모세가 가나안으로 보낸 정탐꾼들의 보고를 지배한 두려움의 어조가 없었다(수 2장; 참조. 민 13장). 보다 호의적인 보고에 힘을 얻은 이스라엘 백성들은 새로운 땅을 향하여 길을 나선다. 언약궤가 그들을 앞서가고 강물을 멈추며 그들이 무사히 건너도록 한다. 그들은 야웨께서 그 강을 무사히 건너게 하시고 땅을 취하게 하신 사실을 기억하기 위해 강바닥에서 돌 열두 개를 취해 기념비를 세운다.

여리고 부근 강 바로 서편과 관련하여 분명히 묘사된 것처럼 이 정복은 야웨가 행하신 일이다. 손에 칼을 든 한 천사가 여호수아에게 나타난다. 여호수아는 그가 누구의 편인지를 묻고 이에 천사는 "[누구의 편도] 아니라, 나는 여호와의 군대 대장으로서 지금 왔느니라"라고 대답한다(수 5:14). 이 군사 작전을 책임지는 대장은 여호수아가 아니라 야웨 자신이시다. 야웨가 성공을 주는 분이시다.

여리고 정복의 세부 내용은 이 같은 개념을 반복적으로 강조한다. 이스라엘 백성들은 야웨의 명령을 따라 (그분의 임재를 상징하는) 언약궤를 앞세워 칠 일 동안 여리고를 돌며 행진한다. 일곱째 날이 이르러 나팔 소리와 사람들의 함성이 울려 퍼지고 여리고 성벽이 무너진다. 이스라엘 백성들은 야웨의 명령에 순종하여 성을 공격하고 그 안에 있는 모든 살아 있는 것들을 멸한다(수 6:21). 그들의 계획에 협조한 라합과 그의 가족만이 목숨을 구한다.

이 "성전"(holy war)의 몇 가지 측면은 우리가 이해하기 쉽지 않다. 여리고의 모든 시민과 가축들을 죽이는 일은 정말로 필요하고 공정했을까? 하지만 이스라엘에게 주신 명령을 보면 하나님은 꽤나 단호하신데 이스라엘은 반드시 이 같은 방식으로 싸워야 했다. 실제로 (여리고를 함락한 직후) 아이성을 정복하려는 그들의 첫 번째 시도는 실패로 끝나는데 정확하게 그것은 유다 지파 아간이라는 한 사람이 여리고에서 얻은 전리품의 일부를 자신의 것으로 취하며 하나님께 불순종했기 때문이다(수

7장). 이 같은 불순종은 매우 심각했고 아간은 돌에 맞아 죽게 된다. 이 일이 있고 이스라엘 백성은 아이성 정복에 성공하지만(수 8장) 이번에는 야웨께서 여호수아에게 지시하신 대로 성에서 난 가축들과 다른 물건들을 취할 수 있었다. 아간의 죄로 야기된 이전 아이성에서의 문제는 이스라엘이 야웨께 순종하고 그분과 맺은 언약의 조건들을 지킬 때에만 그들이 그 땅에서 성공할 것이라는 사실을 상기시켜준다.

아이성 정복 이후 여호수아는 야웨와 이스라엘 백성 사이의 언약을 새롭게 하며 신명기 27:1-8에 기록된 모세의 명령을 성취한다(수 8:30-35). 이스라엘 백성들이 언약궤의 좌우에 모여 절반은 그리심산 앞에, 다른 절반은 에발산 앞에 선다. 여호수아는 이 예식에서 율법을 낭독하여 이스라엘 백성이 그들 앞에 놓인 축복 혹은 저주의 선택을 분명히 이해하도록 한다. 하나님이 그들에게 그 땅을 주시는 것은 그들이 하나님의 백성으로 그 땅에서 살고 다른 민족들에게 빛이 되도록 하기 위함이다. 그들 가운데 이 같은 부르심에 걸맞지 않은 삶의 방식이 있다면 하나님은 참지 않으실 것이다. 이스라엘은 하나님께 순종하지 않는 대가가 크다는 사실을 곧 깨닫게 될 것이다.

9-12장은 여호수아와 이스라엘 백성이 약속의 땅 전부를 정복한 군사 작전의 이야기들을 들려준다. 이 같은 정복의 국면이 마무리될 즈음 다음과 같은 요약이 등장한다. "여호수아가 여호와께서 모세에게 말씀하신 대로 그 온 땅을 점령하여 이스라엘 지파의 구분에 따라 기업으로 주매 그 땅에 전쟁이 그쳤더라"(수 11:23). 13-19장은 이 땅이 이스라

엘의 각 지파에게 어떻게 분배되었는지를 서술해준다. 각 지파의 기업은 제비를 뽑는 방식으로 분배되었고 이것은 하나님이 이 땅을 선물로 주신다는 사실을 분명히 하기 위해서였다(수 14:2-3).

여호수아서는 이스라엘 백성이 그 땅에 정착하면서 끝맺는다. 비록 이 지점까지의 여정은 쉽지 않았지만 하나님이 아브라함에게 하신 약속의 성취에서 이것은 중요한 이정표가 된다. 아브라함에게 약속하신 땅은 이제 이스라엘의 삶에서 현실이 되었다. 이스라엘이 다른 민족들에게 빛으로서의 삶을 살아내기 위한 무대가 세워졌다. 하나님의 선한 창조세계 안에서 일어난 항명에 대한 하나님의 반응은 아브라함이라는 한 사람을 선택해 그 땅의 일부를 회복하고 그곳에 아브라함의 후손들을 두시는 것이었다. 이제 이스라엘은 그 땅에 거주하면서 하나님이 그분의 창조세계 전체에 대하여 의도하신 것의 그림이 되어야 한다. 다시 한 번 이것은 온 세상을 향한 하나님의 관심을 상기시킨다.

하나님은 자신의 땅 가운데 이 특정한 장소를 이스라엘에게 선물로 주신다. 여호수아는 이곳을 "이 아름다운 땅"으로 묘사한다(수 23:15; 참조. 신 6:10-11). 이곳은 말하자면 두 번째 동산, 곧 하나님이 인간의 생명을 위하여 의도하신 장소로 그려진다. 에덴동산의 아담과 하와처럼 이스라엘 역시 자신들 마음대로 그 땅을 착취할 수는 없다. 그들은 그 땅에서 야웨와 더불어 살아야 하고 하나님의 율법은 그들에게 이 땅과 그 안의 사람들을 어떻게 올바로 관리할 수 있을지를 가르쳐준다. 특별히 안식일의 율법은 창조세계를 유지하시는 분이 바로 야웨이시며 우리의 삶에서 소비가 전부가 아니라는 사실을 강력히 상기시킨다. 이스라엘 농부가 매주 하루도 쉬지 않고 밭에서 일하는 것으로 작물의 수확을 조금 더 늘릴 수도 있겠지만 매주 하루를 순종 가운데 안식하는 것으로 번영하게 하시는 하나님에 대한 신뢰를 보일 수도 있다. 하나님은 안식일 율법을 통해 이 같은 순종을 축복으로 갚아주신다고 약속하신다.

이스라엘은 이 같은 도전에 부응할 수 있을까? 크고 놀라운 가능성들이 수면 위로 올라온다. 여호수아는 이 땅이 이스라엘 백성을 위한 안식의 장소인 동시에 유혹의 장소가 될 것이라고 주장한다. 가나안의 모든 족속이 그 땅에서 사라진 것은 결코 아니며, 따라서 우상숭배가 그들의 안식을 망가뜨릴 위협은 여전히 남아 있다. 그리고 이스라엘 백성들은 너무나도 자주 야웨에게 반항하려는, 따라서 그분의 축복을 내던지려는 경향을 보여왔다. 여호수아가 살아 있는 동안에는 언약을 지켜왔지만(수 24:31) 그 땅에서의 미래는 이제 여호수아의 죽음 이후 그들이 어떤 삶을 선택할지에 달려 있다. 이스라엘의 리더들에게 한 고별 설교에서 여호수아는 그들의 역사를 복기하고 그들에게 아모리 족속의 신들과 야웨 하나님 중 누구를 섬길지를 결정하도록 권면한다(수 24:15). 이스라엘 백성들은 야웨를 섬기겠다고 다짐하고 여호수아는 그 땅이 야웨로부터 온 선물이며 앞날의 안녕은 그들이 하나님을 얼마나 사랑하고 순종할지에 달려 있음을 상기시켜 그들과의 언약을 새롭게 한다.

여호수아서는 성경 이야기의 극히 중요한 일부이며 온 세상을 향한 하나님의 계획을 이해하기 위해서도 꼭 필요하다. 하지만 앞서 언급한 대로 여호수아서는 현대 독자들이 읽기에 쉽지 않다. 사실 이 책에 대한 우리의 접근 방식은 우리가 성경의 전체 이야기를 어떻게 설명할지에도 중대한 영향을 끼친다. 성경을 하나님의 이야기로 읽는 그리스도인 중에도 예수의 가르침과 여호수아서의 "성전"(holy war)이 근본적으로 모순된다고 보는 이들이 있다. 다수의 현대 독자들은 특별히 가나안 족속의 대규모 살상을 받아들이기 어려워한다. 우리가 이 같은 중요한 문제를 해결할 수는 없지만 성경의 줄거리는 여호수아 당시 하나님이 그분의 백성에게 주신 명령을 이해하는 데 도움이 될 몇 가지 단서들을 제공한다.

우리가 이미 살펴본 대로 하나님은 가나안 땅의 악이 그곳의 백성들을 심판하실 수밖에 없는 지점에 이르기까지 인내하시며 기다리셨다(창 15:16). 따라서 이것은 가장 먼저 심판의 문제다.

다른 무엇보다 이스라엘의 가장 큰 특징은 그들이 오직 야웨 하나님만을 예배한다는 것이다(첫 번째 계명). 가나안 족속들 가운데 생활하는 이스라엘 백성들은 다른 신들을 예배하도록 유혹을 받게 될 것이다. 이방 민족들을 몰아내라는 확실히 이 끔찍한 명령은 이스라엘이 우상숭배와 벌인 싸움의 문맥에서 살펴볼 필요가 있다. 오늘날 우리는 우상숭배의 위험을 그들처럼 심각하게 받아들이지 않지만 서구 사회에서 생활하는 그리스도인으로서 우리 주변의 상황을 살짝만 돌아보아도 현대 생활의 우상숭배와 타협할 위험을 쉽게 인식할 수 있다. 이웃을 사랑하면서도 우리는 자신의 개인적·공적 삶에서 우상숭배를 근절하기 위해 자비를 보여서는 안 된다. 가나안 족속을 몰아내라는 명령을 이해하기 위한 열쇠는 하나님의 거룩하심을 기억하고 이스라엘이 야웨에 대한 자신들의 신실함을 지키는 것에 얼마나 많은 것이 달려 있는지를 깨닫는 것이다. 사실 여기에 온 세계의 운명이 달려 있다.

사사기: 다른 민족에게 빛이 되지 못하다

여호수아는 이스라엘의 다른 리더로 대체되지 않는다. 이스라엘 백성들은 모세와 여호수아가 세운 장로들의 도움을 받아 야웨의 다스림을 직접 받게 될 것으로 보인다. 통치는 분권되었지만 이스라엘은 이와 같은 부족 체계 안에서 번성하지 못한다. 사사기는 여호수아와 그의 세대가 죽은 후 일어난 일들을 기록한다. 이 책의 이야기는 우리의 기운을 빠지게 한다. 이스라엘 백성들은 야웨의 눈에 악한 일들을 반복해서 행하고 야웨는 그들을 그들의 원수에게 넘겨주신다. 사사기는 이스라엘이 거룩한 나라가 되라는 부르심에 실패하면서 모든 면에서 반역과 재앙으로 곤두박질한 사실을 묘사한다.

사사기는 이스라엘이 우상숭배와 전쟁을 벌이지 않고 그 땅에서 가나안 족속 모두를 몰아내지 못한 사실을 언급하며 시작한다(삿 1장). 그리고 사사기 2:1-5에서 야웨는 이방의 우상숭배와 전쟁을 벌이지 않겠다고 거절한 이들을 심판하겠다고 선언하신다. 하나님은 남은 이방 민족들을 몰아내지 않으시고 그들의 우상이 이스라엘에게 함정이 된다.

따라서 가나안의 오랜 신들을 따르려는 이스라엘의 유혹은 여전히 남아 있고 이스라엘 백성들은 이 같은 유혹에 주기적으로 굴복하며 "바알들"을 섬긴다(삿 2:11-13). 바알은 풍요의 신인데, 바알들이라는 복수형은 한 신이 각 지역에서 여럿으로 표현된 것이다. 이스라엘 백성은 가나안 족속과는 달리 농업이 처음이었다. 가나안 종교는 그 땅에서의 비옥함과 경제적 성공을 약속했고 초심자로서 그들은 강한 매력을 느낀다. 이스라엘 백성은 자신이 원하는 것을 즉시 이뤄줄 것 같은 이 신들에게 빠져든다.

결과적으로 하나님의 심판이 주기적으로 이루어지고 이것이 이스라엘의 삶과 사사기의 특징이 된다.

- 이스라엘 백성은 "바알들과 아세라들"(삿 3:7)을 숭배하는 죄를 짓고 이것을 통해 언약을 어기고 야웨의 진노를 불러온다.
- 그 결과로 야웨는 이스라엘 백성을 그들의 원수에게 넘기신다.
- 원수의 압제 아래 이스라엘 백성은 구원을 위하여 야웨께 부르짖는다.
- 야웨는 군사적 구원자(사사)를 일으켜 그들을 압제로부터 구원하신다(삿 2:11-19).
- 한동안은 모든 것이 평화롭다가 사사가 죽고 이스라엘이 지난 교훈을 잊고 난 후 그들은 다시 한번 우상숭배에 빠지고 이러한 유감스러운 주기는 또다시 반복된다.

언급된 첫 번째 구원자는 갈렙(여호수아의 오른팔)의 동생인 옷니엘이다. 이스라엘의 배교로 야웨는 그들을 이방 왕 구산의 손에 "파"신다(삿 3:7-11). 이스라엘 백성은 구산의 가혹한 통치 아래 팔 년 동안 괴롭힘을 당한다. 그들은 야웨께 부르짖고 야웨는 옷니엘을 일으켜 그들을 구원하신다. 야웨의 영이 옷니엘에게 임하고 그는 구산의 손아귀로부터 이스라엘을 구해낸다. 이스라엘이 또다시 "여호와의 목전에 악을 행하"(삿 3:12)기 전까지 그들은 사십 년 동안 평화를 누린다.

불순종의 주기는 사사기 전체에서 지속되지만 그들이 저지르는 죄의 수준은 점점 더 심각해져서 불순종-압제-회개-구원의 순환 패턴이 혼돈으로 곤두박질한다. 이후 등장하는 사사들에게는 보다 더 많은 결점이 있고 이스라엘 백성은 방탕과 강간, 살인의 죄를 범한다(삿 19장). 그리고 마침내 내전으로 빠져든다. 이 책의 마지막 사사인 삼손은 이스라엘이 다다른, 곧 하나님을 섬기도록 구별되었지만 이교적 사상에 치명적으로 이끌린 모습을 상징한다(삿 13-16장).

삼손은 나실인으로 특정 기간 동안 야웨께 구별되어 (포도주와 같은) 몇몇 것들을 삼가겠다고 맹세한 이스라엘인이다. 나실인에게 금지된 세 가지 영역은 (포도 생산물로 상징되는) 비옥함, 교감 주술(sympathetic magic), 망자 숭배였는데, 그것들은 이스라엘이 가나안 족속들로부터 수용하도록 유혹을 받은 주된 종교적 관행들이었다. 따라서 나실인의 구별은 모든 이스라엘 백성들에게 어떻게 이 같은 이교적 관행들로부터 구별되어 거룩한 삶을 살아가야 하는지를 상징했다.

구별과 거룩은 삼손과 같은, 곧 평생을 나실인으로 살아야 하는 사람의 특징이 되어야 한다(삿 13:4-7). 그리고 삼손은 실제로 하나님을 위한 위대한 일들을 성취하는데, 여러 번 초인적 힘을 발휘하여 이스라엘 백성을 블레셋 족속으로부터 구원했다. 하지만 그의 삶은 엉망이었다. 그는 한 블레셋 여성과 결혼하고 창녀들과 어울려 지내다가 또 다른 블레셋 여성인 들릴라에게 치명적인 유혹을 받는다(삿 16장). 들릴라를 통해 블레셋 족속은 삼손이 가진 힘의 비밀이 그의 머리카락에 있다는 사실을 알게 된다. 삼손이 잠든 사이 들릴라는 그의 머리카락을 자르고 그가 일어났을 때 그의 힘은 사라지고 없었다. 블레셋 족속은 그의 눈을 뽑고 그를 감옥으로 보낸다.

하지만 야웨는 삼손에게 기회를 주셔서 블레셋 족속에게 복수하도록 하시고 그 과정에서 심판하신다. 블레셋 지도자들은 특별 연회를 열어 이스라엘 백성(과 이스라엘의 하나님)보다 큰 자신들의 신 다곤의 힘을 축하한다. 그들은 여흥을 위해 삼손을 불러내고 그를 건물 기둥에 쇠사슬로 묶는다. 이때 그의 머리카락은 자라 힘이 돌아와 있었다. 그는 마지막 힘을 발휘하여 이방 성전을 군중 위로 무너지게 하고 그들의 목숨과 더불어 자신의 목숨을 끊는다. "삼손이 죽을 때에 죽인 자가 살았을 때에 죽인 자보다 더욱 많았더라"(삿 16:30). 이것은 기이한 묘비명이고, 복잡하고 때로는 추악했던 삼손의 삶은 이스라엘이 다다른 삶을 상징한다. 하지만 하나님은 삼손의 삶과 죽음을 사용하셔서 이스라엘을 구원하신다.

사사기는 전쟁으로 시작하고 전쟁으로 끝난다. 이 책의 시작에서 이 민족은 성전(holy war)에 참여했고 이 책의 마지막에서 그들은 서로 다투고 있다. 사사기 전체에서 우리는 이스라엘 백성이 하나님이 정하신 생명의 길을 걷기보다 "자기 소견에 옳은 대로"(삿 17:6; 21:25) 행하고자 하는 경향이 있음을 발견한다. 이 책의 마지막 사사인 삼손의 시대에는 심지어 이스라엘의 지도자 역시 자신의 부패한 의지를 가장 높은 권위로 여기고 그것에 습관적으로 순종한다. 이스라엘은 하나님 율법의 완벽한 기준을 거의 잊었다.

사무엘서: 왕국이 된 이스라엘

왕에 대한 필요

사사기 마지막 절은 혼돈의 나락으로 떨어진 이스라엘의 모습을 이렇게 묘사한다. "그때에 이스라엘에 왕이 없으므로 사람이 각기 자기의 소견에 옳은 대로 행하였더라"(삿 21:25). 이것은 중요한 질문을 불러온다. 그들이 하나님의 언약 백성으로 효과적인 삶을 살기 위해 이스라엘에게는 어떤 리더십이 필요할까? 이스라엘에게는 왕이 필요할까? 물론 한편으로 그들에게는 왕, 곧 야웨가 계신다. 하지만 야웨에 대한 그들의 신실함을 유지하기 위해 이스라엘에게는 어떤 종류의 인간 리더십이 반드시 있어야 할까?

사무엘서는 한 불임 여성과 한 불임 민족의 이야기로 시작한다. (사라와 라헬, 삼손의 어머니의 예와 같이 얼마나 자주 하나님의 이야기 속 새로운 진전이 불임으로 시작하는지는 흥미롭다.) 여기서의 불임 여성은 한나다. 당시 이스라엘 백성은 원수에게 압제당했고 이들과 마찬가지로 한나 역시 아이를 낳지 못하는 낙인을 거두어달라고 야웨께 울부짖었다(삼상 1:1-18). 이 민족 역시 하나님과 맺은 언약에 대한 순종의 열매를 맺지 못했고 그런 의미에서 그들도 불임이었다. 심지어 이스라엘의 공적 예배마저도 부패했고 그들은 하나님의 거룩하심을 의식하지 못했다. 제사장 엘리의 아들들은 악했고 "여호와를 알지 못"했다(삼상 2:12). 엘리의 손자 중 하나의 이름이 상황의 심각성을 포착한다. 그 이름은 이가봇으로 "영광이…떠났다"(삼상 4:21)라는 의미였다. 이 민족의 참된 영광, 곧 이스라엘 민족 가운데 거하시는 하나님의 임재는 블레셋 족속이 언약궤를 빼앗았을 때 문자 그대로 그들을 떠났다.

언약궤는 화려하게 장식된 나무 상자로, 그 안에는 십계명을 새긴 판이 들어 있었고 따라서 자신의 백성 가운데 거하시는 하나님의 살아 있는 임재를 상징했다. 이스라엘 백성은 이 궤를 마치 마법의 부적, 곧 원수가 이들을 위협할 때 하나님을 자신들의 편으로 만들기 위한 방법인 양 취급하기 시작했다. 블레셋과의 전투에서 한 번 패배하자 그들은 승리를 보장하기 위한 방법으로 궤를 취하여 다음 전장에 그것을 들고 나아간다. 하지만 이스라엘 백성은 참패를 당한다. 삼만 명이 죽임을 당하고 블레셋 족속에게 궤를 빼앗긴다. 이때 엘리의 두 아들이 모두 죽고 이같이 끔찍한 소식을 들은 엘리 자신도 충격과 슬픔에 놀라 죽음을 맞이한다.

하나님이 세우시는 왕

이스라엘이 그 땅에서 실제로 쫓겨난 것은 아니지만 빼앗긴 궤가 상징하
듯 하나님은 그 땅을 떠나셨고 이제 원수의 진에 머물고 계신다! 다시 한
번 이스라엘의 유일한 소망은 하나님이 그들에게로 돌아오셔서 불모한
이들로부터 새로운 생명을 일으키시는 것이다. 그리고 이 일이 일어난
다. 블레셋 족속 가운데 거하는 궤가 너무나도 큰 혼란을 일으켜 그들이
필사적으로 그것을 이스라엘에게 돌려보내기 원한 것이다(삼상 5-6장).

　　하나님은 또한 한나의 기도에 응답하심으로써 이 이야기 안에서 새
로운 장을 시작하시며 한나를 불임으로부터, 동시에 이스라엘을 영적
불완전함으로부터 구원해내신다. 그분은 한나에게 아들 사무엘을 주시
는데 사무엘은 마지막 사사이자 가장 위대한 사사다. 삼손처럼 사무엘
도 나실인이다(삼상 1:11, 24-28). 하지만 삼손과 달리 사무엘은 진짜였
다. 그는 카리스마 넘치는 리더로서 이스라엘을 그들의 원수로부터 용
감히 구원하고 백성들 사이의 분쟁 역시 지혜롭게 해결한다. 사무엘은
사사이자 제사장이며 동시에 예언자로서의 영예도 얻는데 이는 그의 말
의 신뢰성(삼상 3:19-20)과 정직함(삼상 12:3-4) 덕분이었다.

　　사무엘은 또 이스라엘 백성이 우상으로부터 돌이켜 마음을 다해 야
웨를 섬기도록 권면했는데 그 같은 측면에서는 모세와 흡사하다(삼상 12
장). 하지만 하나님이 그에게 맡기신 가장 큰 역할은 아마도 왕을 세우

는 일이었을 것이다. 사무엘이 나이가 들어 그의 아들들인 요엘과 아비야도 사사로 세움을 받지만 그들은 결국 자신의 아버지가 아닌 엘리의 아들들의 전철을 밟는다. 따라서 이스라엘 지파의 리더들은 사무엘에게 와서 "모든 나라와 같이" 왕을 세워달라고 요구한다(삼상 8:5).

이 몇 마디 말은 사무엘과 하나님, 이스라엘의 장로들 사이에 격렬한 논쟁을 일으키는데 이 백성을 인도하시는 분이 누구인가 하는 질문이 이스라엘의 정체성에 가장 중요하기 때문이다(삼상 8장). 다른 민족들에게 빛이 되고 축복을 가져다주기 위해 이스라엘은 그들과 달라야 한다. 하지만 다른 나라와 같은 왕을 달라고 요구한 사실로 볼 때 이스라엘은 다른 나라들처럼 되기를 원한 것 같다. 사무엘은 야웨께 호소하고 야웨는 사무엘을 통해 다른 나라처럼 왕을 둘 때의 위험에 대해 경고하신다(삼상 8:11-18; 참조. 신 17:14-20). 하지만 이스라엘 백성은 단호하다. 그들은 왕이 자신들을 인도하고 자신들에게 군사적 성공을 가져다주기를 바라지, 하나님의 언약 백성으로서 보다 더 순종하는 삶을 살기를 원하지 않는다는 사실을 표현한다. 마침내 야웨는 사무엘에게 그들의 말대로 사울을 이스라엘의 왕으로 기름 부으라고 말씀하신다.

세부 사항이 모두 기록된 것은 아니지만 성경은 사무엘이 이스라엘 백성에게 왕의 권리와 의무를 설명했으며 그것을 적어 야웨 앞 성막에 두었다고 이야기한다(삼상 10:25; 참조. 신 17:18-20). 하나님이 이스라엘 백성에게 주신 사무엘의 예언적 메시지가 그들 왕의 권력을 견제했기 때문에 이스라엘의 왕권은 (원래의 계획대로) 언약과 양립할 수 있었다. 사무엘의 예언자적 역할은 이스라엘에서 새롭게 떠오르는 왕권에 대한 견제와 균형의 시스템을 제공하기 위해 만들어진 것이 분명하다. 예언과 왕권 사이, 하나님의 목적과 이스라엘의 정치적 목표 사이의 갈등은 포로기 전까지 이어지는 이스라엘 역사를 특징짓는다.

이스라엘은 자신들의 독특한 본질을 잃지 않기 위해 왕뿐 아니라 왕권 신학을 확보해야 한다. 왕을 선택하셔서 사무엘이 기름을 붓도록 하시고 그에게 영을 부으시는 분은 야웨시다. 그다음에야 왕은 이스라엘 앞에서 공적 신임을 받는다. 이와 같이 이스라엘의 인간 왕들은 위대하신 왕 야웨 아래서 다스리도록 세움을 받는다. 예언자 사무엘이 이스라엘의 왕에게 기름 부을 때 그 인간 왕은 야웨의 메시아("기름 부음을 받은 자")가 된다(삼상 2:10; 10:1; 16:13).

불순종으로 다스린 사울

사울의 리더십 아래 이스라엘은 블레셋 족속에 대하여 중요한 군사적 성공을 거둔다. 하지만 사울은 하나님께 불순종하고 결국에는 하나님이 그를 왕좌에서 끌어내리시기까지 자신의 왕권을 손상시킨다. 사무엘의 예언이 이루어진 것이다. "왕이 여호와의 말씀을 버렸으므로 여호와께서도 왕을 버려 왕이 되지 못하게 하셨나이다"(삼상 15:23).

하나님의 명령을 받은 사무엘은 미래의 왕을 찾아가 그에게 기름을 붓는다. 그는 베들레헴 출신의 청년 다윗이다. 이때부터 사울의 불안은 점점 더 심각해진다. 다윗은 유명세를 타고 사울은 점점 쇠락해간다. 다윗에게는 야웨의 영이 임하지만 사울에게서는 떠나간다(삼상 16:13-14). 골리앗과 블레셋 족속을 물리친 다윗의 군사적 성공을 통해 사울은 다 윗에게 관심을 갖고 사울의 아들 요나단은 다윗의 헌신적인 친구가 된 다. 다윗은 또한 사울의 딸 미갈과 결혼한다. 뛰어난 음악가였던 다윗은 사울이 정신적 불안을 겪을 때 그에게 평안을 주지만 나중에는 이 늙은 왕이 부리는 병적인 분노의 대상이 된다.

특히 군사적 리더로서의 다윗의 평판이 올라가면서 사울의 질투심 은 불타오른다. 이스라엘 여성들이 "사울이 죽인 자는 천천이요 다윗은 만만이로다"라고 부른 노래는 사울에게 견디기 힘들었고 그는 다윗을 죽이고자 한다(삼상 18:7-11). 다윗은 한 추방자의 무리와 함께 도망자의 신세가 된다. 하지만 하나님이 다윗을 축복하셔서 그는 이후에도 여러 차례 군사적 성공을 거둔다. 이 기간 동안 다윗에게는 여러 번 사울을 죽 일 기회가 있었는데 그는 "여호와의 기름 부음을 받은 자"(삼상 24:6)를 치는 것을 거절한다.

하나님의 침묵에 절박해진 사울은 심지어 신접한 무당을 찾아가 블 레셋 족속으로부터의 군사적 위협에 어떻게 대항해야 할지에 대한 조언 을 구한다(삼상 28장). 사울의 40년 통치는 기름 부음을 받은 자신의 후계 자를 살해하려고 한 여러 번의 시도와 실패로 끝이 난다. 사무엘상의 마 지막에서 사울의 군대는 블레셋 족속의 손에 패배할 지경에 놓이고 사 울은 스스로 목숨을 취한다(삼상 31장).

이것은 이스라엘의 왕조에 좋은 징조의 시작이 아니다. 암울한 사울의 역사는 인간 군주 제도가 이스라엘에게 얼마나 위험할 수 있는지를 보여준다. 한 가지는 분명하다. 하나님은 하나님 한 분만이 이스라엘의 주권자가 되신다는 사실을 이해하는 왕을 자신 아래 두기를 원하신다. 하나님의 신적인 왕권 아래에 있는 인간 왕이라면, 그는 이스라엘 백성을 도와 다른 민족에게 빛이 되라고 하신 언약의 부르심에 부응하도록 할 것이다. 하나님이 이스라엘의 첫 번째 인간 왕이 저지른 불순종을 그토록 단호하게 상대하셔야 했던 이유다.

왕권 성쇠의 이야기는 구약에서 "두 부분으로 이뤄진" 세 권의 책, 곧 사무엘서, 열왕기서, 역대기에 기록되어 있다. 사울의 죽음 이후 일어난 일에 대해서는 역대기 역시 사무엘서, 열왕기서와 동일한 이야기를 들려준다. 일반적으로 학자들은 사무엘서와 열왕기서는 한 권의 점진적 서술로 의도되었으며 역대기는 분리된 작품이라고 본다. 따라서 성경 이야기의 이 부분에 대해 우리는 두 가지 관점을 갖는다.

순종으로 다스린 다윗

사울과 요나단의 죽음 이후 다윗과 사울의 집 사이에 전쟁이 일어나지만 다윗의 당파가 꾸준히 더 강한 성장을 한다. 유다(이스라엘 남부)가 먼저 다윗을 자신들의 왕으로 선택하고(삼하 2:1-7), 곧이어 모든 이스라엘이 그들의 선택에 동참한다(삼하 5:1-4). 다윗은 블레셋 족속을 상대로 더 많은 군사적 성공을 거두고 자신의 통치를 견고히 한다. 그는 언약궤를 예루살렘으로 가져오는데 예루살렘은 다윗 자신의 성이자 하나님이 그분의 백성 가운데 거하시는 고정된 장소가 될 것이다. 다윗은 예루살렘에 자신의 궁을 세우고 나중에는 야웨를 위한 집도 짓고자 한다. 하지만 예언자 나단이 다윗이 아닌 다윗의 아들이자 후계자가 이 일을 하게 될 것을 예언한다. 야웨는 다윗을 왕으로 확증하시고 다윗과 그의 자손을 이스라엘을 다스릴 왕조로 세워주겠다고 약속하신다.

하나님은 다윗과 맺으신 언약(삼하 7:5-16)에서 다윗의 이름을 위대하게 하시고 그의 백성들을 위하여 안전한 장소를 공급하시며 그들의 원수로부터 편안히 쉬게 하시고 다윗의 왕조를 세우시며 다윗의 아들로 하여금 하나님의 영원한 "집"을 짓게 하시고 다윗의 왕위를 영원토록 견고히 하시겠다고 약속하신다. 다윗은 하나님께 감사와 예배로 반응하며 자신에게 주신 하나님의 약속을 오래전 아브라함에게 주셨던 약속들과 나란히 한다(삼하 7:18-29; 참조. 시 72:17). 하나님은 다윗의 아들 중 하나를 선택하셔서 세상을 향한 축복을 회복하실 것이다. 다윗과 맺으신 이 새로운 언약을 통해 하나님은 이스라엘을 하나의 왕국으로 공인하시고 이스라엘은 이제 한 왕국으로서 다른 민족들을 축복하라는 자신의 부르심을 성취할 수 있다. 이스라엘의 인간 왕은 그 땅으로부터 우상숭배를 제거하고 이스라엘에게 안식과 샬롬을 제공하는 것으로 이 백성을 거룩한 나라와 제사장 백성이 되도록 인도할 것이다.

처음에는 이스라엘이 다윗 왕의 통치 아래 안식과 평화를 누린다. 놀랄 만큼의 성공을 거둔 전사 다윗은 곧 이스라엘의 국경을 견고하게 한다. 그는 "온 이스라엘을 다스려…모든 백성에게 정의와 공의를 행"한다(삼하 8:15). 승리하는 중에도 그는 관대하여 사울의 친척들에게 친절을 베푸는데, 곧 두 다리를 저는 요나단의 아들 므비보셋을 자신의 가족으로 들이고 그의 조부인 사울의 재산을 건넨다.

다윗은 하나님이 기름 부으신 왕이지만 그 역시 인간의 죄악을 드러낸다. 사무엘하의 남은 내용은 다윗의 실패를 기록한다. 그는 밧세바와 간음을 저지르고 그녀의 남편을 살인하려는 음모를 꾸민다. 하지만 예언자 나단이 이 일들을 알게 되고 큰 가시가 돋친 비유를 들려주며 그를 대면한다(삼하 11-12장). 그는 다윗에게 많은 가축을 가진 한 부자와 가족과 다름없는 암양 한 마리만을 가진 한 가난한 남자의 이야기를 들려준다. 자신을 찾아온 손님을 위한 특별 식사를 준비하기 위해 이 부자는 오만하게도 자신의 가축 대신 이 가난한 남자의 암양을 잡는다. 이 탐욕과 부정의 이야기를 듣고 분노한 다윗 왕은 이 부자에게 가혹한 벌을 내리겠다고 다짐한다. 이때 나단이 왕을 향하여 "왕이 바로 그 부자입니다"라고 선언한다. 다른 남자의 아내를 취한 다윗 역시 똑같은 오만과 탐욕으로 행동한 것이다.

자신의 죄를 깨달은 다윗은 하나님 앞에서 자신의 잘못을 두고 울며 회개하고 용서를 받는다(삼하 12:13; 참조. 시 51편). 하지만 그의 행동에는 비극적 결과가 따른다. 밧세바와의 간음으로 잉태된 아이는 죽는다. 강간과 살인, 반란이 다윗 자신의 확대 가족 가운데 터져 나온다. 다윗에 대한 하나님의 심판은 다윗의 사랑하는 아들 압살롬의 죽음으로 절정에 이른다.

사무엘하는 기근(개역개정에는 기근이 아니라 전염병으로 나온다—옮긴이)을 멈추어달라는 다윗의 호소에 대해 하나님의 긍정적 대답으로 끝을 맺는다. 이것은 왕과 야웨 사이에 화목이 이루어졌음을 보여주는 확실한 표시다. 열왕기서에 등장하는 솔로몬 이후 각각의 왕들에 대한 짧은 평가의 기록을 볼 때 모든 왕의 통치를 측정하는 기준은 언제나 다윗이다. 예로 성경은 아비얌의 "마음이 그의 조상 다윗의 마음과 같지 아니하여 그의 하나님 여호와 앞에 온전하지 못하였으나"(왕상 15:3)라고 말한다.

다윗은 진정한 헌신의 인물로 묘사된다. 구약 전체에서 그의 이름은 시편과 밀접하게 연관되어 있고 시편의 상당 부분은 다윗이 기록했을 것이다. 시편은 놀랍도록 복합적인 인물, 왕의 내면에 담긴 깊은 영성을 드러내준다. 이스라엘 역사가들은 다윗을 "[하나님]의 마음에 맞는 사람"(삼상 13:14)이라고 부른다.

앞서 살펴본 것처럼 왕조에 대한 이스라엘의 실험은 전혀 수월하지 않다. 모든 단계가 어려움으로 점철되었고 이것은 다윗 왕의 승계에서도 마찬가지다. 다윗의 혈통을 영원히 견고히 하시겠다는 하나님의 약속은 다윗의 계승자들 사이에 벌어지는 권력 다툼을 막아내지 못한다. 다윗의 아들 압살롬은 군사적 힘을 키운 후 왕위를 차지하고 다윗이 자신의 목숨을 위해 도망하도록 하지만(삼하 15장) 이어지는 전투에서 죽임을 당하고 만다. 밧세바의 요청으로 마침내 다윗은 자신의 아들 솔로몬이 왕위를 계승하여 왕조를 견고히 할 것이라고 선언한다(왕상 1:28-40).

다윗의 왕권에는 물론 결함이 있지만, 그것은 하나님이 어떻게 자신의 왕국을 다시 세워가시는지에 대한 지속적 이야기를 이해하는 열쇠가 된다. 하나님은 다윗의 왕국이 영원히 견고할 것이라고 약속하셨다. "네 집과 네 나라가 내 앞에서 영원히 보전"되리라(삼하 7:16). 이 "영원한" 나라는 여러 해가 지나 미래에 도래할 텐데 그때 다윗의 아들로 불리는 이가 자신의 나라를 선포하며 나아올 것이다(마 1:1; 눅 1:69).

열왕기서: 언약의 실패

솔로몬이 지혜롭게 통치를 시작하다

다윗이 야웨에 대한 그의 신뢰와 심오한 영성으로 가장 잘 알려져 있다면 솔로몬은 그의 지혜로 유명하다. 그가 기브온에서 야웨께 일천 번제를 드렸을 때 야웨는 이 젊은 군주에게 그가 원하는 것은 무엇이든 주시겠다고 말씀하신다. 솔로몬은 자신이 왕의 임무를 수행하기에 부족하니 "듣는 마음을 종에게 주사 주의 백성을 재판하여 선악을 분별하게 하옵소서"(왕상 3:9)라고 요청한다. 야웨는 이 같은 요청을 기뻐하시고 솔로몬에게 그가 요청한 지혜는 물론 부귀와 영광도 주시겠다고 약속하신다. 솔로몬의 지혜는 전설적이다. 그는 잠언을 말하는 지혜의 전문가이며 초목과 동물, 파충류, 물고기에 대해서도 해박한 지식이 있다(왕상 4:29-34). 또한 이스라엘의 정치 구조 발전에도 공을 세운다(왕상 4:1-19).

구약은 몇 권의 지혜서를 포함하는데 바로 잠언과 전도서, 욥기다. 잠언과 전도서가 모두 솔로몬과 연관되었다는 사실은 솔로몬이 이스라엘의 문화적·종교적 삶에서 어떠한 종류의 사고를 시작했는지를 보여준다. 이 책들에서 "지혜"는 어떻게 신실한 삶을 살아야 할지, 선하지만 타락한 세상 속에서 어떻게 하나님의 영광을 표현해야 할지를 아는 것이다. 지혜는 하나님이 창조세계 가운데 정하신 질서에 자신을 맞추는 것이다. 이것은 "야웨를 경외하는 것", 곧 창조주이자 구원자이신 하나님으로서의 야웨를 진심으로 존경하는 것으로부터 시작한다(잠 1:7). 솔로몬은 정확히 이 같은 종류의 태도를 보이며 자신을 실수할 수 있고 한계를 가지며 전적으로 하나님을 의존하는 인간 피조물로 인정한다.

또 "야웨를 경외"하는 것은 온 창조세계로 확장되는 탐험의 여정을 위한 출발점이다. 지혜의 신학적 기초는 야웨가 창조주 하나님 되심을 인정하는 것이다. 창조세계 자체가 하나님으로부터 온다. 따라서 야웨를 지혜롭게 섬기는 사람들은 그 세계의 놀라운 다양성 안에서 창조세계 전체를 진지하게 받아들인다. 정확히 이것이 솔로몬이 한 일이다. 그의 지혜는 초목과 파충류, 동물, 물고기에 대한 연구와 어떻게 언어를 사용해 자신의 통찰을 간결하고 함축된 경구로 표현할 것인지에 대한 연구를 통해 드러난다. 잠언을 보면 가족생활과 성, 정치, 경제, 사업, 법을 포함해 지혜가 반영되지 않은 삶의 영역이 없다. 실제로 잠언은 "현숙한 여인"으로 의인화되어 강력한 지혜의 초상화로 끝을 맺는데 이 여인은 놀라울 만큼의 여러 다양한 활동을 통해 야웨에 대한 경외를 표현한다(잠 31장).

솔로몬이 시온에 성전을 짓다

솔로몬의 가장 큰 업적은 예루살렘에 하나님의 성막을 대신할 영원한 성전을 건축한 것인데 그는 비용을 아끼지 않고 최고의 재료들만을 사용해 그렇게 한다. 언약궤는 이스라엘이 이집트의 속박으로부터의 여정을 완수했다는 표시로 성전에 입성한다. 야웨와 이스라엘은 이제 이 땅에서 안식한다. 궤가 성전에 자리 잡았을 때 출애굽의 구름이 그 성전을 채워 야웨의 영광이 예루살렘에 임재한다는 사실을 보여준다(왕상 8:11). 이제 하나님은 자신의 백성 가운데 거하실 이 땅에서의 주소를 가지셨다.

솔로몬은 성대한 봉헌식을 통해 성전의 건축을 하나님이 고대에 이스라엘과 맺으신 언약의 성취와 구체적으로 연결짓는다. 이전에 야웨는 이스라엘 가운데 있는 하나의 장소에 머물지 않으셨지만 이제는 예루살렘을 자신의 성으로, 성전을 "여호와의 이름을 위한"(왕상 8:19-21; 참조. 신 12:5) 장소로 선택하신 것이다. 솔로몬은 봉헌 기도를 통해 하늘조차도 하나님을 모실 수 없는데 사람의 손으로 지은 건물이 그렇게 할 수 없는 것이 당연하다는 사실을 인정한다. 하지만 성전의 내소로 내려온 구름이 의미한 대로 영광의 하나님은 자신의 백성 가운데 참으로 임재하신다. 솔로몬은 하나님께 이 성전을 이스라엘 백성이 기도하고 하나님이 그 기도를 들으실 수 있는 장소로 만들어주시기를 요청한다. 이 성전에서 하나님의 임재는 하나님이 자신의 백성과 맺으시는 친밀한 관계를 상징한다.

솔로몬 시대는 위대한 약속의 성취로 특징된다. 이제 이스라엘은 약속된 땅을 소유한 응집된 민족이며 야웨는 그들 가운데 거하신다. 따라서 솔로몬은 감사의 기도를 올려드린다. "여호와를 찬송할지로다. 그가 말씀하신 대로 그의 백성이 이스라엘에 태평을 주셨으니 그 종 모세를 통하여 무릇 말씀하신 그 모든 좋은 약속이 하나도 이루어지지 아니함이 없도다"(왕상 8:56). 예루살렘은 이스라엘의 수도가 되고 그 성벽 안에 성전과 왕의 처소가 세워진다. 이것은 이스라엘 이야기에서 새로운 장이다.

예루살렘(혹은 시온으로 알려짐)은 솔로몬 시대는 물론 이후에도 이스라엘의 예언자들과 리더들의 상상력을 자극한다. 하나님의 성전을 품은 이 성읍은 이스라엘의 찬송시에 빈번하게 등장한다.

> 여호와는 위대하시니 우리 하나님의 성, 거룩한 산에서 극진히 찬양받으시리로다. 터가 높고 아름다워 온 세계가 즐거워함이여. 큰 왕의 성 곧 북방에 있는 시온산이 그러하도다. 하나님이 그 여러 궁중에서 자기를 요새로 알리셨도다(시 48:1-3).

> 시온에 계시는 여호와는 위대하시고 모든 민족보다 높으시도다(시 99:2).

예루살렘은 이스라엘의 공적 예배의 중심이 되고 이스라엘 백성들은 이곳을 정기적으로 순례한다. 이 순례는 성전에 올라가는 시편들의 영감이 된다(시 120-134장). 이 시들을 읽을 때 우리는 예루살렘, 곧 야웨가 거하시는 장소에 다가가는 순례자들을 상상해야 한다.

> 내가 산을 향하여 눈을 들리라. 나의 도움이 어디서 올까? 나의 도움은 천지를 지으신 여호와에게서로다(121:1-2).

이 성에 다다른 순례자들은 자신의 눈을 들어 예루살렘 언덕을 바라보고 자신의 도움이 오는 근원에 대하여 생각한다. 이 순례자들은 야웨, 그러니까 이 성에 "현주소"를 가지고 계시며 자신에게 지속적 도움을 주시는 그분이 또한 온 세상의 창조주이심을 잘 알고 있다.

예언자들 역시 이스라엘을 위한 메시지에서 시온의 심상을 반복적으로 사용할 것이다. 불행하게도 이것은 앞으로 살펴보겠지만 예언자의 시대에 이스라엘의 상황이 좋지 않았기 때문이기도 하다. 하지만 솔로몬이 성전을 봉헌했던 그 위대한 날에는 에덴동산 자체가 회복된 것처럼 보였을 것이다. 샬롬과 위대한 축복이 이스라엘 앞에 놓여 있다. 이 시점에서 왕조는 사무엘과 왕권 제도를 비판한 다른 비평가들이 상상하지 못했던 방식으로 평화와 번영을 가져온 듯했다. 이제 이스라엘은 다른 민족들을 하나님께로 이끌 수 있지 않을까?

둘로 분열된 왕국

하지만 애석하게도 내전과 배교의 씨앗이 이미 솔로몬의 시대부터 존재했고 그것들은 곧 치명적인 열매를 맺는다. 먼저 솔로몬은 배교의 위험에도 불구하고 "산당"에서 하나님을 예배하는 것에 반대하지 않았는데, 산당은 바알 숭배가 이루어져온 곳이다. 둘째로 그는 자신의 야심 찬 건축 계획을 성취하기 위해 강제 노동을 동원하기 시작한다. 셋째로 그는 이방 아내들을 맞이한다. 첫 번째와 세 번째는 이스라엘 왕국을 우상숭배에 취약하게 했고 이 같은 우상숭배는 솔로몬이 나이를 들어가며 이스라엘을 오염시켰다. 솔로몬이 동원한 강제 노동 때문에 백성들은 소외감을 느꼈고 그가 죽게 되었을 때 그들의 분노는 강렬해져 있었다. 보다 더 중요한 것은 야웨가 솔로몬의 우상숭배로 분노하신 것인데(왕상 11:33) 이것은 언약의 핵심을 어기는 행위였기 때문이다. 따라서 하나님은 솔로몬에게 그의 후손으로부터 왕국의 상당 부분을 빼앗고 그를 잇는 후계자에게는 유다 지파 하나만을 다스리도록 하겠다고 말씀하신다(왕상 11:13, 36).

하나님이 말씀하신 대로 솔로몬이 죽은 후 이스라엘은 여로보암 통치하의 북왕국(이스라엘)과 르호보암의 통치하의 남왕국(유다)으로 나뉜다. 솔로몬의 후계자에 대한 북쪽 지파들의 반항은 강제 노동 정책에 대한 솔직한 반응이었다. 르호보암이 강제 노동의 짐을 덜어 달라는 북쪽 지파들의 요구를 거절했을 때 왕국이 분단된 것이다. 이 같은 분열의 정치적 대가는 상당했다(왕상 12장). 이스라엘 민족은 이제 서로에 반대하여 둘로 나뉘었고 두 왕국 모두 자신들의 적에게 훨씬 더 취약해졌다. 그들은 곧 상대방을 적으로 여기기 시작한다.

분단 이후 북왕국은 남쪽 예루살렘에 "사시는" 야웨에 대한 신실함을 어떻게 유지할 수 있을까? 여로보암(북왕국의 왕)은 정치적·군사적 영향을 띤 종교적 문제를 마주한다. 여로보암이 만일 자신의 백성들을 남쪽으로 보내 유다의 영토에 있는 성전에서 예배를 드리도록 한다면 그는 자기 왕국에 대한 통제를 상실할 수도 있다. 이것을 피하기 위해 여로보암은 우상숭배를 수용한다. 비극적이게도 그는 시내산에서 범했던 이스라엘 백성의 죄를 반복하는데(출 32장), 곧 그는 단과 벧엘의 산당에 두 개의 금송아지를 만들어 세운다(왕상 12:26-33). 북왕국에게 이것은 불길한 시작이며 이어지는 그들의 역사에는 배교가 역력히 드러난다. 하나님은 예언자 아히야를 통해 여로보암을 거절하시는데 가장 큰 이유는 왕국의 우상숭배 때문이었다(왕상 14장).

엘리야와 엘리사가 신실하지 못한 이스라엘을 대면하다

이스라엘의 이야기 속 이 지점부터 예언자들의 역할과 메시지는 점점 더 중요해진다. (**예언자**라는 단어의 문자적 의미는 "누군가를 대변하는 자"인데 이 경우에는 하나님이다.) 이스라엘 역사에서 하나님의 말씀은 그것이 모세나 사무엘 혹은 다른 어떤 예언자를 통해서 오든 핵심적인 역할을 한다. 하지만 이스라엘 내에서 왕의 직분이 확고히 세워지면서 예언자의 직분이 다른 공적 역할들로부터 보다 더 분명히 차별된다. 구약의 모든 예언자는 왕조 시대 혹은 그것이 몰락한 이후에 나온다. 따라서 예언자 직분은 왕권이라는 강력한 직분에 대한 평형추로서 이스라엘에 등장한 것이다.

예언자들의 왕조는 없다. 하나님은 개별 인물을 따로 불러 민족 역사의 특정한 순간에 이스라엘과 특별히 이스라엘의 리더들에게 자신의 말씀을 전하도록 하신다. 이스라엘은 신정 국가이고 최종 권위는 인간 왕의 말이 아니라 하나님의 말씀에 있다. 우리가 때로 예언자들이 당시 그들의 왕과 격렬히 대립하는 장면을 보게 되는 것은 이 때문이다. 예를 들어 여로보암의 아들이 아팠을 때 그는 자신의 아내를 아히야에게 보내 앞으로 일어날 일을 묻도록 한다. 이 예언자에게는 난처한 임무가 주어지는데 그것은 바로 왕의 아내에게 다시 성 안으로 발을 들이는 순간 아들이 죽게 된다는 사실을 전하는 것이었다. 그리고 앞으로 이 죽음보다 더한 일들이 여로보암의 집에 일어날 것이다(왕상 14:15).

하지만 하나님은 인내하시고 오래 참으시며 곧바로 북왕국을 포로로 보내지는 않으신다. 애석하게도 여로보암 이후의 모든 왕이 그와 같은 죄를 짓는다. 북왕국의 사건들은 아합이 이스라엘의 왕좌를 차지하면서 그 바닥을 친다. 아합은 이세벨이라는 이방 여인과 결혼하고 그녀는 자신의 결혼과 함께 북왕국으로 바알 숭배를 갖고 들어온다. 하나님에 대한 그들의 반역은 뻔뻔하기 그지없다. 이 근본적 배교라는 문맥 안에서 하나님은 예언자 엘리야를 불러 야웨의 이름으로 아합을 대면하게 하신다. 엘리야와 아합 사이에 벌어진 다툼의 저변에는 바알과 야웨 사이에 일어난 보다 근본적인 충돌이 있다. 북왕국은 어느 신에게 충성할 것인가?

그들의 갈등은 갈멜산 꼭대기에서 바알과 야웨 사이에 공개적인 극적 대결로 이어진다. 엘리야는 백성들을 모아 그들의 마음을 정하도록 호소한다. "여호와가 만일 하나님이면 그를 따르고 바알이 만일 하나님이면 그를 따를지니라"(왕상 18:21). 백성들은 조용했고 엘리야는 송아지 둘을 잡아 참 하나님이 하늘로부터 불을 보내셔서 그 제물 중 하나를 불태우실 것이라고 선언한다. 바알의 예언자들은 자신들의 신을 향하여 종일 큰소리로 외쳤지만 그들의 신은 대답하지 않는다. 엘리야는 이스라엘의 열두 지파를 상징하는 돌 열두 개를 가져다가 제단을 쌓는다. 그 제단 위로 나무와 희생제물을 올리고 다시 그 위로 물을 붓는다. 제물이 다 젖을 만큼의 물을 부어 오직 하나님만이 그것에 불을 붙이실 수 있음을 분명히 한 것이다. 저녁 제사 시간이 되어 엘리야는 "아브라함과 이삭과 이스라엘의 하나님 여호와"(왕상 18:36)께 기도한다. 야웨께서 불을 보내 제물과 제단을 모두 불태우셨을 때 사람들은 엎드려 큰소리로 외쳤다. "여호와 그는 하나님이시로다"(왕상 18:39).

우리는 엘리야와 그의 제자 엘리사의 사역을 바알과 야웨 사이에 벌어진 생사의 충돌이라는 문맥 안에서 볼 필요가 있다. (엘리사는 엘리야를 뒤따랐다.) 야웨는 엘리야와 엘리사를 통해 가뭄(왕상 18:41-46)과 굶주림(왕상 17:8-16), 갈증(왕하 2:19-22), 빚(왕하 4:1-7), 불임(왕하 4:11-17), 질병(왕하 5:1-19), 죽음(왕상 17:17-24; 왕하 4:18-37)을 이기신다. 바알의 숭배자들은 이 같은 삶의 영역들이 바알의 통제 아래 있다고 믿었다. 엘리야와 엘리사는 오직 야웨 하나님만이 그분의 백성들과 그들의 삶의 모든 영역 및 창조세계 전체에 대한 왕이심을 보여준다.

야웨가 예언자들을 통해 주시는 축복은 이스라엘에만 제한되지 않는다. 아람(수리아)의 군대 장관 나아만이 나병으로 고통받다가 간절한 마음으로 치료를 받기 위해 엘리사를 찾아왔을 때 하나님은 그의 기도에 응답하신다(왕하 5장). 나아만은 자신의 두 노새가 질 수 있는 만큼의 흙을 이스라엘에서 가져가는데, 이는 그가 자신의 나라 아람에 있는 "그 땅"(흙)에서 예배하기 위함이었다. 이것은 이스라엘이 다른 민족들에게 축복이 되는 것을 보여주는 좋은 예다. 하지만 애석하게도 이스라엘은 야웨 한 분만을 섬기기를 거절하며 주변의 이방 민족들을 보다 더 닮아간다.

이스라엘이 재앙과 유배를 향해 계속해서 미끄러지다

열왕기하의 대부분은 북왕국과 남왕국의 이야기를 마치 화면을 분할해서 보여주듯 나란히 배치해 들려준다. 하나님은 북왕국에서 예후를 부르시고 엘리사는 아합의 집을 멸절하라는 구체적인 명령과 함께 그에게 기름을 붓는다(왕하 9장). 예후는 그 명령에 순종하지만 동시에 금송아지 숭배와 여로보암의 전통을 유지한다. 따라서 왕들의 뒤를 좇아 이스라엘은 재앙을 향해 지속적으로 미끄러진다.

아시리아는 당시 위대한 중동의 제국으로서 그들의 그림자가 북왕국 위로 점점 더 넓게 드리운다. 호세아가 왕으로 이스라엘을 통치하는 동안 아시리아는 북왕국을 침략하고 삼 년 동안 수도 사마리아를 포위하고, 이후 기원전 722년 이스라엘 백성들을 아시리아로 추방한다(왕하

17장). 이것이 북왕국 이스라엘의 최후다.

열왕기하의 화자는 이 지점에서 잠시 멈추어 이 같은 일이 이스라엘에게 일어난 이유를 오래도록 생각한다. 이 같은 유배는 신실한 백성들의 마음에 본질적인 질문을 던진다. 이 땅은 야웨께서 직접 주신 선물이 아닌가? 그렇다면 어떻게 그분의 백성들이 그 땅에서 추방을 당할 수 있지? 하나님의 약속은 어디로 간 걸까? 이제 남왕국 유다에게는 어떠한 일이 일어날까? 하나님은 정말로 아브라함과 모세 및 다윗에게 하신 맹세를 저버리신 걸까?

이 질문들에 대한 대답은 열왕기하 17:7-23에 기록되어 있다. 야웨가 이 같은 방식으로 북왕국을 벌하신 것은 그들이 언약에 불순종했기 때문이다. 약속은 보장이 아니며 신실한 반응을 요구하는 언약의 문맥 안에서 주어진다. 하나님은 (자신의 예언자들을 통해) 우상숭배의 결과에 대해 반복적으로 경고하셨지만 그들은 지속적으로 언약에 저항했다. [따라서] "여호와께서…그들을 그의 앞에서 제거하신"(왕하 17:18) 것이다. 포로기는 아시리아의 힘으로부터 온 결과가 아니라 야웨께서 더 이상 심판을 참지 않으셨기 때문에 온 것이다.

불길하게도 화자는 남왕국 유다가 이들과 크게 다르지 않았음을 지적한다(왕하 17:19). 하지만 유다는 아직 정복되지 않았으며 그들의 왕조는 북왕국보다 분명 더 낫다. 그들에게는 소수이지만 신실한 왕들이 있다. 기원전 722년 이후 성경의 이야기는 야웨를 공경하기 원했던 두 명의 훌륭한 유다의 왕들에게 주목하는데, 그들은 바로 히스기야와 요시

야다. 다윗의 혈통이 여전히 통치하고 있기 때문에 유다에게는 여전히 희망이 남아 있는 걸까? 히스기야의 통치 시기는 북왕국 호세아의 통치 시기와 비슷하지만 아시리아가 히스기야를 위협했을 때 그는 (호세아와는 다르게) 야웨 앞에 엎드린다. 하나님의 도우심과 예언자 이사야의 중재를 통해 히스기야는 굳게 서고 유다는 아시리아의 위협으로부터 기적적으로 구원을 받는다(왕하 18-19장; 참조. 사 8:6-10).

하지만 히스기야의 통치 중에도 심각한 문제의 징후가 보인다. 아시리아가 쇠락하면서 바빌로니아가 새로운 세계 권력으로 부상한다. 히스기야는 바빌로니아의 사절에게 자신의 창고를 내보이는 어리석은 행동을 하고 예언자 이사야로부터 심판의 말씀을 듣는다. 남왕국이 곧 포로로 잡혀갈 것이며 바빌로니아가 유다를 정복하게 될 것이라는 말씀이다(왕하 20:12-19). 이사야 1-39장에 기록된 예언의 다수는 그 시대의 모호함을 기록하는데 전반적으로 유다는 심판을 향하여 달려가는 반역의 민족으로 묘사된다. 므낫세 왕(히스기야의 후계자)은 우상숭배와 혼합주의를 활성화하고 왕국 내의 부정을 지속시킨 것으로 유명하다. 유다의 몰락은 불가피해 보인다.

그러던 중 므낫세의 손자 요시야가 갑자기 고작 여덟 살의 나이로 왕이 된다! 아직은 어린 나이이지만 요시야는 새로이 발견된 율법서가 낭독되는 것을 듣고 그 내용에 깊이 감동받는다. 이후 요시야는 유다의 백성들을 공적인 회개로 인도하고 하나님과 그들 사이의 언약을 새롭게 하며 대대적인 예배의 개혁을 시작한다(왕하 22-23장). 요시야는 이 같은 존경을 통해 야웨를 기쁘시게 하고 그의 통치는 칭송을 받는다.

하지만 요시야의 모범적 삶과 통치도 유다에게는 너무 부족했고 뒤늦었다. 예언자 예레미야로부터 요시야가 시작한 개혁이 아마도 폭넓게 수용되지는 못했으며 배교의 경향이 여전히 존재했음을 알 수 있다. 바빌로니아의 그늘은 유다 위로 보다 더 넓게 드리운다. 시드기야의 통치 동안 바빌로니아는 남왕국을 정복하고 성전과 왕궁을 불태운다. 예루살렘은 폐허가 되고 유다 백성들 대다수는 기원전 587-586년 바빌로니아로 끌려간다(왕하 25장).

지금까지 성경의 이야기를 따라온 우리는 이 지점에서 "끝"이라고 쓰고 싶은 유혹을 느낄 수도 있다(참조. 겔 7:1-2). 노예가 되어 바빌로니아로 끌려가던 이스라엘 백성에게는 분명히 그렇게 보였을 것이다. 아브라함에게 주신 하나님의 위대한 약속, 시내산에서 이스라엘과 맺으신 그분의 언약, 다윗의 집이 영원할 거라고 하신 그분의 맹세는 어떻게 되었는가? 하나님의 성전이 파괴되었다! 바빌로니아가 이스라엘과 싸워 이기는 동안 야웨는 어디에 계셨는가? 그분의 백성을 위한 하나님의 목적은 결국 궁지에 빠지고 말았는가? 그보다 더 이스라엘을 통해 창조세계를 구속하신다는 하나님의 계획은 실패했는가?

이스라엘이 이 끔찍한 질문들에 대한 대답을 얻을 수 있는 유일한 희망은 야웨에게 있다. 성경의 이야기와 뒤바뀐 이스라엘의 운명에 대한 우리의 이해에 예언자들의 목소리가 너무나도 중요한 이유다. 이스라엘 백성들은 자신의 불순종으로 패배했으며 망가졌다. 하지만 야웨는 여전히 야웨이시고 하나님의 목적은 영원하다. 그 땅에서 이스라엘이 추방되기까지 수백 년 동안 그들의 역사는 중단되었고 예언자들의 목소리를 통해 주기적으로 해석되었다. 그리고 이 목소리들은 포로기 가운데도 잠잠해지지 않는다. 한 민족으로서의 이스라엘은 끝이 난 것처럼 보이지만 하나님의 통치와 그분의 목적이 끝난 것은 아니다.

두 권으로 이뤄진 열왕기서는 잠정적 희망을 기록하며 끝을 맺는다. 유다의 여호야긴 왕은 바빌로니아의 감옥에서 풀려나 왕의 상에서 식사한다(왕하 25:27-30). 이스라엘의 이야기는 어쩌면 아직 끝나지 않은 것이다. 앞날에 대한 이스라엘의 확실한 소망은 역사의 기록이 아니라 예언자들의 기록에 있다.

예언자들의 목소리

우리는 이미 간략하게나마 기원전 9세기에 이뤄진 엘리야와 엘리사의 사역을 살펴보았다. (기원전 8세기) 호세아 역시 북왕국에서 강력하고 가슴 뭉클한 방식으로 예언 사역을 한다. 그는 이스라엘을 창녀가 된 아내에 비유하는데 그녀의 남편은 아내를 포기하지 않는다. 남편은 고뇌하고 아내가 자신에게로 돌아와 신실한 배우자가 되어 주기를 간절히 바란다. 이 이야기에 나타난 간음의 참상은 이스라엘이 야웨에 대하여 범한 죄를 상징한다.

기원전 9세기와 8세기에 하나님은 또 다른 예언자 아모스를 목자로 불러 남왕국과 북왕국의 예언자가 되도록 하신다. 그의 설교와 메시지는 대단히 창의적이며 충격적이다. 그는 야웨를 먹이를 덮치기 직전의 사자에 비유한다(암 1:2). 아모스는 한 특별한 설교(암 1:3-2:16)를 통해 이스라엘의 이웃들을 하나씩 고발한다. 다메섹과 가사, 두로, 에돔, 암몬, 모압이 차례대로 규탄받는 동안 독자들은 이스라엘이 큰 소리로 외치는 "아멘!"을 들을 수 있다. 그런데 예상 밖의 전개가 이어진다. 아모스가 유다와 이스라엘로 방향을 돌려 그들이 야웨의 명령을 어기고 우상숭배와 불의로 가득한 사실을 고발한 것이다. 그들 역시 끔찍한 심판으로 고통당할 것이다. (여기서 **아멘**은 멈추었을 것이다.)

예레미야와 에스겔은 유다가 그 땅에서 추방된 시기에 예언 사역을 한다. 예레미야는 요시아 왕이 통치했을 때 그의 사역을 시작하고 유다 백성들에게 성전과 같이 하나님의 임재를 상징하는 것에 불과한 대상들을 신뢰하지 않도록 경고한다. 야웨는 예레미야를 성전의 입구에 세우시고 의례에 대한 헛된 신뢰를 경고하도록 하신다.

> 만군의 여호와 이스라엘의 하나님께서 이와 같이 말씀하시되, "너희 길과 행위를 바르게 하라. 그리하면 내가 너희로 이곳에 살게 하리라. 너희는 이것이 여호와의 성전이라, 여호와의 성전이라, 여호와의 성전이라 하는 거짓말을 믿지 말라. 너희가 만일 길과 행위를 참으로 바르게 하여 이웃들 사이에 정의를 행하며, 이방인과 고아와 과부를 압제하지 아니하며, 무죄한 자의 피를 이곳에서 흘리지 아니하며, 다른 신들 뒤를 따라 화를 자초하지

아니하면, 내가 너희를 이곳에 살게 하리니, 곧 너희 조상에게 영원무궁토록 준 땅에니라. 보라! 너희가 무익한 거짓말을 의존하는도다"(렘 7:3-8).

이런 설교는 인기가 없다. 예레미야는 남왕국을 향한 자신의 메시지에 대해 고심하는 중에도 끔찍한 반대를 경험한다. 그의 고뇌와 싸움의 정도는 그의 기록 곳곳에 흩어진 개인 기도들을 통해 명백히 드러난다. 15장에서 예레미야는 자신이 이전에는 어떻게 하나님의 말씀을 기쁨과 즐거움으로 "먹었"는지를 들려주는데, 지금 그의 고통은 끝이 없으며 그의 상처는 중하고 낫지 않을 지경이다(렘15:16, 18). 하나님의 예언자가 된다는 것은 분명 쉬운 일이 아니다.

이 모든 예언자가 전한 메시지는 하나님의 백성이 회개하고 그분께로 돌아와 순종하지 않으면 심판이 오게 된다는 것이었다. 하지만 예언자들은 야웨의 날에 대해 불길하게 이야기하기 시작한다. 그들은 더 이상 그날을 축복의 날, 이스라엘 원수들을 위한 심판의 날로 기대하지 않은 것이다. 대신 그날은 이스라엘 자신에게 심판의 날이 될 것이다. 우리가 앞서 살펴본 것처럼 그 "날"은 온다. 먼저는 북왕국(기원전 722년)에, 그리고 그 이후에는 남왕국(기원전 587-586년)에 말이다.

에스겔은 바빌로니아에서 포로들을 섬긴다. 그는 예루살렘을 떠나는 야웨의 영광을 묘사하고(겔 10장) 포로기 동안 일어난 일을 이스라엘 백성에게 설명한다.

에스겔 같은 예언자들은 포로기가 끝이 아니라고 주장한다. 야웨의 목적은 영원하며 아브라함과 모세, 다윗에게 하신 언약의 약속도 마찬가지다. 예언자들이 전한 심판의 말씀은 다행히도 소망의 말씀, 하나님의 백성을 위한 보다 밝은 미래의 말씀과 교차되어 등장한다. 따라서 예레미야는 이스라엘 민족이 포로 생활에서 돌아와 다시 한번 그 약속의 땅을 차지하게 될 것을 약속한다. 그는 다음과 같은 하나님의 말씀이 이뤄질 때를 기대한다.

> 내가 이스라엘 집과 유다 집에 새 언약을 맺으리라.…
> 내가 나의 법을 그들의 속에 두며 그들의 마음에 기록하여 나는 그들의 하나님이 되고 그들은 내 백성이 될 것이라.…
> [그들이] 다 나를 알[리라](렘 31:31, 33-34).

하지만 그날에는 이스라엘뿐만 아니라 다른 민족들도 모두 하나님을 알게 될 것이다. 하나님은 이스라엘을 다시 모으시고 그들에게 새로운 마음과 그분의 영을 주시며 이후에는 모든 민족이 하나님이 야웨이심을 알게 될 것이다(겔 36:22-28). 그날 야웨는 자신을 가리켜 맹세하는 모든 자에게 구원의 축복을 주실 것이다(사 19:16-25). 모든 민족이 하나님의 이름으로 일컬으며(암 9:11-12) 야웨께 속하고 그분의 백성이 될 것이다(슥 2:10-11). 모든 민족에게 복을 주시겠다는 아브라함과의 약속이 성취될 것이다(사 19:24-25).

재앙적인 바빌로니아 유배

땅과 성전은 이스라엘에게 그들의 나라 됨, 하나님의 사랑받는 백성이라는 그들의 정체성에 대한 중요한 상징이었기 때문에 유배는 재앙과 같은 경험이었다. 유배의 도구는 당시의 강국들, 즉 처음에는 아시리아, 그다음에는 바빌로니아였다. 아시리아의 멸망 이후(기원전 612년) 바빌로니아가 근동을 지배하게 된다. 바빌로니아의 왕 느부갓네살(기원전 605-562년)은 기원전 605년 카르케미시(Karchemish)에서 이집트를 이기고, 페르시아의 고레스가 바빌로니아 제국을 이기기까지(기원전 539년) 그와 그의 후계자들이 지배를 이어간다. 카르케미시 전투 이후 남왕국 유다는 바빌로니아 제국의 속국이 되지만 몇 년 후 유다의 왕 여호야김이 바빌로니아 제국의 지배자들에게 반역한다(왕하 24장). 이후 느부갓네살은 예루살렘을 포위해 여호야김의 후계자인 여호야긴을 바빌로니아의 죄수로 데리고 간다. 십 년이 흘러 (느부갓네살이 유다의 꼭두각시 왕으로 임명한) 시드기야 역시 바빌로니아에 반역한다. 다시 한번 느부갓네살은 예루살렘으로 돌아오지만 이번에는 그의 군대가 성읍과 성전을 파괴하고 예루살렘 시민 대다수를 바빌로니아로 데리고 간다(기원전 587-586; 왕하 25장). 야웨가 이스라엘 백성에 대한 심판의 도구로 불경건한 아시리아 제국과 바빌로니아 제국을 사용하신 것이다.

우리는 야웨가 그분의 백성을 그 땅으로부터 성급히 몰아내셨다고 생각하지 않아야 한다. 반대로 구약은 하나님이 애석해하는 마음으로 이 같은 심판을 향하여 천천히 움직이셨음을 묘사한다. 호세아는 이스라엘을 그 땅에서 쫓아내기로 한 결정에 이르기까지 하나님이 경험하신 괴로움을 분명히 전달한다. "에브라임이여, 내가 어찌 너를 놓겠느냐? 이스라엘이여, 내가 어찌 너를 버리겠느냐?"(호 11:8) 구약의 예언자들은 하나님이 그분의 백성을 향하여 보이신 인내와 그들을 언약에 신실한 관계 안으로 다시 부르시고자 들이신 반복된 노력을 차고 넘치게 증언한다.

하박국은 바빌로니아의 영향력이 남유다의 삶에 짙게 드리웠을 때 남왕국 유다의 예언자로 예언했다. 그는 하나님께 어떻게 부정과 폭력이 유다에 번성하는 것을 좌시하시며 허용하시는지를 묻고 전혀 예상치 못한 답변을 듣는다. 하나님은 바빌로니아를 사용하셔서 유다에게 벌을 주실 것이다. 하박국은 나머지 예언을 통해 하나님이 앞으로 하시려는 일을 어떻게 받아들여야 할지 고민하며 그분과 씨름한다. 하나님의 방식은 여전히 신비로 남아 있지만 그는 결국 신뢰의 자리로 나아온다.

내가 들었으므로 내 창자가 흔들렸고 그 목소리로 말미암아 내 입술이 떨렸도다. 무리가 우리를 치러 올라오는 환난 날을 내가 기다리므로 썩이는 것이 내 뼈에 들어왔으며 내 몸은 내 처소에서 떨리는도다. 비록 무화과나무가 무성하지 못하며, 포도나무에 열매가 없으며, 감람나무에 소출이 없으며, 밭에 먹을 것이 없으며, 우리에 양이 없으며, 외양간에 소가 없을지라도 나는 여호와로 말미암아 즐거워하며 나의 구원의 하나님으로 말미암아 기뻐하리로다(합 3:16-18).

포로기가 이스라엘 백성에게 얼마나 큰 재앙이었는지는 이 시기의 시편
들과 예레미야애가를 통해 분명히 알 수 있다. 시편 80편의 저자는 예루
살렘에 대하여 하나님께 다음과 같이 부르짖는다.

주께서 어찌하여 그 담을 허시사 길을 지나가는 모든 이들이 그것을 따
게 하셨나이까? 숲속의 멧돼지들이 상해하며 들짐승들이 먹나이다(시
80:12-13).

예레미야애가는 신중하게 쓰인 여러 애가들의 모음집으로서 포로들이
자신의 땅을 강제로 떠나게 되면서 경험한 깊은 상실을 시적으로 표현
한다. 예레미야애가는 이스라엘의 슬픔을 설명하고 심판에 담긴 야웨의
공의를 인정하며 이스라엘에 회복과 미래를 주시도록 하나님께 호소한
다. 이 시들은 포로들이 마주한 가슴 아픈 현실을 그리고 있다.

시온의 도로들이 슬퍼함이여! 절기를 지키려 나아가는 사람이 없음이로
다. 모든 성문들이 적막하며 제사장들이 탄식하며 처녀들이 근심하며 시온
도 곤고를 받았도다(애 1:4).

역설적이게도 이 같은 기록들은 포로 상태에 있는 이스라엘 백성에게

희망의 빛이 되어준다. 예레미야애가는 그들의 슬픔을 구체화하고 야웨께로 관심을 돌려 개선과 회복을 기대하도록 한다. 이 같은 종류의 문헌은 한 민족으로서의 이스라엘이 생존하는 데 매우 중요하다. 예언자들을 통해 하나님의 음성을 듣지 못한다면 이스라엘 백성들은 그들을 자신의 백성으로 주장하시는 하나님을 기억조차 하지 못할 것이다. 비록 성전은 파괴되었지만 포로기 이스라엘은 자신들의 하나님이 이 세상에 지어진 그분의 "집"보다 크시고 자신들의 나라보다 거대하시다는 사실을 깨닫는다. 그분은 정말로 모든 민족과 모든 창조세계의 야웨시다. 그분의 백성이 바빌로니아의 포로가 되어 고통을 당하고 있지만 하나님이 정복되신 것은 아니다.

포로들 중에는 바빌로니아로부터 그들 자신의 땅으로 빠른 귀환을 바란 이들도 있지만 예언자들은 그들의 희망을 꺾는다. 예루살렘이 기원전 587-586년 무너진 직후 예레미야 및 에스겔 같은 예언자들은 이스라엘 백성을 위로하는 데 집중한다. 예레미야는 빠른 귀환은 없을 거라고 주장한다. 그는 포로들에게 "[하나님이] 사로잡혀 가게 한 그 성읍의 평안을 구하"(렘 29:7)라고 권면한다. 하나님의 백성은 다른 민족들 가운데 소수 민족으로서 살아본 경험이 있고 지금은 다시 그렇게 해야 할 때다.

우리는 이스라엘 백성이 포로 상태에 처해 있을 당시 그들의 삶에 대해 별로 많이 알지 못한다. 분명 바빌로니아에서의 상황은 전혀 유쾌하지 않았을 것이다. 하지만 바빌로니아 사람들보다 더 심한 정복자들도 있었다. 적어도 이스라엘 백성은 바빌로니아 제국의 일부이면서 동시에 그들만의 공동체 안에 머무르며 그들의 문화적·종교적 특징 중 일부를 유지할 수 있었다. 그럼에도 구약의 다니엘과 에스더의 이야기는 포로 상태에 처한 헌신된 이스라엘 백성들이 경험할 수 있는 충성의 갈등을 다룬다.

다니엘서는 집단 추방이 이루어진 기원전 587-586년으로부터 약 15년 전 바빌로니아로 끌려간 다니엘과 또 다른 이스라엘 청년 세 사람의 경험을 들려준다. 다니엘의 이야기는 포로 신분의 이스라엘 백성이 자기 신앙의 핵심 가치를 타협하지 않고도 정치적 고지에 오른 놀라운 기록이다. 이 청년들 네 명은 음식에 대한 자신들의 규례를 타협하지 않고도 보다 호화스런 음식이 일반적이던 그곳에서 잘 성장한다. 다니엘의 세 친구는 느부갓네살이 세운 신상에 절하기를 거부하였으나(단3장) 그들은 풀무불 가운데 산 채로 던져지는 형벌에서 생존한다. 그리고 이후 바빌로니아 정부에서 높임을 받는다. 다니엘 역시 우상숭배를 거절한다. 그는 느부갓네살이 세운 형상을 향해 기도하지 않고 사자 굴에 던져지지만 살아남는다(단6장). 하나님의 도우심으로 다니엘은 (바빌로니아의 지혜자들과는 달리) 느부갓네살의 꿈들을 해석해낸다(단2장; 4장)

다니엘서의 후반은 상징으로 가득한 다니엘의 환상들을 담고 있는데 그것들은 앞으로 역사가 어떻게 전개될 것인지에 대한 통찰을 제공한다. 세상의 제국은 순서대로 흥망을 하겠지만 그들의 흥망은 야웨의 영원한 통치라는 문맥 안에서 이루어진다(단 2:44; 4:3, 34; 6:26). 실제로 다니엘서의 가장 큰 교훈 중 하나는 하나님께 주권이 있으며 하나님은 자신의 종들이 그들의 삶에서 그분을 우선시할 때 그들을 높이신다는 것이다.

에스라와 느헤미야: 이스라엘이 이들의 땅으로 돌아오다

기원전 539년 페르시아 왕 고레스는 바빌로니아를 이기고 이스라엘 백성이 그들의 땅으로 돌아가도록 한다. 많은 사람이 돌아왔지만 전부는 아니다. 에스더서는 이후 페르시아의 왕이 된 아하수에로의 통치를 배경으로 하고(기원전 486-465년) 이것은 포로기에 있던 이스라엘 백성에 대한 또 다른 멋진 이야기다.

에스더는 이스라엘 사람으로서 아하수에로의 왕후 와스디를 대신하도록 선택된다. 이즈음 왕은 하만이라는 귀족에게 정치적으로 높은 지위를 내린다. 왕궁의 모든 신하가 그에게 무릎을 꿇고 경의를 표하지만 에스더의 사촌(이자 양아버지)인 모르드개는 아마도 이것이 우상숭배에 근접한 일이라는 이유로 그렇게 하지 않는다. 하만은 격분하고 아하수에로의 허락을 받아 제국의 모든 이스라엘 사람을 죽이려 한다. 모르드개는 이 같은 위협의 소식을 에스더에게 전한다. "네가 왕후의 자리를 얻은 것이 이때를 위함이 아닌지 누가 알겠느냐?"(에 4:14)

유대인들을 구하기 위해 에스더는 하만의 계략을 폭로하는 것으로 왕의 일에 개입하고 하만은 교수형을 당한다. 모르드개는 요셉, 다니엘과 같이 정치적으로 굉장히 높은 자리에 오른다. 하나님의 이름이 에스더서에 한 번도 등장하지 않는 것은 흥미롭지만 에스더는 백성들에게 금식하도록 하는데 여기에는 아마도 하나님을 향한 기도가 포함되었을 것이다(에 4:16). 이 이야기는 포로 상태에 남아 있던 이스라엘 백성들이 경험한 하나님의 섭리를 강력히 드러낸다. 부림절은 이 구원을 기념한다(에 9:18-32).

역대상하는 모두 에스라서의 시작과 정확하게 동일한 말로 끝을 맺는다. 페르시아 왕 고레스가 예루살렘에 성전을 재건하라는 칙령을 공포한 것이다(기원전 538년). 이것은 커다란 소망을 주는데 고레스의 마음을 그렇게 감동하신 분이 바로 야웨이시기 때문이다(스 1:1; 참조. 사 44:28-45:1, 13). 고레스는 예루살렘에 성전을 짓고자 돌아가기를 원한 모든 포로를 풀어준다. 전부는 아니지만 많은 이들이 돌아가기로 선택한다. 성전이 파괴되고 오십 년이 지나 그 땅으로 돌아가는 이들의 마음이 어땠을지 우리는 상상해볼 수 있다. 그들은 자신의 성읍에 정착한 후 곧바로 예루살렘에 모여 예수아와 스룹바벨의 리더십 아래 이스라엘의 하나님을 위한 제단을 재건하기 시작한다. 이것은 위대한 용기를 보인 행동이었는데, 이스라엘 백성들이 없는 동안 다른 민족들이 이 지역에 정착했고 그들이 어떠한 반응을 보일지 전혀 알 수 없었기 때문이다.

제단이 완성되자마자 이스라엘 백성들은 초막절을 기념하는데 이 절기는 그들이 이집트를 떠나 약속의 땅으로 향하던 중 사막 광야에서 천막 살이를 했던 시절을 상기시킨다. 이 제단과 하나님에 대한 예배는 약속의 땅에서 자기 백성 가운데 거하시는 하나님의 임재를 강력히 상징한다. 아직 성전이 재건되지는 않았지만 이스라엘 백성의 예배는 소망의 큰 징조가 된다. 예배 의식이 회복되면서 성전 재건 역시 본격적으로 시작된다. 예루살렘 성전 재건 프로젝트는 지역적 반대와 심지어는 국제적 반대에까지 부딪히지만 결국에는 건축자들이 승리한다. 예언자 학개와 스가랴의 설교에서 나온 강력한 격려를 통해(스 6:14) 이스라엘의 용감한 건축자들은 바빌로니아의 포로 생활로부터 귀환한 지 약 이십 년이 지나 성전을 완공해 야웨께 봉헌한다(기원전 516년).

이스라엘의 이야기를 여기까지 따라온 독자들이라면 이제는 이스라엘 백성들이 다른 민족들에게 빛이 되고자 하는 그들의 노력에서 이전보다 더 나아질 것인지 궁금해할 수 있다. 에스라서와 느헤미야서의 남은 이야기는 예루살렘으로 귀환한 포로들을 자신들의 소명으로 회복하는 데 주된 역할을 한 두 명의 지도자에 대한 이야기를 들려준다. (이 책들의 이름이 이들로부터 왔다.) 에스라는 제사장이자 학자로서 성전이 봉헌되고 육십 여년이 지나 예루살렘으로 온다. 이때 이스라엘 백성들은 이미 그들과 이방인들 사이의 국제 결혼을 허용하기 시작했고 따라서 혼합주의를 통한 우상숭배의 문을 또다시 연다. 에스라는 자신의 백성을 이 땅으로 다시 돌아오게 하신 하나님의 은혜를 상기시키며 회개를 촉구하고 이 같은 결혼을 무효화한다.

느헤미야는 페르시아 왕 아닥사스다의 궁에서 술 맡은 관원장이다. 예루살렘의 성벽들이 황폐한 상태라는 이야기를 들은 느헤미야가 예루살렘으로 돌아갈 수 있기를 청하고 왕이 수락한다(기원전 445-444년). 난폭한 반대에도 불구하고 느헤미야는 성벽의 재건을 이끈다(느 1-7장). 에스라는 이스라엘 백성을 모아 모세의 율법 책을 그들에게 읽어주고 레위인들은 율법을 가르친다(느 8장). 이스라엘 백성은 율법을 들으며 자신의 죄를 깊이 자각하고 운다. 이후 레위인들은 그들을 기도로 이끌고 이스라엘 백성은 창조부터 아브라함을 부르신 사건과 현재에 이르기까지 하나님이 자신들과 맺으신 관계를 뒤돌아본다. 그들은 하나님께 간절히 기도하고 이스라엘 민족으로서 야웨와의 언약을 새롭게 한다(느 9:38-10:39).

구약이 끝날 즈음에도 이스라엘의 미래는 여전히 불확실하다. 이스라엘 백성들은 자신들의 땅으로 돌아왔지만 성전이 재건되었음에도 한 민족으로서 그들이 가진 존재감은 미약하기 그지없다. 성전 역시 이전의 영광에 비할 바가 못 된다(참조. 학 2:3). 우리가 이스라엘 역사의 이 지점에서 그들이 마주한 정치적 상황에 집중한다면 그들의 미래에 대한 실제적 의구심을 가질 수 있다. 하지만 예언자들은 이스라엘의 미래와 자기 백성을 위한 그리고 그들을 통한 하나님의 목적이 승리할 것에 대해 보다 강력한 확신을 제공한다. 예언자들의 설교 대부분이 이스라엘이 지금 당면한 상황과 직접적으로 연관되어 있지만, 예언자들은 동시에 이스라엘 민족의 미래를 내다보고 앞으로 다가올 일들을 논한다. 그들은 이스라엘의 역사로부터 심상을 추려내 "다윗의 후손", "시온산", 하나님의 종 된 이스라엘, 성전의 미래를 이야기하는데 이것은 이스라엘 백성들에게 앞으로 다가올 일에 관한 비전을 불러일으키기 위해서다.

예언자들의 메시지 대부분은 하나님이 자기 백성의 지속적인 불순종 때문에 그들을 심판하신다는 것이다. 모든 민족 가운데 하나님의 명예는 이스라엘이 하나님의 백성으로서 살아가는 삶에 달려 있고 따라서 하나님은 그들의 반역을 영원히 용인하실 수 없다. 이것은 자연스럽게 하나님이 이스라엘과 온 창조세계 모두를 향해 갖고 계신 미래의 계획에 대한 질문을 불러온다. 예언자들이 이스라엘을 향한 현재의 심판을 선언하고 있지만 그들은 또한 미래를 내다보며 하나님의 목적이 승리할 것을 선언한다. 이사야는 "이새의 줄기에서 난 [한] 싹"이 정의와 공의를 가져오며 "이리가 어린양과 함께 살며⋯[그들이] 어린아이에게 끌리"는 시대를 열 것을 상상한다(사 11:1-9). 그는 고난받는 종이 오셔서 모든 민족에게 참 빛이 되실 것을 예언한다(사 49:6; 52:13-53:12). 예레미야는 "새 언약"(렘 31장)을, 에스겔은 "새 성전"(겔 40-48장)을 이야기한다. 모든 예언자는 어떠한 방법으로든 하나님과 인류, 인간 외 창조세계 사이의 샬롬의 미래를 상상한다.

이 같은 심상들은 하나님이 창조세계와 그분의 백성 가운데 자기의 목적을 확고하게 하시기 위해 단호히 역사하실 때를 상상하도록 한다. 메시아, 곧 기름 부음을 받은 자, 다윗의 참된 후손이 오실 것이고 이스라엘은 참된 회심을 하게 될 것이다. 이스라엘 백성들의 마음은 (미가 5장에서와 같이) 마침내 하나님을 향할 것이다. 이때 지금까지 야웨를 대적해 온 민족과 모든 사람은 그분의 심판을 받을 것이다. 하지만 이것은 모든 민족을 위한 구원의 때이기도 하다.

하나님은 자신의 약속을 지키신다. 아브라함에게 하신 약속대로 하나님은 이스라엘을 새롭게 하시고 모든 민족을 자신에게로 이끄실 것이다. 이 과정에서 온 창조세계는 새로워질 것이다. 하나님의 왕국이 온 땅 위에 세워질 것이다. 구약은 소망에 대한 이같이 뜻깊은 기록과 함께 끝난다.

오늘을 위한 묵상

성경 드라마의 3막 1장에서 이스라엘은 인류를 향한 하나님의 목적을 구현하고 하나님의 완벽한 통치를 따를 때 오는 축복을 누리도록 부름받는다. 2장에서 하나님은 이스라엘에게 약속의 땅을 주시는데 이곳에서 새로운 축복의 삶이 펼쳐질 예정이었다. 말하자면 하나님은 1장에서 배역(이스라엘)을 정하시고 그들에게 대사(율법)를 나누어주신 것이다. 이제 2장에서 그들은 세계 무대에 선다. 대본은 더할 나위 없이 훌륭하고 감독은 배우들이 연기하는 모든 순간을 돕기 위하여 대기 중이다. 그럼에도 그들의 공연은 완전히 실패한다. 왜 그럴까?

여호수아서를 시작으로 이번 장에서 살펴본 내용을 간략하게 되돌아보자. 하나님은 자기 백성에게 신실하신 분으로서 그들에게 약속하신 땅을 주시고 그들보다 앞서 가시며 그들의 원수를 몰아내신다. 하지만 이스라엘의 충성은 분열된다. 그들이 우상숭배를 용인한 것이다. 사사기가 끝날 무렵 하나님이 선택하신 백성들은 너무도 심하게 타락해 그들과 그들을 둘러싼 이방 민족들을 구분하기가 어려울 지경에 이른다. 사무엘서에서 하나님은 다시 한번 긍휼을 베푸시고 하나님을 향한 이들의 헌신에 다시금 불을 붙이기 위하여 그들에게 왕을 주시며 어둠 속에 서 있는 봉화처럼 이스라엘 민족이 빛을 발할 수 있도록 하신다. 하지만 이스라엘 왕들은 너무도 자주 자신의 죄악에 굴복하고 거짓된 신들의 숭배를 허용하거나, 때로는 적극적으로 권장하는 것으로 자기 백성을 하나님에 대한 헌신이 아닌 반역으로 인도한다. 이 일은 그들이 창조주의 임재를 더 이상 목격할 수 없을 때까지 이어진다. 하나님은 심판을 통해 그들을 집으로부터 몰아내 포로로 보내시며 서둘러 그들의 공연의 막을 내리신다.

이 부분의 성경 드라마에 담긴 교훈은 많지만 가장 강력하고 우리 시대에 가장 필요한 교훈이라면 아마도 **우상숭배가 파멸을 가져온다**는 교훈일 것이다. 우리는 하나님 한 분만을 예배하도록 지어졌다. 자신을 둘러싼 이방 문화의 우상들에 매료된 이스라엘을 보며 우리는 그들이 어떻게 이렇게 어리석을 수 있는지 의아해할 수 있다. 살아 계신 하나님, 곧 천지를 지으신 창조주가 기적을 베푸셔서 그들을 바다와 광야, 강을 지나 노예 생활로부터 이끌어내셨다. 하나님은 그들의 눈앞에서 요새를 무너뜨리시고 그들에게 멋진 집을 주셨다. 하지만 그들은 자신들이 이곳에 도착하기 오래전부터 그곳에서 숭배를 받아온 신들, 곧 돌, 나무, 청동 조각들을 더 숭배하기 원했다.

이 특정한 우상들은 오늘날의 우리를 매혹하지 못하지만 서구 문화 속 많은 우상이 인간의 삶을 지속적으로 빚어가고 있다. 어떤 문화 공동체가 자신의 삶을 창조세계의 일부로 집중시키고 그것이 생명을 가져다준다고 믿을 때 거기 우상숭배가 있다. 농업 경제 안에서 생활했던 이스라엘 백성에게 우상은 농업적 결실과 풍요였다. 오늘날 우리에게는 다른 우상들이 있다. 우리는 우리 자신의 운명을 빚어가고 세상의 문제를 해결하기 위한 인간의 능력을 신뢰해왔다. 우리는 우리의 이성이 특히 과학으로 표현되면서, 그것이 우리의 삶을 인도하기 위해 필요한 진리들을 제공한다고 신뢰해왔다. 이 점은 오직 사회 과학만이 우리에게 이상적인 사회적 패턴을 제공한다고 신뢰해온 사실에서 특히 분명하게 드러난다. 우리는 오직 인간의 이성과 과학, 기술만이 우리 문제를 해결하고 더 나은 세상과 번영의 삶을 향해 나아가게 해줄 것이라고 신뢰해왔다. 우리는 소비재와 경험을 인간 생명의 목적으로 만들었고 이 최고 목적을 중심으로 우리의 공동체적 삶을 계획한다. 이것이 우상숭배다. 그리고 우상숭배는 죽음을 가져온다. 예언자 에스겔은 이스라엘에게 이렇게 말했다. "너희에게 보응한즉…죄를 담당할지라"(겔 23:49). 이것은 3막 2장의 메시지이지만 오늘날 우리 문화의 메시지이기도 하다.

우상숭배는 공동체적·문화적 수준으로 다가올 수 있고, 각기 다른 개인적 형태를 취할 수도 있다. 우리의 개인적인 삶을 우리가 창조된 목적에 따라 하나님을 섬기는 데 집중하지 않고 창조세계의 일부로 집중하는 것이 우상숭배다. 쾌락과 물질의 소유, 사회적 지위, 여가 활동은 그 자체로는 선한 은사들이며 우리의 삶에 주시는 하나님의 축복의 일부이지만 그것들은 쉽게 섬김의 대상이 될 수 있다. 우리는 빈부 격차, 가족과 자신의 건강을 희생해가면서 보다 더 많은 돈과 물건을 쌓으려는 광란의 쟁탈전, 그리고 이기심, 질투, 공포, 탐욕에서 나오는 전세계 정치적·군사적 갈등을 통해 이 같은 우상숭배의 산물을 볼 수 있다. 조상들과 예언자들의 시대와 마찬가지로 우리 시대에서도 성경 이야기를 따라 신실하게 살기 원하는 사람들은 주변의 문화를 특징짓는 우상숭배에 반대하고 "우상을 멀리"해야 한다(요일 5:21).

하지만 좋은 소식이 있다. 우상숭배에 대한 하나님의 대답은 신실하신 왕을 보내시는 것이었다. 이스라엘의 왕들 대다수는 그들이 통치한 백성들과 마찬가지로 우상에 심취해 있었다. 하지만 예수는 하나님이 다윗에게 하신 약속을 성취하는 왕이시다. 그분은 자신의 사역을 신실하게 수행하시며 하나님의 어린양으로서 이 세상 죄를 직접 짊어지시고 성전의 의미를 구현하신다. 십자가에서 그분은 하나님의 백성의 원수들을 이기시고 성령을 통해 자기 백성의 마음에 하나님의 율법을 기록하신다. 다윗의 후손이자 하나님의 아들이신 예수는 온 창조세계에 회복과 평화를 가져다줄 왕국을 시작하시며 우리를 우상숭배에서 끌어내 구속받고 새로워진 인간의 삶으로 인도하신다.

········
이야기 안에서 우리의 자리를 찾다

1. 지금까지 우리는 고대 이스라엘이 어떻게 하나님을 버리고 우상들로 향했는
   지 살펴보았습니다. 어떤 형태의 우상들이 여전히 그리스도인들과 교회를
   유혹하고 있을까요?
2. 우리가 살펴본 대로 고대 이스라엘 백성들은 하나님과의 관계를 당연한 것
   으로 여겼고 하나님의 축복이 자신이 신실하고 순종적인 언약의 파트너로
   남아 있을 때에만 가능하다는 사실을 잊었습니다(신 30:11-20). 우리는 어
   떻게 하나님과의 관계를 당연한 것으로 여기고 있나요? 하나님이 우리와 맺
   으신 언약의 기초는 무엇인가요?
3. 구약의 예언자들은 하나님에 대한 배반이 이스라엘 백성들을 어디로 인도
   할지 경고하는 동시에 신실하게 살고자 노력하는 이들에게는 소망을 주었
   습니다. 이 같은 소망과 경고의 메시지는 오늘날 우리에게 어떤 의미가 있나
   요?
4. 더 이상 우리는 이스라엘과 같은 반신정 체제(semitheocratic regime) 속에서
   살고 있지 않습니다. 서구 민주주의에서 하나님의 율법은 어떻게 공적인 삶
   에 영향을 끼칠까요?
5. 하나님의 심판이 어떤 방식으로 우리 시대에 이루어진다고 생각하나요? 그
   것을 확실히 식별할 수 있을까요?

The True Story of The Whole World

막간

마지막을 기다리는 왕국의 이야기

—

신구약 중간기

성경 이야기의 구약 부분이 마지막을 향해 갈 즈음 이스라엘 백성들은 약속의 땅에서 페르시아의 통치 아래 비교적 평화로운 삶을 살고 있다. 하지만 사백 년이 지나 신약의 이야기가 시작될 즈음 이스라엘은 로마 제국의 잔혹한 지배를 받으며 매우 다른 세상에 처하게 된다. 이 새로운 상황이 신약의 문맥을 형성한다. 따라서 우리는 성경의 이야기를 관통하는 우리의 여정을 잠시 멈추어 신구약 중간기, 그러니까 성경이 다루지 않는 말라기의 끝과 마태복음의 시작 사이에 있었던 이스라엘의 역사를 살펴보아야 한다.

팔레스타인과 디아스포라의 유대 공동체

페르시아의 정복자들은 유대인들이 바빌로니아의 포로 생활에서 그들의 땅으로 돌아가도록 허용하지만 소수의 사람들만이 돌아갔다. 팔레스타인(약속의 땅)으로 돌아간 사람들은 그곳에 번성하는 유대 공동체를 다시 세우는데, 우리는 종종 이 공동체에 관한 이야기들을 복음서를 통해 읽는다. 하지만 유대인들의 대다수는 자신들의 고국을 벗어나 로마 제국의 여러 도시에서 생활한다. 이 유대인들은 "흩어진"이라는 의미를 가진 단어인 **디아스포라**(*diaspora*)를 형성한다. 디아스포라 유대인들은 안식일 예배와 기도, 토라의 연구를 위해 회당을 세워 자신들의 독특한 언약 정체성을 유지한다. 그들은 자신들의 삶을 성전으로 집중시키고 중요한 유대 절기들을 통해 자신들의 믿음과 소망을 지킨다.

이스라엘의 믿음

다섯 가지 근본적인 믿음, 곧 아브라함 시대부터 하나님과 동행해온 이스라엘의 여정에서 나온 산물이 신구약 중간기 동안 유대인의 삶을 형성한다.

- 일신론: 이스라엘은 한 분 하나님, 이 세상의 창조주이자 역사의 통치자를 믿는다.
- 선택과 언약: 하나님은 이스라엘을 선택하시고 자신의 구원 목적을 이루시기 위하여 언약 안에서 자신을 그들에게 매신다. 그분은 이 민족을 통하여 자신의 창조세계에서 악을 제거해가신다.
- 토라: 하나님은 이스라엘에게 율법을 주셔서 하나님의 거룩한 백성으로서의 삶의 방식 일체를 알려주시고 만일 그들이 이 같은 율법에 변함없는 신실함을 보인다면 그들을 축복하겠다고 약

속하신다.

- 땅과 성전: 땅과 특히 성전은 거룩한데, 이곳에서 하나님이 이스라엘과 함께 거하시기 때문이다(슥 2:13). 따라서 유대인들은 자신들이 예루살렘 성전에서 한 분이신 참 하나님을 섬기고 예배하며 하나님의 말씀이 인도하는 대로 살았기 때문에 하나님의 축복을 경험하도록 선택받았다고 믿는다. 하지만 그들은 하나님을 배반하여 하나님의 약속을 받지 못했다.
- 미래에 이뤄질 하나님의 구속 역사에 대한 소망: 이스라엘은 자신들이 저지른 죄로 벌을 받게 되지만 하나님은 예언자들을 통해 그들을 향해 늘 의도하셨던 대로 이스라엘을 회복시키겠다고 약속하신다.

커가는 긴장: 페르시아에서 로마로

이 같은 믿음들은 신구약 사이 사백 년 동안 이스라엘의 실제적 경험 안에서 심각한 시험을 받는다. 그들 중 일부가 하나님이 그들에게 약속하신 땅으로 돌아왔지만 팔레스타인에 있는 사람들조차 이방 세력의 잇따른 지배를 받는다. 마치 포로기가 영영 끝나지 않은 것처럼 말이다. 그들은 모세(신 30:1-10)와 예언자들의 약속이 어떻게 되었는지 궁금했을 것이다.

페르시아 제국 안에서의 삶

기원전 6세기에 페르시아 왕 고레스가 유대인들이 고국으로 돌아가는 것을 허락했을 때 그들은 엄청난 환희를 느꼈을 것이다. 이것은 분명 하나님이 약속하셨던 구원이다! 하지만 환희는 곧 실망으로 바뀌었다. 귀환한 포로들의 경험이 자신들의 기대에 미치지 못한 것이다. 이스라엘 모든 백성이 그 땅으로 귀환한 것은 아니었고, 다수가 자신들이 정착한 곳에 남았다. 성전은 재건되었지만 새 성전은 솔로몬 시대의 영광스러운 성전에 비하면 허름했다(학 2:3). 다윗 자손의 왕도 없었다. 이스라엘 백성은 다시 한번 팔레스타인에 정착하게 되었지만 외국, 그러니까 이방 통치자들의 뜻에 따라 그렇게 된 것뿐이다.

물리적인 의미에서 이스라엘은 자신들의 땅으로 회복되었지만 아직 정치적·종교적으로는 유배 민족으로 남아 있다. 왜 그래야만 할까? 이 시급한 질문이 유대인들의 마음을 떠나지 않는다. 어떤 사람들은 하나님이 자신과의 언약을 어긴 백성에 대한 심판을 아직 마치지 않으셨기 때문이라고 설명한다. 그들이 토라에 대하여 충분한 신실함을 보일 때에만 온전하고 최종적인 구원을 기대할 수 있다는 것이다. 이 같은 믿음과 이스라엘 백성의 신실함을 증명하기 위한 노력의 결과로 구전 교육 전통이 생겨나는데, 그 안에서 학자들은 이 백성이 자신의 신실함을 증명하기 위해 노력하며 처하게 될 새로운 상황에 토라라는 고대 율법을 적용하고자 노력을 기울인다. 또한 유대인들은 회당을 세워 평범한 사람들에게 하나님의 율법을 가르친다.

알렉산드로스 대왕 아래의 그리스 제국

기원전 331년 알렉산드로스의 군대가 페르시아를 정복하면서 팔레스타인은 그리스의 통제하에 놓이게 된다. 이제 이스라엘의 존재에 더 심각한 위협은 군사적·정치적 위협이 아닌 문화적 위협이다. 알렉산드로스의 비전은 그리스어를 포함해 그리스 문화를 내세워 자신의 새로운 제국을 통합하는 것이다. 알렉산드로스가 유대인들에게 순응을 강요하지는 않았지만 그리스 사상과 실천이 이스라엘의 문화를 흠뻑 적시기 시작한다. 그리스어의 만연한 사용과 더불어 이 같은 영향은 더욱 큰 힘을 얻고 유대 학자들이 자신들의 경전을 그리스어로 번역하기에 이른다(70인역). 이 모든 것이 하나님의 백성으로서 이스라엘이 갖는 종교적 온전함을 약화시키기 시작한다. 이방의 문화 양식에 순응하라는 이 같은 압박은 앞으로 보다 더 심화될 뿐이다.

알렉산드로스 이후의 그리스 제국

알렉산드로스가 후손이 없이 서른셋의 나이로 죽자(기원전 323) 그의 거대한 제국을 놓고 장군들 사이에 다툼이 일어난다. 두 개의 왕조, 곧 이집트의 프톨레마이오스 왕조와 시리아의 셀레우코스 왕조가 승리를 거머쥐고 이전 알렉산드로스의 제국에서 각자가 차지한 부분을 통치한다. 그들은 팔레스타인 주변 지역에 대한 지배권을 장악하기 위해 서로의 군대와 싸운다. 격렬한 라이벌 사이에 끼인 이스라엘은 처음에는 프톨레마이오스 왕조의 지배를 받다가(기원전 311-198) 이후에는 셀레우코스 왕조의 지배를 받는다(기원전 198-164). 후자의 시기 동안 하나님의 약속을 믿는 이스라엘의 믿음과 이방 문화 속에서 그들이 경험하는 삶 사이에 일어나는 갈등은 안티오코스 4세 에피파네스의 통치 기간 동안 극적인 위기에 다다른다.

안티오코스는 자신의 제국을 향한 두 가지 심각한 위협을 마주하는데 하나는 외부적 위협이고 또 다른 하나는 내부적 위협이다. (1) 성장하는 국제 권력 로마는 안티오코스에게 막대한 돈을 조공으로 요구하고, (2) 그리스 제국의 민족적 다양성은 여러 부족적·민족적 파벌들 사이에 다툼을 일으키며 그의 제국을 내부로부터 해체하려 한다. 안티오코스는 이러한 위협에 대해 먼저는 자신의 빚을 해결하기 위해 (이스라엘 같은) 여러 종속국을 침략 및 약탈하는 것으로, 둘째는 자신의 피지배 민족들에게 그리스 문화를 통째로 수용하도록 강요하여 제국의 동질화를 추구하는 것으로 대응한다.

이스라엘은 이 두 가지 정책을 모두 하나님의 언약 백성으로 살아야 하는 자기 민족의 삶에 대한 직접적 공격으로 여긴다. 안티오코스는 무자비한 방식으로 유대인들이 그리스 문화를 받아들이도록 강요하며, 이스라엘을 하나님의 백성으로 표시하는 모든 종교적 실천에 반하는 엄격한 법률을 통과시킨다. 그는 할례와 안식일 준수, 성전의 제사를 금지한다. 감히 안티오코스에게 저항하는 자들은 잔인하게 죽임을 당한다. 토라는 불타고 유대인들은 이방의 신들에게 부정한 제물을 바치라는 명령을 받는다. 기원전 167년 12월 25일 마침내 안티오코스는 성전을 모독하는데, 그는 성전 안에 그리스 만신전의 최고 신 제우스를 위한 제단을 세우고 유대 율법에서 가장 부정한 동물인 돼지를 제물로 바친다. 분노한 유대인들은 이 같은 행위를 "멸망하게 하는 가증한 것"이라고 칭한다(단 11:31).

하지만 안티오코스는 하나님에 대한 유대인들의 결연한 헌신을 개의치 않는다. 유대인들은 야웨가 자신의 이름을 변호하기 위하여 역사하실 것이라 믿고 셀레우코스 지배자들에게 대항해 반란을 일으킨다.

마카비 혁명과 하스몬 왕조(기원전 167-63)

이 일은 마타티아스 벤 요하난(Mattathias ben Johanan)이라는 한 연로한 제사장이 이방 신 중 하나에게 부정한 제물을 바치라는 명령을 받으면서 시작된다. 마타티아스는 이 명령을 거절한다. 대신 그는 제물을 바치며 타협한 유대인과 정부의 명령이 잘 실행되는지를 감시하기 위해 그곳에 나온 그리스 군인을 모두 죽인다. 이 용감하고 위험천만한 저항 이후 마타티아스는 자신의 아들 다섯과 광야로 도망하여 그곳에서 반란군을 조직한다. 그다음 해 이 연로한 제사장은 죽고 그의 셋째 아들 유다가 이 게릴라 투사들의 리더가 된다. 유다는 마카비(Maccabee, "망치")라는 별명을 얻고 그에게 충성하는 이들은 마카비 혁명군(Maccabeans)으로 불린다.

마카비 혁명군은 그들이 상대한 셀레우코스 군대에 비하면 가망 없이 적은 숫자이지만 그럼에도 여러 차례 놀라운 승리를 거둔다. 기원전 164년 12월 25일, 안티오코스가 성전을 모독한 날로부터 삼 년이 지나 유다 마카비(Judah Maccabee, 이 이름의 라틴어 형태인 유다스 마카바이우스 [Judas Maccabaeus]로도 알려짐)는 승리의 정복자로 예루살렘에 입성한다. 그는 성전에서 그리스 신들의 형상과 이방 제단들, 이방 예배의 경멸스런 장식들을 제거하며 성전을 정결케 하고 온 성전을 야웨께 다시금 봉헌한다. 이 놀라운 구원을 기념하기 위해 새로운 절기 하누카(Hanukkah)가 세워진다(마카베오상 4:41 - 61). 이십 년 후 셀레우코스의 통치는 이스라엘에서 완전히 물러난다(기원전 142). 이것으로 유대의 독립과 자치의 시대가 열리고 유다 마카비의 형 시몬(Simon, 하스몬 왕조)의 자손들이 팔 년 동안 다스린다.

우리가 이후의 이스라엘의 이야기를 이해하기 위해서는 위의 사건들을 이해할 필요가 있다. 이 사건들은 출애굽처럼 유대 역사에서 결정적 순간이 된다. 하나님은 자신의 백성을 구원하시고 성전을 회복하시며 율법을 변호하시기 위해 역사하셨다. 이 극적인 구속 역사를 통해 하나님은 자신의 백성을 찾아오셨고, 다시 한번 그렇게 하실 것이다. 하지만 이 구원은 지속되지 않는다. 적어도 아직은 말이다. 반란군의 리더 마타티아스 벤 요하난과 그의 유명한 아들 유다 마카비는 하나님의 율법에 자신들을 헌신했지만 그들을 뒤따른 하스몬 왕조의 왕들은 그리스라는 이방 문화와 자신의 정치 권력을 유지하기 위한 관심에 철저히 타협한다.

로마의 손아귀에 든 이스라엘

그 사이 로마 세력은 꾸준히 성장했다. 기원전 1세기 초반 로마는 그 근방의 군사적·정치적 지배 세력이 된다. 기원전 63년 그나이우스 폼페이우스 마그누스는 이스라엘을 로마 제국으로 귀속시키기 위해 예루살렘으로 행진해 들어가고 앞으로 오백 년 가까이 지속될 로마 주둔이 시작된다. 로마는 이스라엘을 자신과 협력하는 (따라서 타협한) 꼭두각시 왕과 총독들을 통해 간접적으로 다스리기로 결정한다. 여기에는 하스몬 왕조의 마지막 인물인 헤롯 대왕(과 그의 자손)과 최종적으로는 본디오 빌라도를 포함해 로마가 임명한 여러 행정 장관들이 포함된다.

이스라엘이 지금껏 이방의 지배자들을 향해 느껴온 증오와 분노는 이제 그들 중 가장 강력하고 잔인한 로마 안에서 새로운 목표를 찾는다. 현실을 이해하기 위해 토라를 찾은 많은 유대인은 로마를 다니엘서의 잔인한 짐승으로 인식한다(단 7:7). 로마는 힘과 공포, 협박으로 유대인들을 다스리는데, 그들의 종교적 감수성을 짓밟고 무리한 세금으로 빈곤을 선사하며 로마식 이방 문화를 강요하는 것은 물론 자신의 뜻에 반하는 사람에게는 무자비한 형벌을 내린다.

이 같은 압제 정권 아래 이스라엘 안에서는 이방인에 대한 인종적 증오가 증가한다. 이것은 로마에 부역하는 모든 유대인에 대한 증오로 이어지는데, 그 대상에는 로마가 임명한 헤롯 왕과 그의 패거리는 물론 여러 제사장과 세리들이 포함된다. 하나님이 다시 오셔서 다스려주시기를 바라는 일반 사람들의 갈망은 점점 더 커진다. 하나님이 다스리시는 새로운 왕국을 향한 이 같은 열정은 이들이 증오하는 로마 찬탈자들에 대한 지역적 반역의 행위로 터져 나오기도 한다. 하지만 이 행위들은 곧 반역자가 될 이들에 대한 대규모 십자가형으로 귀결되면서 재빠르게 폭력적으로 저지된다. 십자가형은 로마에 저항할 경우 치러야 할 대가를 소름 끼치게 보여준다.

그럼에도 이스라엘은 예수의 탄생 거의 일 세기 전부터 일 세기 이후까지 로마 제국에서 고집스럽고 완고한 지역으로 남는다. 이 기간 동안 스스로를 메시아적 리더로 자청한 이들을 중심으로 여러 혁명 운동이 일어나기도 한다. 따라서 예수가 태어나셨을 당시 이스라엘은 하나님의 왕국을 향한 소망이 강렬하고 심지어 열성적이기까지 한 민족이었다. 그리고 그들은 그 왕국을 맞이하기 위해 행동할 준비가 되어 있었다.

왕국을 향한 이스라엘의 소망

이스라엘 백성들은 역사가 현재 세대와 앞으로 다가올 세대라는 두 가지 매우 다른 시기로 구성된다고 생각했다. 하나님의 통치에 대한 아담의 반역으로 시작된 현재 세대는 죄와 죄의 저주로 얼룩진다. 하지만 다가올 세대에서 하나님은 자신의 창조세계를 깨끗게 하시고 새롭게 하시기 위하여 역사하실 것이다. 이스라엘 백성들은 이 같은 새로워짐이 이스라엘에서부터 시작한다고 생각했다. 그들은 용서받고 깨끗하며 새로워진 백성이 될 것이다. 하나님은 자신의 임무를 위해 새롭게 준비된 **이**

민족을 통해 이제 회복의 축복을 주변의 이방 민족들과 심지어 창조세계 자체로 확장하실 것이다. 이 모든 것이 역사의 마지막 날에 일어날 것이다. 하나님의 영이 부어지고 현재의 악한 세대는 막을 내릴 것이다. 하나님은 죄의 황폐함과 사탄, 고통, 죽음으로부터 자신의 창조세계를 구원하시기 위해 능력 가운데 역사하실 것이다.

역사를 이렇게 두 시대로 나누는 것은 구약 예언자들의 기록에 뿌리를 두고 있다. 그들은 역사의 마지막 날에 하나님이 이 땅을 찾아오셔서 우주적 통치를 회복하시고 악으로부터 포괄적인 구원을 이루시며 이 땅에 하나님을 아는 지식과 공의와 평화가 가득하게 하실 것이라고 믿었다(그림 3 참조). 이 같은 구원은 이스라엘에서 시작하고 모든 민족이 이스라엘로 모여들 것이다.

일부 유대인들은 마침내 이방 민족들이 이스라엘의 하나님을 자신의 왕으로 인정하고 그분의 통치 아래 기쁨으로 살게 되며(사 49:6) 모든 민족이 하나님의 도를 배우기 위하여 시온으로 몰려올 것이라고(사 2:3) 믿었다. 하지만 유대인 대다수는 이와 다른 성경 속 예언의 주제에 보다 더 이끌렸다. 이스라엘의 긴 굴욕의 역사는 이방 압제자들에 대한 큰 증오를 낳았고 이스라엘 백성은 그들이 토기장이의 질그릇 같이 부서지기를 기대했다(시 2:9). 그들은 하나님이 로마에 대한 폭력적인 심판으로써 자기들을 구원해주시리라 믿었다.

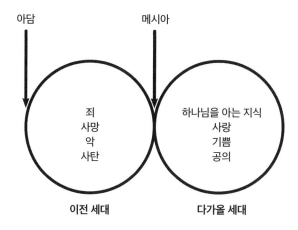

그림 3

랍비가 본 역사

아담　　　　　　　　　　메시아

죄
사망
악
사탄

하나님을 아는 지식
사랑
기쁨
공의

이전 세대　　　　　　　　다가올 세대

이 놀라운 구원을 이루실 분은 메시아("기름 부음을 받은 자"를 의미하는 히브리어)시다. 많은 사람은 기름 부음을 받은 왕 혹은 제사장이 구속을 위한 신적 대리인이 되어 새로워진 하나님의 왕국을 가져올 것으로 기대했다. 하나님이 마침내 그들을 구원하기 위한 사자를 보내주실 때 그 민족이 무엇을 볼 것으로 기대할지에 관해서는 여러 개념이 충돌했다. 왕족 혹은 제사장일지, 한 명 혹은 여러 명일지, 인간일지 혹은 신일지 말이다. 하지만 **고난받는** 메시아에 대한 개념은 거의 부재했다(사 53:3; 참조. 눅 24:25).

이스라엘의 기대를 가장 잘 포착한 것은 하나님의 왕국이었다. 이스라엘은 하나님 외에는 다른 왕이 없는 날을 고대했다. 하나님이 성전으로 돌아오시고 그분의 백성 가운데 다시 거하실 것이다(말 3:1). 이스라엘 민족은 이방 압제자들의 속박으로부터 풀려날 것이다. 이 메시아는 로마의 황제와 이스라엘에 있는 꼭두각시 왕들과 제사장들의 통치를 쓸어버리시고 만물을 하나님의 통치 아래 두실 것이다. 하나님은 이 백성 위로 자신의 영을 부어주시고 그들은 하나님을 향한 순종과 신실함 가운데 새로워질 것이다. 하나님께 신실했던 이전 세대의 유대인들은 죽은 자들 가운데서 부활할 것이다(단 12:2).

그날이 이르기까지 이스라엘의 신실한 자들은 소망 가운데 살았다. 그들은 기도했고 말씀을 연구했으며 절기를 지켰고 토라에 신실했으며 군사적 행동을 위한 준비를 지속했다. 이 같은 각본에 대다수가 동의했다. 하지만 하나님이 이 일을 어떻게, 언제, 누구를 통하여 이루실지, 그리고 그날이 오기까지 그들이 어떻게 살아야 할지에 대해 유대인들은 심각하게 분열되어 있었다.

이스라엘의 소망에 대한 다른 표현들

바리새파

이 같은 소망의 한 표현은 **바리새파**로 불린 두드러진 그룹에서 발견할 수 있다. 바리새파는 이방 그리스 문화에 대한 유대인들의 타협을 우려했다. 그들은 이스라엘이 타락한 상태로 남아 있다면 하나님이 그분의 왕국이 임하도록 역사하실 수 없다고 믿었다. 그들은 이 같은 타협과 싸우기 위해 두 가지에 대한 신속한 헌신을 요구했는데, 그것은 바로 이방의 부패로부터의 완전한 분리와 토라에 대한 철저한 순종이다. 바리새파에게 분리와 순종은 동일한 진리의 양면이었다. 그들은 유대 백성의 독특한 표지가 된 토라 율법의 측면을 강조했다. 결과적으로 할례와 음식 율법, 안식일의 준수가 모두 신실한 유대인과 그렇지 못한 이방인들을 가르는 경계 표지로서 새로운 중요성을 띠게 되었다.

　많은 바리새인이 이 같은 혁명을 정치적 행동주의, 심지어 폭력의 힘을 빌려 추진할 준비가 되어 있었다. 그들의 인기와 성공의 비결은 그들이 이스라엘 백성들의 가장 깊은 욕망의 일부, 그러니까 해방에 대한 갈망, 토라에 대한 충성, 하나님이 그분의 백성을 직접 다스리시는 새로운 왕국에 대한 오랜 소망을 표현한 데 있었다.

에세네파

에세네파는 마카비 혁명 동안에 생겨났는데, 그들의 원동력은 그동안 이스라엘을 괴롭혀온 그리스 문화로의 동화를 반전시키려는 갈망이었다. 하지만 그들은 바리새파와는 달리 자신들의 체계 내에서 하는 노력에 만족하지 않았다. 에세네파는 철수의 길을 택했다. 그들은 부패한 그리스 문화가 이스라엘과 그들의 성전, 리더십 안에 깊이 뿌리 내렸다고 믿었기 때문에 이 모든 것으로부터 등을 돌렸다. 그들은 자신들만이 참 이스라엘이라고 믿었다. 많은 사람이 뒤로 물러나 여리고 밖 광야에서 대안 공동체를 만들었으며 그곳에서 말씀을 연구하고 기도하며 토라를 철저히 고수했다. 그들은 토라에 대한 자신들의 신실함을 통해 하나님이 이스라엘에게로 다시 돌아와 자신들의 복을 회복해주시리라 믿었다.

사두개파와 제사장들

사두개파와 제사장들은 율법을 공식적으로 가르치는 선생들, 주류 유대종교 대표들로 인식되었다. 그들은 바리새파와 더불어 공회라는 통치기구의 위원들이었다. 그들은 사회 내 영향력이 있는 지위를 로마의 호의에 의존했기 때문에 제사장들과 사두개파에게는 확실히 바리새파 혹은 에세네파 같은 혁명의 정신이 없었다. 그들은 로마인들과 협력하는 것으로 자신의 권력을 유지했는데 이것은 지금의 상황을 유지해야 할 충분한 이유가 되었다.

열심당

열심당은 느슨한 조직으로 여러 바리새인을 포함하여 이스라엘 사회 안에서 서로 다른 계급의 사람들을 불러 모았다. 그들은 마카비 혁명의 창시자인 연로한 제사장 마타티아스의 기록으로부터 영감을 받았다. 마타티아스는 다음과 같이 호소하며 지지를 모았다. "율법을 위하여 **열심인 자들**과 언약을 지지하는 자들은 모두 나와 함께 가자!"(마카베오상 2:26-27[강조는 덧붙여진 것이다]; 참조. 민 25:6-15) 열심당은 이 같은 전통을 이어받아 토라에 충성했고 이방 문화와 타협하는 것을 완강히 거절했으며 자신의 목적을 성취하기 위해 폭력을 사용하기도 했고 자신의 명분을 위해서는 기꺼이 순교당하고자 했다.

예수의 시대 즈음 이스라엘 내 여러 열심당 그룹들이 자기 백성을 해방시키고 자신들의 땅과 성전으로부터 이방의 오염을 씻어내기 위해 무장 혁명도 불사하고자 했다. 종종 스스로를 메시아라고 자처한 인물들이 이 혁명단들을 이끌었다. 로마 권력은 당연히 이런 반역자들을 탄압했고 그들의 "메시아"를 십자가에 못박았으며 그의 제자들에게는 잔인한 벌을 내렸다. 성경은 예수의 제자 중 시몬을 **셀롯**(열심당)으로 밝히는데(눅 6:15) 베드로와 가룟 유다 같은 다른 제자들도 열심당이었을 수 있다.

평범한 사람들

이 시기 유대인 대다수는 어느 파벌에도 소속되어 있지 않았다. 그들 가운데 신실한 이들은 하나님이 자기 백성을 그들의 이방 압제자들로부터 구원해주시기 위해 돌아오실 날을 고대했다. 이때가 되면 그들이 자유롭게 토라에 순종하며 깨끗해진 땅, 깨끗해진 성전에서 하나님을 예배하게 될 것이다. 약속된 메시아는 그들의 갈망의 중심이었고 그들은 그분이 오시기까지 하나님이 그날을 앞당겨주시도록 신실해야 했다. 그들은 회당에서 토라를 열심히 배웠고 할 수 있는 최선을 다해 순종했다. 그들은 절기를 지키고 기도했으며 음식에 관한 율법과 안식일을 준수했고 남자 아이들에게는 할례를 베풀었다. 그리고 소망 가운데 기다렸다.

여러 파벌 사이에 소용돌이와 반란, 타협, 열렬한 기대가 뒤섞인 불안한 상황 속에서 나사렛 출신의 한 청년, 한 목수의 아들이 등장하고 그는 하나님의 왕국이 이스라엘로 임했고 지금 자신 안에 있음을 선언한다.

오늘을 위한 묵상

신구약 중간기와 우리 시대 사이의 연결점을 찾기 위해 이스라엘 안에 있었던 세 가지 매우 다른 그룹들과 그들이 외국의 이방 문화 속에서 믿음의 삶을 살아 내기 위해 가졌던 각각의 독특한 접근을 잠시 생각해보자. 그들의 이름은 현대인들이 듣기에 조금 이상할 수 있지만 그들의 방식은 의심스러울 만큼 21세기 종교 지형에서 보이는 일부 익숙한 특징들과 흡사하다.

　먼저는 열심당이다. 그들은 자신 가운데 있는 이교 사상의 근절을 위한 노력으로 자신들의 땅을 점령한 그리스인들과 로마인들을 파괴와 방화, 심지어 살인을 통해 괴롭힌다. 우리는 그들을 정치적 압력과 대중 집회의 행위를 사용해 하나님 나라가 임하도록 하기 원하는 우리 시대 일부 투사들과 비교할 수 있다. 현대판 열심당 중 극단적인 경우 원수라고 생각하는 이들의 폭력적 방식을 그대로 선택하고 결국에는 양쪽을 구분하기 어려운 지경에 이르기도 한다. 예로 생명을 보존하겠다는 결의로 가득한 낙태 반대론자들의 전략에 의사들을 살해하고 병원을 폭파시키는, 즉 인간의 생명을 의도적으로 파괴하는 행위가 포함되는 경우를 고려해보라.

예수의 제자 중 한 명인 시몬(나중에 베드로라고 불린 시몬은 아니다) 역시 한때는 열심당이었다. 시몬이 다음과 같은 예수의 말씀을 정말로 귀기울여 듣기란 얼마나 어려웠을까. "너희 원수를 사랑하며 너희를 미워하는 자를 선대하며 너희를 저주하는 자를 위하여 축복하며 너희를 모욕하는 자를 위하여 기도하라. 너의 이 뺨을 치는 자에게 저 뺨도 돌려대며 네 겉옷을 빼앗는 자에게 속옷도 거절하지 말라. 네게 구하는 자에게 주며 네 것을 가져가는 자에게 다시 달라 하지 말며 남에게 대접을 받고자 하는 대로 너희도 남을 대접하라"(눅 6:27-31).

예수는 희생적 사랑이라는 강력한 무기로 부정에 맞서 싸우는 법을 묘사하고 계신다. 그리고 예수가 자신의 원수들을 위하여 죽으신 사실보다 이 같은 사랑을 설득력 있게 표현할 방법은 없다. 오늘날 우리 가운데 열심당은 누구인가?

두 번째로 에세네파다. 이들의 전략은 주변 이방 문화로부터 완전히 물러나 그들만의 철저히 분리된 "거룩한" 공동체를 세우는 것이었다. 여기서 우리는 공공의 광장으로부터 스스로를 분리해온 교회들을 떠올릴 수 있다. 그들은 정의에 대한 모든 염려를 "사회 복음"이라고 비판한다. 또 다른 현대판 에세네파는 오로지 "기독교적인" 내용만을 담은 서적, 대화, 음악, 방송, 영화, 그리고 심지어 기독교적인 친구와 휴가로 이루어진 문화적 보호막 안에 자신을 고립시킨다. 이 같은 도피와 주변 세상에 대한 부족한 이해는 긍정적인 덕목처럼 보이기도 한다. 하지만 신구약 중간기의 에세네파와 마찬가지로 이러한 그리스도인들 역시 하나님이 자신의 백성과 맺으신 언약의 가장 중요한 요소 중 하나를 간과한다. 우리는 이 세상 속에서 적극적으로 활동하며 환대의 공동체가 되도록 부름받았는데, 그것은 우리의 삶이 하나님의 선하심과 은혜를 숨김없이 반영하여 우리 주변의 사람들이 하나님과의 교제에 열정적으로 참여하기 원하도록 돕는 것이다. 인본주의 문화로 점철된 공공 생활 속에서 어떻게 살아야 할지를 분별하는 일은 언제나 위험한 작업이며 물러나기가 더 수월하게 보일 수 있다. 하지만 하나님은 인간의 문화를 구원하시고 그것을 증거하는 지속적인 사역으로 우리를 부르신다.

세 번째로 사두개파다. 그들은 그리스인, 로마인들과 타협하는 것으로 자신의 목숨을 부지했고 그들 중 일부는 그들이 증오한 점령국 내에서 권력의 자리를 차지하기도 했다. 그들은 고개를 낮추고 믿음을 숨기며 무엇보다 상대와 어울리기 위한 노력을 기울이는 것으로 이 같은 삶을 성취해냈다. 그들은 옆자리에서 일을 하고 있는 이방인에 대해 개인적으로 멸시하는 마음이 들었을 수도 있지만 자신의 이방 이웃에게 영향력을 끼치기 위한 노력은 고사하고 그와 같은 자신의 감정을 절대 드러내지 않았을 것이다. 자신의 종교적 신념을 일상생활로부터 철저히 구분하는 것이 사두개파의 특징이었다.

이것은 카멜레온의 삶이고 많은 현대 그리스도인에게 세 가지 중 가장 솔깃한 선택인데 이는 드러나지 않는 것이 안전하다고 느끼기 때문이다. 하지만 이것은 하나님이 자기 백성을 위하여 의도하신 바가 아니다. 하나님의 백성은 하나님의 말씀을 따라 사는 삶의 풍성함과 영광을 세상에 보여야 한다. "너희는 세상의 빛이라. 산 위에 있는 동네가 숨겨지지 못할 것이요. 사람이 등불을 켜서 말 아래에 두지 아니하고 등경 위에 두나니. 이러므로 집안 모든 사람에게 비치느니라. 이같이 너희 빛이 사람 앞에 비치게 하여 그들로 너희 착한 행실을 보고 하늘에 계신 너희 아버지께 영광을 돌리게 하라"(마 5:14-16). 예수가 자신을 따르는 제자들의 삶이 매력적이어야 한다고 말씀하신 사실에 주목하라. 그들의 "선한 행실"은 모든 사람에게 명백해야 한다. 하지만 영광을 받으시는 분은 아버지시다.

· · · · · · · · · ·
이야기 안에서 우리의 자리를 찾다

1. 신구약 사이의 시간 동안 많은 이스라엘 백성이 주변 이방 문화에 보인 반응은 자신의 신념을 버리거나 혹은 증오를 보이며 뒤로 물러나 자신을 고립시키는 것이었습니다. 이 같은 두 가지 위험은 어떻게 우리의 교회 안에 여전히 존재할 수 있을까요?

2. 그리스도인들은 자신들이 속한 (대체적으로 이방) 문화에 대해 어떤 태도를 가져야 할까요? 예수의 예시는 어떻게 그 길을 우리에게 보여주나요?

3. 우리는 신구약 중간기 동안 소망이 얼마나 강력한 능력이었는지를 살펴보았습니다. 현대 서구 문화는 미래에 대한 자신의 소망을 어디에 두나요? 우리의 소망의 근거는 무엇인가요? 그리고 그것은 어떻게 우리의 삶을 빚어가나요?

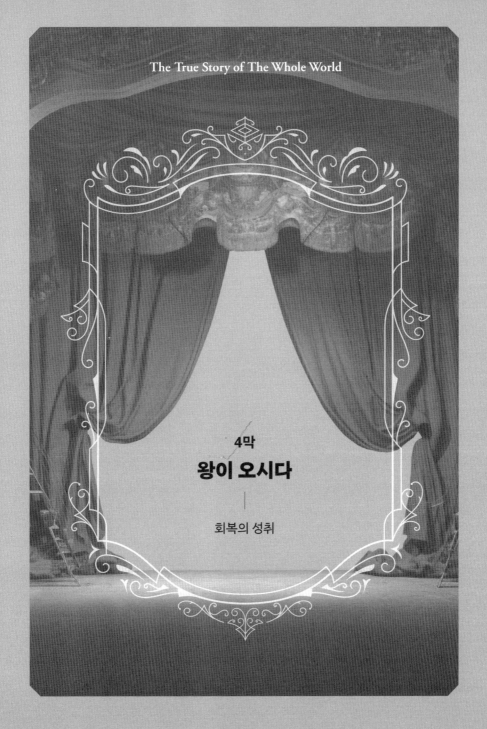

The True Story of The Whole World

4막

왕이 오시다

회복의 성취

예수의 이야기가 실제로 성경이라는 위대한 이야기의 정점에 위치한 사건이자 온 세상에 대한 참된 이야기라는 사실을 깨닫기까지 우리는 예수의 이야기가 갖는 의미를 이해할 수 없다. 여기서 하나님의 목적이 온전히 드러나고 성취되기 때문이다.

하나님 나라를 향한 유대인들의 기대

예수의 소명 전체는 하나님 나라라는 중심 주제에 의존한다. 예수는 사역을 시작하시며 이 같은 사실을 선포하신다. "때가 찼고 하나님의 나라가 가까이 왔으니 회개하고 복음을 믿으라"(막 1:15). 하지만 그분은 한 걸음 더 나아가 하나님의 통치가 마침내 이스라엘에 임했다는 사실뿐 아니라 하나님 나라가 **자신 안에** 구현되어 있음을 선포하신다(눅 4:18, 21). 그분, 곧 나사렛 예수는 오직 한 가지 목적, 즉 하나님 나라의 복음을 널리 알리라고 아버지로부터 보내심을 받았다.

예수는 **하나님 나라**라는 표현을 정의하거나 설명하기 위해 노력하지 않으신다. 그분의 말씀을 듣는 이들이 이와 같은 단어에 꽤나 익숙했기 때문이다. 1세기의 팔레스타인과 디아스포라 유대인들 사이에서는 하나님이 그분의 창조세계를 새롭게 하시고 온 세상에 대한 통치를 회복하시기 위해 언약의 신실함 가운데 진노와 크신 능력으로 이제 곧 갑작스레 역사하실 것이라는 기대감이 편만했다. 하지만 하나님이 역사하시기까지 어떻게 그날을 기대하며 살아야 할까?

앞에서 우리는 드라마의 막간을 통해 이 같은 질문에 대해 잘 알려진 대답 네 가지를 간단하게나마 살펴보았다. (1) 바리새파는 종교적 분리를 가르쳤고, (2) 에세네파는 완전한 도피를 주장했으며, (3) 열심당은 폭력적 혁명을 지지했고, (4) 사두개파는 로마 권력과의 타협을 고취했다. 그들은 서로 다른 접근이지만 이방인에 대한 공통적 혐오와 폭력적 승리에 대한 소망으로 한데 묶여 있다. 그리고 이때 그들 중 무엇도 취하기를 거절하신 예수가 등장하신다. 그분은 깜짝 놀랄 만큼 색다른 길을 선택하시는데 바로 원수의 파멸 대신 그들을 위하여 고난받으시는 사랑, 미움 대신 용서, 복수 대신 이들을 위해 기꺼이 당하시는 고난, 그리고 폭력적 보복의 찬가 대신 화해의 길로 들어서신 것이다.

하나님 나라의 임무를 준비하시는 예수: 생애 초기와 세례, 시험

성경은 예수의 탄생이 인간의 역사 속 성육신, 곧 하나님이 인간의 몸을 입으신 사건이라고 선언한다. 하나님의 구속 드라마에서 종종 일어나듯 예수의 이야기 역시 기적적인 출생으로 시작한다. 예수는 육적 아버지(요셉)가 아니라 성령, 곧 처녀 마리아에게 임한 성령의 능력으로 잉태되신다(마 1:18-23; 눅 1:26-35). 예수의 탄생은 소외된 목자들에게 예고된다. "여러분에게 큰 기쁨의 좋은 소식을 전합니다. 이것은 온 백성을 위한 좋은 소식입니다! 오늘, 구주가 나셨습니다. 그분은 여러분이 오랫동안 기다려온 주님 메시아이십니다!"(눅 2:10-11, 저자 사역) 예수는 나사렛에서 자신의 형제 자매들과 함께 목수의 아들이자 견습공으로 성장하신다. 그분은 하나님에 대한 자신의 아들 됨(예수는 하나님을 **아버지**라고 부르신다)을 인식하셨고 그분의 메시아적 소명은 이미 영향을 끼치기 시작했는데 그것을 제외하면 이 시기에 대하여 알려진 바는 거의 없다(눅 2:41-50).

예수의 공적 임무는 그의 사촌인 세례 요한과 연관되어 시작한다(막 1:1-8). 요한은 그분의 나라가 곧 임하게 될 것이라는 하나님으로부터의 메시지를 갖고 예언자로서 팔레스타인에 등장한다. 구약의 예언자들이 약속한 대로 하나님은 곧 역사하시고 세상을 통치하실 것이다. 구원과 심판을 들고 오시는 이가 그분의 나라를 시작하실 것이다. 요한은 하나님 나라가 매우 가깝기 때문에 알곡(경건한 이들)과 쭉정이(경건하지 못한 이들)를 구별할 키가 **이미** 메시아의 손에 들려 있다고 이야기한다(눅 3:9, 17). 요한의 임무는 (이사야의 약속대로) 오시는 왕을 위하여 길을 예비하고 백성들을 준비시켜 그분을 받아들이도록 하는 것이다(사 40:3-5; 참조. 말 3:1; 4:5-6)

요한의 메시지는 왕의 백성들이 반드시 회개해야 하며 (다시 말해 하나님이 약속하신 구원을 얻기 위해 그분에게로 돌아와야 하며) 물로 세례를 받으라는 것이다. 그 위치도 중요한데 유대인에게는 지형이 상징적 의미로 가득 차 있기 때문이다. 요한은 요단강에서 세례를 베풀었는데 이곳이 천 년도 더 전에 이스라엘이 다른 민족들에게 하나님의 빛이 되기 위하여 약속의 땅으로 들어온 장소이기 때문이다. 이곳으로 요한이 돌아온 사실은 하나님이 원래의 (오랫동안 무시되어온) 임무를 수행하도록 그들을 새롭게 소환하신다는 신호다. 세례는 이 새로운 시작의 생생한 상징이며 죄 사함을 시사한다. 깨끗해지고 다시금 그들의 임무를 수행할 준비를 마친 하나님의 백성은 상징적으로 다시 한번 요단을 건너 그 땅으로 들어간다.

어느 날 우리는 요한의 세례를 받기 위해 나아온 군중 가운데 계신 예수를 발견한다(막 1:9-11). 예수는 세례를 받으시면서 자신과 이스라엘을 동일시하시는데 그들의 소명과 깨어짐에 대해 그렇게 하신다. 그분은 죄 사함이 필요하지 않으셨지만 죄로 실패한 이들의 부담과 다른 민족에게 하나님이 베푸시는 구원의 통로가 되어야 할 이들의 소명을 직접 취하신 것이다(마 3:14-15). 예수는 물로 세례를 받으셨지만 성령이 그분 위에 가시적으로 임하시고 이 임무를 위한 준비를 갖추어주신다. 성부는 직접 예수의 부르심을 확증하신다. "너는 내 사랑하는 아들이라"(막 1:11). 성부의 이 같은 말씀은 예수가 이스라엘의 기름 부음을 받은 왕이시며 하나님 나라를 시작하시기 위해 이곳에 계신 것을 확인해준다. 성령은 이분이 하나님의 구원의 역사를 성취하시도록 능력을 주실 것이다.

세례를 받으신 예수는 광야에서 사십 일을 보내시면서 사탄에게 시험을 받으신다. 이 이야기를 읽으면서 우리는 1세기 이스라엘에 하나님 나라가 임하는 방식에 대하여 서로 다른 견해가 있었다는 사실을 기억해야 하는데 이것이 예수가 받으신 시험의 핵심이기 때문이다. 사탄은 예수가 메시아로 취하실 수 있는 다른 길 세 가지를 제시한다. 우리는 그 세 가지 길을 대중주의자(populist)의 길, 기적을 행하는 자의 길, 폭력적 혁명가의 길로 표현할 수 있다. 예수는 첫 번째 길을 취하셔서 돌로 떡을 만드시고 자신의 능력을 사용해 대중주의적 메시아가 되실 수도 있었다. 사람들이 원하는 것을 그들에게 주어 대중적 혁명의 리더로 선두에 서는 것이다. 아니면 기적을 행하시는 메시아가 되어 성벽 위에서 자신의 몸을 던져 하나님이 놀라운 방식으로 자신을 구하시도록 하실 수도 있었다. 이 같은 기적과 이적에 홀린 백성들은 예수를 따를 것이다. 이것도 아니면 예수는 열심당의 틀 안에서 정치적 메시아가 되시고 폭력과 강제를 사용해 왕좌를 향한 군사적 지름길을 취하실 수도 있었다. 하지만 이렇게 하는 행위는 사탄의 지배 프로그램을 받아들이고 그 앞에 엎드리는 것이다.

예수는 이 모든 길이 사실상 사탄에게서 시작한다고 보시고 메시아에 대한 대중적 기대에 부응하기 위해 자신의 임무를 왜곡하지 않기로 선택하신다. 대신 하나님이 이미 오래전 계획하신 하나님 나라의 어려운 길을 선택하시는데, 그것은 바로 겸손한 섬김과 자기를 내어주는 사랑, 그리고 고난받는 희생의 길이다. 성령을 통해 능력과 인도를 받고, 메시아로서의 소명 의식을 확고하게 갖춘 예수는 아버지께서 주신 자신의 임무를 본격적으로 시작하신다.

예수는 겸손히 그의 임무를 시작하신다. 예수는 팔레스타인 북부 갈릴리 지방, 때로는 가버나움 동네 인근의 지역을 이리저리 다니신다.

예수가 갈릴리에서 행하신 하나님 나라의 선교

예수가 하나님 나라가 도래했음을 선언하시다

예수는 하나님 나라가 임했다는 복음을 선언하신다(막 1:14-15). 여기 "**복음**"(*euangelion*)을 지칭하는 그리스어는 이 문화권에서 보통은 큰 기쁨을 가져다주는 소식을 가리키는 것이었다. 혼인이나 아이의 출산, 군사적 승리의 소식이 그렇다. 예수는 창조세계를 회복하시는 하나님의 능력이 도래했다는 좋은 소식을 선언하신다. 이것은 신문의 종교 섹션에 숨어있을 만한 소식이 아니다. CNN 헤드라인과 같이 제 1면을 장식할 만한 뉴스다. "모든 창조세계와 인간 생명이 하나님의 자비로운 통치 아래 다시 살 수 있도록 그들을 회복하시고자 지금 하나님이 사랑과 능력 가운데 예수를 통해 성령으로 역사하고 계신다."

어떤 메시지들은 단순 정보로만 받을 수 있다. 하지만 "저 건물에 불이 났어요!"처럼 즉각적인 반응을 요구하는 메시지들도 있다. 마침내 하나님의 우주적 나라가 여기에 임했다는 소식을 듣고 우리는 냉담할 수 없다. 이 메시지는 반응을 요구한다. 예수는 자신의 말을 들은 이들에게 "회개하고 믿으라"고 부르시며 그다음으로는 "나를 따르라"고 말씀하신다(막 1:15-17).

회개하고 믿으라는 예수의 부르심을 우리는 이렇게 바꾸어 표현할 수 있다. "세상에 대한 잘못된 견해로부터 돌아서서 다가오는 하나님 나라가 내 안에 실재하고 현존한다는 사실을 받아들여라. 치유하시는 하나님 나라의 능력이 역사 가운데서 시작된 사실이 눈으로 보이지 않을 수 있지만 자유케 하시는 하나님의 능력이 지금 내 안에 현존한다는 사실을 믿어라. 이전의 삶의 방식을 버리고 새로운 삶의 방식을 위하여 나를 신뢰하라."

이후 예수는 회개하고 믿은 자들에게 자신을 따르라고 말씀하신다. 예수의 시대에 제자는 자신의 랍비를 따르기 위해, 토라와 그 랍비의 모든 방식을 배우기 위해 자기 자신의 모든 계획을 포기해야 했다. 예수는 이와 같은 초청을 주신다. "오라. 나와 함께하라. 나로부터 배우라. 너 자신의 삶의 방식을 내려놓아라. 내가 행하는 바를 행하라. 내가 사는 삶을 배우라." 하지만 예수는 랍비를 훨씬 뛰어넘는 분이시다. 그분은 주님이시자 그리스도시다. 예수의 말씀을 듣고 따르기로 한 자들은 자신들의 삶의 중심을 토라가 아니라 예수 자신으로 삼아야 한다. 그분의 제자들은 그분에게 온전한 충성과 헌신을 드려야 한다. 그들은 하나님 나라에 대한 충성을 예수에 대한 충성으로 표현한다.

시몬과 안드레, 그들을 이은 야고보와 요한은 그들의 삶을 향한 예수의 놀라운 부르심에 응답한 첫 제자들이다. 이 소수의 제자들을 통해 하나님 나라의 공동체가 형성되기 시작한다(막 1:16-20).

예수가 놀라운 역사를 통해 하나님 나라를 드러내시다

예수는 하나님 나라의 메시아가 되신다는 자신의 주장을 입증하시는데, 구원하시는 하나님의 능력이 자신 안에서 역사하고 있음을 보여주는 놀라운 행위를 통해 그렇게 하신다. 사람들은 치유, 귀신을 쫓아냄, 자연의 힘이 예수의 뜻에 굴복함, 죽음 자체가 해결되고 생명이 되돌려짐 같은 기적들을 목격한다(막 1:21-34, 40-45). 이것은 하나님 나라의 치유 능력이 이 땅에 임했다는 확실한 증거이며 하나님의 기름 부음을 받으신 왕으로서 예수의 역할을 확증한다. 마가복음에 기록된 첫 번째 기적이 악한 영을 쫓아내는 기적이라는 사실은 놀랍지 않은데(막 1:21-28), 이는 예수가 모든 형태의 마귀 역사를 멸하기 위해 오셨기 때문이다(요일 3:8).

예수가 행하신 모든 능력의 행위들은 하나님의 자유케 하시는 능력이 예수를 통하여 역사하고 있다는 명백한 증거가 된다. 예수가 눈먼 자(눅 18:35-43)와 걷지 못하는 자(막 2:1-12), 귀 먹고 말 더듬는 자(막 7:31-36), 나병 환자를 고치셨을 때(눅 17:11-19) 사람들은 질병과 고통의 통치를 종식시키기 위해 인간의 역사 속으로 흘러들어온 치유하고 새롭게 하시는 하나님의 능력을 목격한다. 예수가 바다를 잠잠케 하시고(막 4:35-41) 굶주린 자들을 먹이시며(막 8:1-10) 피곤한 어부들을 위해 엄청난 수의 물고기를 예비하셨을 때(눅 5:1-11) 예수는 저주받은 창조세계를 새롭게 하고 회복시키시는 하나님의 능력을 보이신다. 예수가 나사로(요 11:1-44)와 과부의 아들(눅 7:11-17), 야이로의 딸(막 5:21-43)을 죽음에서 살리셨을 때 사람들은 하나님의 능력이 죽음까지도 정복하는 것을 본다. 이 기적들은 창문과 같아서 우리는 그것들을 통해 새로워진 우주, 사탄과 그의 귀신들이 쫓겨나고 없는 우주를 들여다본다. 더 이상 질병과 고통이 없고 죽음 자체도 영원히 자취를 감추며 창조세계는 원래의 아름다움과 조화로 회복될 것이다.

예수의 능력의 원천은 성령과 기도다

전날 사람들을 치유하시고 귀신을 쫓아내시느라 피곤하셨을 어느 날 아침 예수는 고요한 자리를 찾아 기도하신다(막 1:35). 예수는 때때로 기도하기 위하여 물러나셨고 밤을 새워 기도하신 적도 있다(눅 5:16; 6:12). 이같은 기도의 기록들은 우리를 예수의 사역의 핵심과 능력의 비밀로 인도하는데, 그것은 바로 아버지와 아들로 맺어진 하나님과의 매우 친밀한 관계, 예수 안에서 그리고 예수를 통해 이루어진 성령의 역사다.

예수는 하나님과의 친밀한 교감 가운데 자기 임무를 수행하시고 하나님을 **아바**(*Abba*) "아버지"라고 호칭하신다(막 14:36; 요 17:1-3). **아바**는 아람어로 가까운 가족 구성원 사이에 존재하는 특별한 친밀감을 표현하기 위해 사용된 가족 용어다. **아버지**는 이스라엘이 하나님을 알았던 여러 호칭 중 하나에 불과했고 유대인들에게는 이와 같은 친밀한 용어로 하나님을 호칭하는 것이 매우 어색했다. 이들의 깊은 경외감은 야웨, 천지의 창조자, 하늘 군대의 주인, 이스라엘의 신성하신 왕에 대하여 이 같은 친밀감을 대체로 허용하지 않았다. 따라서 예수가 하나님을 언급하실 때 소중한 아버지와 그분의 사랑하는 아들 사이에서 사용될 법한 친밀한 언어를 주된 호칭으로 삼으신 사실은 특별히 눈에 띈다.

아버지는 자신이 지극히 사랑하시는 아들에게 성령의 강력한 역사로 반응하시고, 예수의 기도로 성령이 역사하실 때 하나님 나라가 임한다. 성령은 예수의 생애 처음 시작부터 예수 안에서 그리고 예수를 통해 역사하신다(행 10:38). 그분 안에서 역사하는 것이 귀신일 수도 있다는 바리새인들의 의심에 대해 예수는 다음과 같이 반격하신다. "내가 하나님의 성령을 힘입어 귀신을 쫓아내는 것이면 하나님의 나라가 이미 너희에게 임하였느니라"(마 12:28). 하나님의 영이 역사하는 **그곳에** 하나님 나라가 이미 임했다는 것이다. 예수는 기도 가운데 아버지와의 친밀한 교감을 유지하시고 그것을 통해 치유하고 새롭게 하시는 성령의 능력이 발현된다.

예수가 하나님 나라 선교에 대한 반대를 일으키시다

예수가 가버나움으로 돌아오시자 유대 지도자들, 바리새인들과 율법 교사 중 일부가 그분의 말씀을 듣기 위하여 모인 군중에 동참한다. 그들은 예루살렘과 같은 먼 곳으로부터 왔는데, 이는 이 새로운 "하나님 나라" 운동이 정통한 것인지를 확인하기 위해서였다(막 2:1-12; 눅 5:17-26). 그리고 그들이 보고 들은 것은 그들을 굉장히 불편하게 한다. 마가는 일련의 사건을 통해 다양한 유대 전통의 실천들에 대하여 예수와 이 회의적인 리더들 사이에 쌓여온 충돌을 서술한다. 예수는 매번의 만남을 통해 현재의 상황에 도전하시는데, 하나님 나라에 대해 완전히 새로울 뿐 아니라 유대의 문화와 종교를 통치하고 수호해온 그들의 것과 전혀 다른 견해를 선언하고 구현하신다.

유대의 지도자들은 이스라엘이 이방 로마의 통제로부터 갑작스럽고 강제적으로 구원받을 것을 기대하고 있다. (그들이 분리주의자이며 유대 정체성의 수호자로 자처한 사실을 기억하라. 그들은 자신의 유대 정체성이 사람들이 주변의 이방 문화로 동화되면서 공격과 위협을 받고 있다고 믿었다.) 스스로를 정결케 지키고자 한 바리새인들의 전략에는 음식에 대한 율법과 십일조, 안식일 준수, 성전이라는 중심적 장소, 인정할 만한 이들과 함께 식사하는 것이 포함된다.

예수는 안식일과 음식의 율법에 대한 바리새인들의 엄격한 견해에 과감히 도전하신다. 그분은 의도적으로 바리새인들이 배제할 만한 이들과 함께 먹고 마신다. 하지만 그들의 견해가 대변하는 분리, 증오, 그리고 복수에 대한 갈망은 바리새인들과 이스라엘 백성에게 중대한 도전을 제기한다. 그것들은 이웃을 사랑하고 다른 민족들에게 하나님의 축복의 통로가 되며 이 세상의 빛이 되라는 이스라엘을 향한 하나님의 부르심과 조화될 수 없다. 예수는 이스라엘의 정체성과 소명에 대한 그들의 깊은 오해를 배경으로 이스라엘의 선교적 소명을 제시하신다. 무력이나

다른 강제가 아닌 사랑의 초청을 통해 원수들을 친구 삼는 다른 종류의
나라가 되라고 말이다.

예수가 새로운 공동체를 모으고 형성하시다

갈릴리 사역 초반에 예수는 자신의 주변으로 한 공동체를 모으기 시작
하신다(막 1:16-20; 2:13-14). 유대인들을 위해 쓰인 마태복음은 공동체
를 형성하기 위한 예수의 초창기 노력이 주로 이스라엘 안에서 이뤄진
사실을 특별히 강조한다. 이것은 1세기 이스라엘의 예언적 소망이라는
문맥 안에서만 이해될 수 있다.

예언자들은 이스라엘이 언젠가 회복되고 흩어진 백성들이 다시 한
번 하나님의 통치 아래 모이게 될 것을 약속했다(겔 37장; 39:23-29). 유대
인들은 신구약 중간기 동안 모든 이스라엘이 다시 모이게 되기를 끊임
없이 기도했다. 따라서 예수가 자신이 "이스라엘의 잃어버린 양"에게 보
냄받았다고 말씀하셨을 때(마 15:24) 그분은 이 사실을 마음에 품고 계셨
다. 마지막 때 이스라엘을 모으는 일은 이미 시작되었다. 하지만 예언자
들에 따르면 이 마지막 때의 구원은 이스라엘에게만 제한되지 않을 것
이다. 이스라엘이 가장 **먼저** 모이고 새로워지겠지만 그 **이후**에는 (이방)
민족들이 그 구원에 참여하게 될 것이다(겔 39:27-28; 참조. 37:28).

복음서들은 이 같은 모으심을 예언자들과 당시 랍비 신학이 즐겨
사용했던 심상들을 사용해 설명하기도 한다. 이스라엘은 잔치에 청함을
받은 손님들로(사 25:6-9; 눅 14:15-24), 우리 안의 양들로(겔 34:11-13; 마

15:24), 창고 안의 알곡들로(눅 3:17) 모아질 것이다. 예수는 이스라엘을 새롭게 하심으로써 그들을 모으기 시작하셨고 이후에는 모든 민족을 하나님께로 이끄실 것이다.

이 공동체는 예수가 하나님 나라의 복음을 선포하시고 사람들을 회개와 믿음으로 부르시면서 형성되기 시작한다(막 1:14-15). 예수의 주장을 들은 사람들 중 일부는 (마리아와 마르다, 나사로와 같이) 자신의 집과 동네에 남아 그곳에서 하나님 나라의 삶을 살며 그분께 충실하도록 부름받는다. 반면 모든 것을 뒤로 하고 예수와의 온전한 여정으로 부름받은 이들도 있다. 예수는 두 번째 무리 중 자신과 함께 생활할 열두 명을 고르시고 그들을 **사도들**(apostles)로 지명하신다. (사도는 "보냄받은 자"를 뜻하는 그리스어에서 유래했다. 막 3:13-19; 눅 6:12-16) 이스라엘의 열두 지파를 상징하는 이 열두 명은 마지막 때 새로워진 이스라엘의 핵심이 된다(눅 22:30; 계 21:12-14). 따라서 예수가 열두 명을 고르신 것은 상징적이고 예언적인 행동으로서 마지막 때 하나님 나라의 구원을 공유하기 위하여 이스라엘의 열두 지파가 모이게 될 것을 시사한다.

열두 명을 세우신 데는 두 가지 목적이 있는데 먼저는 그들이 "[예수와] 함께 있게 하시"고 또한 "보내사 전도도 하며 귀신을 내쫓는 권능도 가지게 하"(막 3:14-15)시기 위함이다. 예수와 "함께 있다"는 것은 그분을 바라보고 그분의 삶의 방식을 알게 되며 그분의 말씀을 듣고 하나님 나라의 삶에 대하여 배우는 것을 의미한다. 이 열두 명에게 이것은 예수가 맺고 계신 아버지와의 친밀한 교감을 배우고 성령이 능력 주시는 삶을 그들 자신의 삶으로 본받는 것이다. 그들은 예수가 말씀으로 복음을 선포하시고 행동으로 그것을 증거하신 사실을 듣는다. 그들은 사랑(요 15:9-13)과 순종(요 17:4), 기쁨(요 15:11), 평화(요 14:27), 공의(눅 4:18), 긍휼(마 9:36), 온유와 겸손(마 11:29), 가난한 자들을 향한 깊은 긍휼(막 2:15-17)의 삶을 본다. 그리고 그들은 이러한 것들을 그들 자신의 삶의 방식으로 형성할 것이다.

복음서의 본문 중 상당 부분은 예수가 자신이 들여오시는 하나님 나라의 시민으로 산다는 것이 어떠한 의미인지를 자신의 제자들에게 가르치신 것이다(예. 마 5-7장). 예수는 이들에게 다른 유대 무리가 그들의 공동체를 민족 중심적인 분리와 증오 가운데 형성한 것과 반대로 구별된 삶을 살라고 가르치신다. 예수는 자신의 제자 공동체가 이스라엘의 소명을 취하도록 도전하신다. 이것은 특히 산상 설교를 통해서 분명히 드러난다(마 5-7장). 그들은 산 위에 있어 눈에 잘 띄는 성읍과 모든 민족을 위한 빛이 되어야 한다. 여기서 예수는 빛 된 이스라엘이라는 전통적 심상을 상기시키시고 시온산으로 모든 민족을 모으시는 예언적 소망을 분명히 지칭하신다(마 5:14-16; 참조. 사 2:2-5). 고통당하는 사랑의 방식을 따라 그들은 자신의 원수를 사랑하고, 자신을 미워하는 자들에게 선을 행하며, 자신을 저주하는 자들을 축복하고, 자신을 학대하는 자들을 위해 기도해야 한다. 그들은 용서해야 하며 복수를 갈망해서는 안 된다. 자기를 내어주는 사랑의 방식을 따를 때만 그분의 공동체는 세상의 빛이 되라는 이들의 마땅한 소명을 취할 수 있다.

이 제자 공동체는 또한 예수의 임무에 참여하도록 부름받는다(마 10장; 막 6:7-13; 눅 9:1-9; 10:1-24). 예수는 이것을 처음 초청을 통해 분명히 하신다. "나를 따라오라. 내가 너희로 사람을 낚는 어부가 되게 하리라"(막 1:17). 이들의 임무는 예수의 임무와 마찬가지로 말과 행동의 임무다. 말로 하나님 나라의 복음을 선포하고 행동으로 그것을 보여주는 것이다(마 10:6-8; 막 3:14-15; 눅 9:1-2). 예수는 먼저 열두 명을 보내시는데(눅 9:1-9) 이것은 유대인들을 새로운 이스라엘로 모으신다는 상징이고, 이후 일흔두 명을 보내시는데 이것은 모든 민족에 대한 초청을 상징한다. (랍비 사상에서 일흔둘이라는 숫자는 창세기 10장에 있는 민족 목록을 바탕으로 모든 민족을 상징했다.)

이 제자 공동체에게 예수를 따른다는 것은 그들이 예수처럼 살고 그분의 가르침에 순종하며 모든 민족에게 빛이 되라는 이스라엘의 소명을 살아내고 하나님 나라의 복음을 알리는 그분의 임무에 적극적으로 동참하는 것을 의미한다.

예수가 죄인들과 버림받은 자들을 환영하시다

예수는 자신의 왕국 안에 가난하고 병들고 잃어버린 자들, 곧 이스라엘 안에서 소외된 모든 자를 포함시킨다. 그분은 자신을 때때로 "세리와 죄인의 친구"로 규정한 바리새인들과 종교 지도자들을 완전히 무시하지 않으신다(마 11:19; 참조. 눅 7:36; 14:1-24). 그들이 원한다면 환영받았다. 예수는 자신을 건강한 사람이 아니라 아픈 사람을 치료하는 의사에 비유하시며 왜 자신의 사역이 주로 "의로운" 자들이 아니라 죄인들을 향하는지를 설명하신다(막 2:17). 그분은 "잃어버린 자를 찾아 구원하"고자 오셨기 때문이다(눅 19:10; 참조. 눅 15장). 예수는 고대 사회가 멀리한 이들을 하나님 나라로 따뜻하게 환영하신다.

소외당하는 이들, 곧 죄인들과 가난하고 병든 자들은 예수의 특별한 관심 대상이 된다. 누가가 말한 "죄인"은 경멸받는 직업을 가진 사람이나 부도덕한 생활을 하는 사람을 의미한다. 예를 들어 유대인 대다수는 세리를 멀리했는데 그들은 사람들이 몹시 미워한 로마 점령군으로부터 급여를 받았으며 따라서 자기 백성에 대한 배반자라고 여겨졌다. 그리고 많은 세리가 실제로 속이고 시민들에게 과도한 세금을 매겼다. 예수는 또한 창녀와 의문의 여지가 있는 여성들을 환영하신다(눅 7:37-50; 요 8:2-11). 그분은 유대인들의 지도자에게 이렇게 말씀하신다. "내가 진실로 너희에게 이르노니 세리들과 창녀들이 너희보다 먼저 하나님의 나라에 들어가리라"(마 21:31). 예수는 또한 가난하고 구걸하며 병들고 육체적 장애를 가진 이들을 하나님 나라로 환영하신다. 유대인들이 가난과 질병을 한 개인의 죄에 대한 하나님의 심판의 징조라고 해석하기도 하는 상황에서 말이다(요 9:1-3).

예수는 두 가지 종류의 행동을 통해 유대 사회 주변부에 있던 이들이 하나님 나라 안에서 환영받는다는 사실을 보여주신다. 먼저 예수는 버림받은 자들과 식탁 교제를 나누신다. 예수 시대에 식사는 가벼운 문제가 아니라 복합적인 사회적 행위로서 사회 계층 내 한 사람의 사회적 위치와 자리를 강화했다. 바리새인들은 여러 종류의 "죄인들"과 병들고 가난한 사람들은 하나님의 심판 아래에 있기 때문에 공동체 안에서의 교제로부터 배제되어야 한다고 생각했다(참조. 요 9:2). 그들과 함께 먹겠다고 선택하시는 것으로써 예수는 이른바 이와 같은 버림받은 자들이 메시아 왕국의 연회에서 배제되지 않는다는 사실을 확인해주신다.

두 번째로 예수의 치유 기적 역시 어떻게 그분이 소외된 사람들을 하나님 나라에로 받아주셨는지를 보여준다. 예수 시대 에세네 공동체에서 나온 사본 조각은 이 엄격한 유대인들이 어떻게 그 나라로부터 많은 이들을 배제시켰는지를 보여준다. "눈먼 자, 다리를 저는 자, 듣지 못하는 자, 어리석은 자, 나병환자, 피부에 흠이 있는 자는 이 공동체 구성원이 될 수 없다." 바리새파에도 제외되는 이들에 대한 비슷한 목록이 있었다. 따라서 예수가 눈 먼 자, 듣지 못하는 자, 나병환자, 다리를 저는 자를 만지실 때 그분은 그들의 몸을 치유하신 것일 뿐 아니라 그들을 하나님 나라 공동체의 구성원으로 회복시키신 것이다.

예수가 비유를 사용해 하나님 나라를 설명하시다

예수는 하나님 나라의 도래를 선언하시고 그것을 자기 행동으로 입증하시며 왕국 공동체를 모으시고 형성하신다. 하지만 이 나라는 유대인들이 기대했던 것과 전혀 다른 모습이다. 예수 자신 역시 구약이 예언한 메시아에 대한 대중적 이해와는 어울리지 않으신다. 그분의 주장을 진지하게 받아들인 1세기 이스라엘 사람이라면 당혹감을 감출 수 없다.

이 같은 혼란은 세례 요한이 헤롯의 감옥에 있었을 때 그에게서 찾아볼 수 있다. 요한은 하나님 나라가 가까이 임했고 곧 마지막 심판이 있을 것이라고 설교해왔다(눅 3:9). 하지만 아무 일도 그가 기대한 대로 일어나지 않는다. 요한은 자신이 모든 것을 잘못 이해했는지 궁금했다. 그는 자신의 제자들을 불러 예수께 보내 묻는다. "오실 그이가 당신이오니이까? 우리가 다른 이를 기다리오리이까?"(눅 7:19)

예수가 비유를 통해 다루신 것이 바로 이 혼란이다. 예수의 제자들은 예언자들의 약속이 어떻게 예수 안에서 성취되는지를 이해하기 위해 몸부림쳤는데 이는 그것이 그들의 기대와 전혀 다른 모습이었기 때문이다. 예수는 전혀 기대하지 못한 방식으로 그들 가운데 나타난 하나님 나라의 본질을 설명하시기 위해 비유로 가르치신다(마 13:11). 이 비유들은 "하나님의 나라는 마치…"(막 4장), "천국은 마치…"(마 13장)로 시작되곤 한다. 이 구절들의 의미는 같다. 우리는 일련의 비유들을 통해 하나님 나라의 비밀을 배운다.

하나님 나라는 한 번에 임하지 않는다. 유대인들은 하나님 나라가 온전한 모습으로 즉시, 적어도 메시아가 모습을 드러낸 후 곧바로 도래할 것으로 기대했지만 그 같은 일은 일어나지 않는다. 예수는 하나님 나라에 대해 그것이 이미 현존하는 듯 말씀하기도 하시고 미래에 다가올 것처럼 시사하기도 하신다. 예수의 여러 비유는 이 같은 외견상의 모순을 설명하는 데 도움을 준다. 씨 뿌리는 자의 비유와 가라지의 비유는 복음의 "씨를 뿌림"으로써 하나님 나라가 현재 임한다는 사실을 가르쳐준다. 그리고 이 뿌려진 씨앗들은 미래에 잘 자란 초목이 되고 가라지는 알곡과 분리될 것이다(마 13:24-30, 36-43; 참조. 13:31-33, 47-50)

따라서 예수가 묘사하시는 하나님 나라는 현재이면서 미래다. 이미 이곳에서 시작되었지만 아직 온전해진 것은 아니다. 그렇다면 어떻게 하나님 나라와 같이 중요한 무엇이 외견상 서로 반대되는 특징을 가질 수 있는 걸까? 가라지의 비유는 악의 능력이 예수를 통해 이 세상에 임한 새로운 치유의 능력과 서로 나란히 움직이고 있다는 사실을 가르쳐 준다. 다가올 세대는 이전 세대와 겹쳐 있다. 둘 모두의 능력이 존재한다(그림 4 참조).

현재, **하나님 나라는 저항할 수 없는 능력으로 임하지 않는다.** 유대인들은 하나님 나라가 임할 때 어떤 원수도 그것에 저항하지 못할 것으로 기대한다. 그들은 다니엘의 이야기를 기억한다. "하늘의 하나님이 한 나라를 세우시리니 이것은 영원히 망하지도 아니할 것이요…이 모든 나라를 쳐서 멸망시키고 영원히 설 것이라"(단 2:44). 누가 하나님의 능력에 반대할 수 있을까?

하지만 예수는 "들으라, 씨를 뿌리는 자가 뿌리러 나가서"(막 4:3)라고 말씀하신다. 그분의 이야기로부터 얼마나 다른 그림이 떠오르는가!(막 4:1-20; 참조. 마 13:1-23) 메시아는 군사 정복자가 아닌 겸손한 농부로 오신다. 하나님 나라는 저항할 수 없는 능력과 힘이 아니라 겉으로 보기에는 하나님 나라의 연약한 메시지로 임한다. 어떤 사람들은 이 말씀을 받고, 하나님의 능력이 그 나라의 열매를 가져온다. 어떤 사람들은

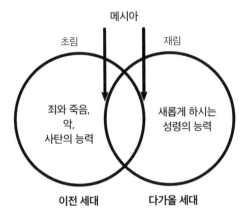

그림 4

겹쳐 있는 세대

메시아

초림   재림

죄와 죽음,
악,
사탄의 능력

새롭게 하시는
성령의 능력

이전 세대   다가올 세대

이 메시지를 거절하고, 어떠한 해도 당하지 않는 것처럼 보인다.

하나님 나라의 마지막 심판은 미래에 이루어질 것이다. 예수의 말씀을 들은 사람들은 하나님의 심판이 불경건한 자들에게 신속히 임할 것이라고 기대한다. 하지만 가라지의 비유(마 13:24-30, 36-43)는 그들이 기대하는 심판이 즉시 임하지 않을 것을 보여준다. 이 세대의 마지막 때 심판은 진실로 임할 것이다. 그때까지 하나님 나라와 악의 능력은 함께 지속되어야 한다.

여러 다른 비유들 역시 심판의 지연을 묘사한다(마 13:47-50; 25:31-46). 하나님 나라의 마지막 도래를 비유로 말씀하실 때, 예수는 현재의 준비와 신실함을 강조하신다. 우리는 마지막 날까지 하나님 나라의 메시지에 반응하고 예수를 중심으로 한 삶을 살아야 한다.

하나님 나라의 온전한 도래는 현세대 동안 더 많은 이들이 그 안으로 들어올 수 있도록 미루어진다. 하지만 하나님 나라의 도래는 예수 안에서 이미 시작되었는데 하나님은 왜 그분의 역사를 완성하지 않으실까? 왜 마지막 심판을 지체하실까? 예수의 비유 중 하나가 한 가지 대답을 제시한다(눅 14:15-24). 잔치가 준비된다. 식탁이 놓이고 음식과 음료가 준비된다. 하지만 주인이 잠시 멈추고 손님들은 좀 더 기다려야 한다. 이와 같은 지체는 잃어버린 자들이 들어와 잔치 상에 참여할 기회를 준다. 모든 사람, 특히 가난하고 길을 잃고 잊힌 자들이 잔치, 곧 하나님 나라에 동참하도록 초청과 환영을 받는다. 바리새인들이 예수가 온갖 잘못된 사람들을 환영하신다며 투덜거릴 때 예수는 그들에게 잃어버린 양(눅 15:3-7)과 잃어버린 동전(눅 15:8-10) 및 잃어버린 아들(눅 15:11-32)이라는 세 가지 비유를 말씀하신다. 자신의 집과 가족을 떠나 한 동안 방황한 이 탕자가 회개하고 다시 돌아올 때 아버지는 그를 기쁨과 은혜로써 환영한다.

예수는 40개가 넘는 많은 비유들을 말씀하시는데 우리가 살펴본 것은 일부에 불과하다. 하지만 이 소수의 비유에서도 예수가 가르치신 중심 주제는 명백하다. 이 비유들은 예수의 말씀을 들은 이들의 오해와 정반대되는 하나님 나라의 참된 본질을 드러내준다.

예수는 누구신가?

예수가 취하신 하나님 나라 임무의 초반은 가버나움 주변의 갈릴리 지방에서 이루어진다. 여러 해가 지나 예수는 이제 갈릴리를 벗어나 이방 영토로 여행하신다. 예수에 대한 반대가 심해지면서 예수는 자신의 관심을 제자들에게로 돌려 그들이 자신의 일을 이어가도록 준비시키신다. 하지만 이 같은 반대는 "예수는 누구신가?"라는 질문을 불러일으키기도 한다.

예수는 한동안 하나님 나라의 임무를 수행하셨고 사람들 사이에서는 그분에 대한 여러 다른 의견들이 등장한다. 어느 날 예수는 가이사랴 빌립보에서의 여정을 잠시 멈추시고 제자들에게 질문하신다. "사람들이 나를 누구라고 하느냐?"(막 8:27) 제자들은 다음과 같이 대답한다. "세례 요한이라 하고 더러는 엘리야, 더러는 선지자 중의 하나라 하나이다"(막 8:28). 예수는 이어 개인적으로 물으신다. "너희는 나를 누구라 하느냐?"(막 8:29) 베드로가 모든 제자를 대신해 대답한다. "주는 **메시아**(그리스도[*christos*])이시니이다"(막 8:29). 이것, 곧 예수의 정체가 문제의 핵심이다.

히브리어 **메시아**(그리스어로는 **그리스도**)는 "기름 부음 받은 자"를 뜻한다. 신구약 중간기 동안 메시아 혹은 그리스도라는 단어는 하나님이 자신의 통치를 회복하시고 자신의 나라를 시작하기 위해 지명하실 인물을 지칭하여 예언적으로 사용되었다. 이 같은 호칭에는 정치적·군사적 의미가 덧입혀지기도 했다. 예수는 베드로의 고백을 인정하시는데 이는 예수가 실제로 메시아**이시기** 때문이다. 하지만 예수는 "기름 부음을 받은 자"가 누구인지에 대한 대중적 이해는 인정하지 않으신다. 따라서 제자들에게 자신이 누구인지 아무에게도 말하지 말라고 경고하신다(막 8:30). 사람들의 기대는 예수의 실재에 맞추어 조정되어야 한다. 이처럼 유대인의 대다수는 메시아가 하나님 나라를 시작하실 하나님의 대리인이라고 기대하면서도 그분이 십자가의 모욕을 당하셔야 한다는 개념은 받아들이지 못한다(참조. 막 8:31). 예수는 이 같은 형태의 기대를 깨뜨리신다. 그분은 하나님 나라를 시작하도록 지명된, 하나님이 선택하신 분**이시**며 동시에 십자가의 희생자시다.

베드로와 제자들은 아직 이것을 이해하지 못하고 이들의 오해는 이어지는 구절에서 분명해진다. 예수는 제자들에게 자신이 곧 십자가에서 죽으실 것을 솔직히 말씀하시고 이때 베드로는 메시아가 그렇게 수치스런 죽음을 당하실 수 없다며 예수가 틀림없이 오해하신 것이라고 언쟁하기 시작한다(막 8:32). 예수는 진지하게 나무라시며 그를 조용하게 하신다. 예수는 **반드시** 죽으셔야 한다(막 8:33). 베드로가 예수를 메시아라고 한 자기 고백의 온전한 의미를 깨닫기까지는 얼마의 시간이 더 걸린다.

베드로의 고백에 대한 마가의 기록 "주는 그리스도시요"에 마태는 바로 "살아 계신 하나님의 아들"(마 16:16)이라는 중요한 어구를 덧붙인다. "하나님의 아들"이라는 호칭은 특별히 이스라엘 왕에게 주어질 때 하나님과의 특별한 관계와 하나님께 순종하여 완수해야 할 특별한 임무를 시사한다. 예수 시대 유대인들은 구약의 왕들, 특히 다윗처럼 정말로 "하나님의 아들"이 되어줄 메시아를 고대했다(삼하 7:14; 시 2편). 실제로 예수는 하나님과의 특별한 관계 가운데 서 계시며 하나님의 통치를 시작해야 할 매우 신성한 임무를 지닌 분으로 그들에게 오신다. 하지만 이것이 다가 아니다. 예수에게 있던 아버지와의 친밀감과 메시아로서의 임무는 특별하며 유일무이하다. 예수가 "하나님의 아들들"이라는 오랜 전통 가운데 서 계신 것은 맞지만 또 다른 의미에서 예수는 하나님의 "독생자"로 완전히 유일무이하시다(요 3:16).

마가복음의 다음 구절들은 베드로의 고백을 강조하는 호칭 하나를 더해준다. 예수가 자신의 제자들에게 "인자"가 고통을 받고 죽고 부활해야만 한다는 사실을 가르치기 시작하신 것이다. 그런데 이 인자가 누구인가? 이 호칭은 다니엘서(7:13-14)로부터 왔는데 이 본문은 이스라엘을 위한 번영하는 미래의 약속으로 예수 시대에 큰 인기를 누렸다. 예수 시대 많은 유대인은 "인자 같은 이"라는 다니엘의 환상을 영광과 권위와 능력 가운데 이방 나라들을 이기고 이스라엘의 정당성을 입증해줄 이스라엘의 메시아에 대한 예언적 환상으로 보았다. 그들은 이 메시아가 하나님의 왕좌에 함께 앉아 영원한 나라를 통치하신다고 보았다. 지금 예수가 자신을 이 "인자"라고 주장하고 계신다.

예수의 정체는 베드로의 고백이 있고 한 주 정도가 지나 일어난 사건을 통해 확증되는데 이때 예수는 베드로와 야고보 및 요한을 높은 산으로 데리고 가신다. 거기서 다른 사람들이 보는 가운데 예수의 모습이 변용된다(막 9:2-8; 눅 9:28-36). 그분의 얼굴이 해같이 빛나고 그분의 옷이 눈부시게 반짝인다. 잠시지만 제자들은 베일을 벗은 인자, 하나님 아들의 영광과 위엄을 목격한다(참조. 벧후 1:16-18). (유대인들 가운데 중요한 권위를 지닌 구약의 인물들인) 모세와 엘리야가 나타나고 예수와 함께 선다. 하나님은 직접 나타나셔서 떨고 있는 제자들에게 말씀하신다. "이는 내 사랑하는 아들이니 너희는 그의 말을 들으라"(막 9:7). 예수의 영광스러운 변모와 자기 아들의 신분이 모세나 엘리야의 신분보다도 높다는 하나님의 확증을 통해 예수는 제자들에게 하나님의 택함 받으신 자로 드러나신다(눅 9:35). 예수의 메시지를 들은 이들 가운데 점점 더 커져가는 적대감으로 인해 마음이 두렵고 십자가형에 대한 예수의 불길한 이야기로 마음이 괴로운 제자들에게 앞으로 나아가야 할 길은 명확하다. 그들은 그저 예수의 말씀을 들어야 한다.

예수가 예루살렘으로 향하시다

이방 지역에서의 짧은 여정은 끝나고 예수는 하나님 나라와 그 나라에 대한 유대인들의 저항 이면에 숨어 있는 어둠의 세력 사이의 마지막 대치를 위해 제자들과 함께 예루살렘으로 향하신다(눅 9:51).

십자가의 길

예루살렘을 향한 마지막 여정을 시작하시며 예수는 제자들에게 자신이 당하셔야만 하는 고통과 거절, 배반, 죽음에 대한 불편한 진실을 다시 한 번 말씀하신다(눅 9:22, 44; 12:49; 13:32-33; 17:25; 18:31-33). 하지만 제자들은 여전히 이 말씀의 의미를 이해하지 못한다(눅 9:45).

예루살렘은 하나님 나라와 악의 세력 사이에 벌어지는 최후의 전쟁 터가 될 것이다. 이스라엘의 많은 사람은 경건한 유대인으로 이뤄진 하나님의 군대와 하나님의 뜻에 저항한 이방인들 사이에 극적인 군사적 전투가 벌어지는 것을 기대한다. 하지만 예수가 마주하실 전투는 우주적 악의 총력을 자신에게로 돌려 그 능력을 멸하실 전투다. 예수에게 이 전투의 승리는 원수를 죽이는 것으로 이루어지지 않고 자신이 죽임을 당하도록 하시는 것, 곧 자신의 생명을 십자가에 내어주시는 것으로 이루어진다.

십자가의 길을 통한 제자도

제자들은 아직도 예수의 사랑과 고난의 임무를 이해하지 못한다. 이들 세대의 다른 많은 사람처럼 그들 또한 그분의 왕 되심을 거절한 사람들 위로 불 같은 심판이 내리기를 고대한다. 예수와 함께 이만큼의 시간을 보낸 지금까지도 그들은 여전히 이해하지 못한 것이다. 시간은 부족하고 제자도에 대한 집중 훈련이 긴급히 필요하다. 제자들은 예수가 그들을 떠나신 후에도 그분이 시작하신 일을 지속할 수 있도록 예수를 따른다는 것의 의미를 제대로 배워야만 한다.

제자도에 대한 가르침은 예수의 마지막 여정의 주제와 밀접히 연결된다. 예수는 제자도를 따라야 할 "길", 떠나야 할 여정으로 묘사하신다. 제자들은 말 그대로 예루살렘으로 가는 길 위에 있지만 동시에 이들은 제자도의 길을 배우고 있기도 하다. 각각의 길의 목적지에는 고난과 거절이 있다. 이 마지막 여정은 제자들에게 예수를 따른다는 것이 십자가의 길을 걷는다는 의미임을 가르쳐준다.

예수는 주저하고 냉담한 제자들을 향해 날카롭게 말씀하신다. 제자도의 길에는 대가가 따른다. 이것은 온전한 헌신과 완전한 책임, 예수와 하나님 나라에 대한 충성을 요구한다(눅 9:57-62). 예수는 말씀하신다. "아무든지 나를 따라오려거든 자기를 부인하고 날마다 제 십자가를 지고 나를 따를 것이니라"(눅 9:23; 참조 14:27). 예수를 따르겠다는 결정에는 의미심장한 결과가 수반된다. "누구든지 제 목숨을 구원하고자 하면 잃을 것이요, 누구든지 나를 위하여 제 목숨을 잃으면 구원하리라"(눅 9:24).

또한 예수는 계속해서 그분을 따른다는 것이 그분의 임무에 대한 동참을 의미한다는 사실을 가르치신다(눅 10:1-24). 그분의 제자는 자신의 존재를 다하여 하나님을 사랑하고 자기 자신을 사랑하듯 이웃을 사랑해야 한다(눅 10:25-37). 이스라엘 안에는 타협한 유대인들과 사마리아인들, 이방인들에 대한 증오가 만연했고 이와 같은 정황 속에서 예수는 예루살렘에서 여리고로 가는 길에 매를 맞고 강도를 당하고 죽도록 내버려진 한 (유대) 남자의 이야기를 들려주신다. 예수의 이야기 속에서 제사장과 레위인으로 상징된 유대 백성의 지도자들은 곤란에 빠진 이 사람을 돕지 않는다. 하지만 이들이 증오한 한 사마리아인이 그를 불쌍히 여기고 돌보아준다. 이렇게 하여 이 "의로운" 유대인은 이 "불경건한" 사마리아인이 자신의 이웃이며 하나님이 자신에게 그를 사랑하도록 명하셨다는 사실을 깨닫는다.

예수가 예루살렘에 도착하시다: 세 가지 상징적 행동들

마침내 예수는 예루살렘에 도착하시고 예수의 마지막 날들은 그곳 유대 지도자들의 점점 커져가는 적대감과 심판에 대한 그분의 가르침으로 점철된다. 도착하시자마자 예수는 마치 구약의 예언자들이 하나님의 메시지를 눈에 띄는 상징적 행동으로 극화시켰던 것과 같이 다가오는 하나님 나라의 본질을 상징적으로 보여주시기 위해 주목할 만한 행동 세 가지를 보여주신다. 예레미야가 하나님이 이스라엘을 깨뜨리실 거라는 사실을 보여주기 위해 옹기를 깨뜨린 것처럼 말이다(렘 19:1-15). 마찬가지로 예수의 마지막 행동들은 예언적으로 미래에 다가올 일을 보여준다. 하지만 예수는 예언자 이상이시고 따라서 그분의 행동에는 더한 의미가 깃들어 있다. 그분은 메시아로서 행동하신다.

예수가 나귀를 타고 예루살렘에 입성하시다

왕의 입성을 대대적으로 축하하는 것은 당시 잘 알려진 관습이었다. 예수가 예루살렘에 나귀를 타고 들어가신 데에는 어떤 말보다 큰 메시지가 있었다. "하나님이 이스라엘과 모든 민족의 왕이 되시기 위해 예루살렘으로 돌아오신다. 예수는 다윗 왕좌에 대한 권리를 주장하신다." 복음서들은 이 사건을 스가랴 9:1-13에 비추어 해석하는데 이는 이스라엘의 왕이 군사적 성공을 거두고 예루살렘으로 귀환하는 장면이다. 앞서 살펴보았듯이 유다 마카비가 예루살렘에 입성할 때에도 기쁜 찬송의 소리가 있었다. 하지만 이스라엘이 기대했던 세계적 규모의 나라는 그를 통해 실현되지 않았다. 따라서 유대인들은 또 다른 왕이 나타나 하나님이 약속하신 우주적 나라를 세우기를 기다렸다. 마카비를 뒤이어 이와 같은 관행을 따른 다른 "왕들"이 등장했지만 그중 누구도 하나님 나라를 들여오지는 못했다.

이 같은 배경에서 다윗 왕권에 대한 예수의 주장이 이보다 더 분명할 순 없다. 예수는 동일한 방식으로 예루살렘에 입성하시고 메시아로서 다윗의 왕권을 주장하신다. 예루살렘 군중들은 이 같은 행동의 의미를 이해했고 예수의 오심을 찬송의 소리로 맞이한다. 하지만 군중들도 제자들도 예수가 어떠한 종류의 왕이신지는 이해하지 못한다(요 12:16). 마태는 그의 기록을 통해 예수가 온유하고 겸손한 왕으로 오신다는 사실을 강조한다. 그분의 왕권은 군사적 정복이 아니라 겸손한 섬김의 왕권이다. 입성을 위해 그분이 선택하신 동물은 왕실 군마가 아니라 짐을 나르는 미천한 동물이다. 수일 내 그분을 왕으로 환호하고 맞이했던 동일한 군중은 그를 십자가에 못 박도록 요구할 것이다.

예수가 성전에서 심판을 행하시다

예수가 예루살렘에서 보이신 두 번째 메시아적 행위는 성전을 심판하신 사건이다(막 11:15-17). 고대 근동에서 종교와 정치 사이에는 언제나 밀접한 연관이 있었고 승리를 거둔 왕이 입성 이후 성전에서 어떠한 행동을 보이는 것은 왕왕 있는 일이었다. 복음서에서 예루살렘 성전은 유대교의 가장 중요한 상징이다. 무엇보다 성전은 앞으로 올 나라에 대한 유대인의 소망의 중심을 차지한다. 이스라엘은 하나님이 언젠가 그분의 왕좌를 세우고 그분의 전 세계적 나라를 통치하기 위하여 불 같은 심판으로 돌아오실 거라고 믿는다(말 3:3-5).

예루살렘의 군중은 예수가 이 같은 기대를 충족하시기를 고대한다. 하지만 예수는 이스라엘이 하나님의 오심이 실제로는 이방인이 아니라 열매 없는 이스라엘 위로 임하는 심판이라는 사실을 오해했기 때문에 눈물을 흘리신다(눅 19:41-44). 그분의 사역을 통해 예수는 믿음 없는 민족에 대한 하나님의 심판을 경고하셨고 지금 예루살렘에 머무시는 동안 그분의 가르침은 이 같은 주제에 점점 더 집중한다(마 21:28-25:46; 막 12-13). 성전을 심판하실 때 예수는 그동안 경고하셨던 모든 것들을 상징적으로 실행하신다.

예수는 제물을 위하여 동물을 파는 자들을 내쫓으시고 돈 바꾸는 자들의 상을 둘러엎으신다. 예수는 성전의 기능을 잠시 정지시키시며 그것의 종말을 보여주신다. 그분의 말씀이 그분의 행동을 해석하는데, 그것은 바로 성전이 모든 민족을 위한 기도의 집(막 11:17), 모든 백성이 이스라엘의 하나님을 인정하기 위하여 향하는 장소가 되어야 한다는 것이다(사 56:6-8). 하지만 예수가 들어가신 성전은 지금 꽤나 다른 방식으로 기능한다. 그것은 분리주의적 명분을 지지하고 폭력과 파괴를 격려하고 있다. 성전이 "혁명주의자들의 소굴"이 되어버렸다(막 11:17[저자 사역]). 이 같은 성전에 대한 심판은 꼭 이루어져야 했는데 이는 새로운 "성전", 곧 새로워진 하나님의 백성 안에 있는 예수의 부활 생명(참조. 요 2:21)이 하나님이 의도하신 모든 민족을 위한 빛이 될 수 있도록 하기 위해서다.

예수가 성전을 깨끗하게 하신 사건을 이 같은 맥락에서 볼 때 유대 지도자들이 왜 예수를 죽일 방법을 모색하기 시작했는지가 분명해진다. 예수는 그들의 귀중한 소망과 열망에 도전하시고 그들에게 가장 소중한 상징의 멸망을 선언하실 뿐 아니라 이 일들을 감히 야웨, 곧 그들의 하나님의 이름으로 행하신다. 그들은 예수가 사라져야 한다고 믿는다!

예수가 유월절 식사에서 자신의 임무를 극적으로 표현하시다

예수가 예루살렘에 입성하시고 그다음 주가 유월절이다. 예수는 유월절 식사를 함께 기념하기 위하여 제자들을 모으신다(마 26:17-30; 막 14:12-26; 눅 22:7-23). 이것은 예수가 예루살렘에서 행하신 세 가지 상징적 행동 중 마지막이자 가장 중요한 행동인데 이 식사를 통해 자신의 임무에서 절정에 해당하는 사건을 극적으로 보여주시기 때문이다.

유월절 밤 예수는 자신의 제자들에게 관습에 따라 식사를 준비하도록 명하시는데 이것은 모세의 때 이스라엘이 이집트에서 구원받은 것을 기념하기 위해 시작되었다(출 12장). 하지만 1세기 유대인들에게 이것은 하나님이 유대인들을 그들의 로마 압제자들로부터 자유케 하시기 위해 돌아오실 새로운 출애굽을 상징하기도 한다. 하지만 예수는 이 식사에 새로운 의미를 부여하신다. 자신의 행동과 말씀을 통해 예수는 그들이 고대하는 나라가 지금 그들 앞에 펼쳐지고 있음을 선언하신다. 이스라엘의 이야기에서 이 극적인 순간은 그분의 죽으심이 될 것이다.

유월절 전통에서는 집안의 가장이 출애굽 사건과 현재 그것이 갖는 의미를 해석한다. 따라서 예수가 떡과 잔의 새로운 의미를 간단한 (하지만 놀라운) 말씀으로 설명해주신다. 예수는 떡을 취하여 "이것은 내 몸이라"라고 말씀하신다(막 14:22). 예수는 곧 죽으실 것이고 그 죽으심은 그분의 백성들을 위한 생명을 의미할 것이다. 또한 잔도 새로운 의미를 얻는다. "이것은⋯언약의 피니라"(막 14:24). 예수는 자신의 죽으심을 통해 이스라엘이 고대해온 새로운 언약과 죄의 용서, 하나님 나라를 시작하실 것이다(참조. 렘 31:31-34).

예수가 체포되시고 재판받으시다

갈릴리에서 이루어진 예수의 초기 사역이 그들의 관심을 끈 뒤로 예수의 원수들은 그분의 파멸을 도모해왔다(막 3:6). 그들의 적대감은 성전에서 예수가 보이신 모욕적 행동 이후 절정에 달했고 그들은 그분을 체포하고 죽일 계획을 세우기 위해 만났다(막 14:1-2). 예수의 제자 중 하나인 가룟 유다가 예상치 못한 가운데 등장하고 (매우 기쁘게도) 도움을 주겠다고 자청한다. 유다는 그들이 군중을 두려워하지 않고 조용히 예수를 체포할 수 있는 시간에 그분의 위치를 알려올 것이다. 공회(예루살렘에 있는 유대 통치 기구)는 이 체포를 수행하기 위해 큰 무리의 사람들을 내보낸다(막 14:10-11, 43).

같은 시간 유월절 식사를 마친 예수와 그의 제자들은 겟세마네라는 곳으로 향한다. 하나님 나라를 위한 마지막 전투가 멀지 않았다는 사실과 이것이 개인적으로 자신에게 어떠한 공포를 의미하는지를 아신 예수는 아버지께 기도하신다. "이 잔을 내게서 옮기시옵소서. 그러나 나의 원대로 마시옵고 아버지의 원대로 하옵소서"(막 14:36). 기도를 마치시고 예수는 졸고 있는 제자들을 깨워 (유다가 인도해온) 성난 유대 지도자들과 군인들의 무리를 마주하신다. 유다는 이들이 어둠 속에서도 예수를 알아볼 수 있도록 그분께 입을 맞춘다. 예수의 제자 중 하나가 재빨리 칼을 빼 든다. 그들은 여전히 예수의 나라가 폭력이 아니라 평화 가운데 임한다는 사실을 이해하지 못한다(막 14:47). 예수가 체포되시고 그분의 제자들은 한 사람을 제외하고 모두 그분을 버리고 자기 목숨을 위해 도망한다(막 14:50-52). 베드로는 먼 거리에서 어떠한 일이 일어날지를 확인하기 위해 군인들과 그들의 죄수를 좇는다.

매우 늦은 밤 이 죄수는 안나스를 시작으로 유대 지도자들 앞에서 간단한 심문을 받는다. 그의 죄를 밝혀내지 못한 안나스는 그를 (대제사장) 가야바에게 보내고 그는 유대 지도자들이 이 죄수를 심문하도록 한다. 거짓 증인들이 이것저것과 관련하여 예수를 고소하지만 그들의 증언은 서로 모순된다(신 17:6; 참조. 19:15). 절박해진 대제사장은 마침내 직접 나서 이렇게 묻는다. "네가 찬송받을 이의 아들 그리스도냐?" 예수는 "내가 그니라"(막 14:61-6)라고 대답하신다. 법정은 이것이 사형에 해당하는 신성모독이라는 사실에 재빨리 동의한다(막 14:63-64). 이 한밤중에 일어난 심문 중간중간에 구경꾼들의 조소와 하인들의 매질이 등장한다(막 14:65; 눅 22:63-65). 새벽이 되어 공회는 정식으로 개회하고 그들은 신성모독의 혐의를 확증한다(눅 22:66-71). 이 재판 동안 베드로는 예수와의 관계에 대한 질문을 받지만 세 번에 걸쳐 예수를 알지 못한다고 부인한다.

유대인들에게는 누군가를 사형에 처하도록 할 힘이 없었기 때문에(요 18:31) 예수는 판결을 위해 빌라도(로마가 임명한 총독)에게로 보내진다. 유대 공회원들은 로마의 법 아래에서는 신성모독이 사형에 해당하는 중범죄가 되지 않는다는 사실을 잘 알았다. 대신 그들은 예수가 황제에게 내야 할 세금에 반대하고 스스로를 왕이라고 자처하여 이스라엘을 전복시키려 했다고 주장하면서 예수께 반역죄를 뒤집어씌운다(눅 23:2).

예수와 함께 보낸 시간을 통해 빌라도는 흔들린다. 그는 예수에 대한 유대 지도자들의 혐의에 납득되지 않았지만 팔레스타인의 통치자로서 그가 가진 입지는 이미 빈약해져 있었다. 그는 정치적 이유로 유대인들의 마음을 서운하게 할 수 없었다. 이 사람을 사형에 처할 만큼의 법적 근거를 찾을 수는 없었지만 유대 지도자들이 예수의 석방을 용인하지 않을 것이 보였다. 빌라도는 이 문제를 회피하는데 먼저는 예수를 헤롯에게 보내는 것으로, 그다음에는 유대인들에게 또 다른 유대 죄수인 바라바에 대한 사면을 제시하는 것으로 그렇게 한다. 하지만 지도자들에 의해 선동된 군중은 "그를 십자가에 못 박게 하소서"라고 소리치고 그들을 논리적으로 설득하려던 빌라도의 노력은 좌절된다. 이후 빌라도는 예수가 채찍질을 당하도록 명령하는데, 이것은 유대인들을 만족시켜 죄수를 풀어줄 수 있기를 바라는 마음이었다. 로마 군인들은 예수를 조롱하고 잔인하게 매질한다. 예수가 빌라도에게 돌아왔을 때 그는 다시 한 번 예수를 놓아주고자 한다. 하지만 사람들은 또다시 소리친다. "그를 십자가에 못 박게 하소서! 그를 십자가에 못 박게 하소서!" 결국 빌라도는 마지못해 동의한다. 사형을 선고받은 예수는 로마의 십자가에 못 박히시고 그곳에 달려 돌아가시도록 끌려가신다.

예수가 십자가에서 돌아가시다

십자가형

우리는 이 잔인하고 끔찍한 사건을 통해 (기가 막힐 정도로) 강력한 하나님의 역사를 본다. 성경은 인간의 역사 가운데 자신의 창조세계를 회복시키시는 하나님의 위대한 행위들을 들려준다. 하지만 이 우주적 드라마를 예수 그리스도의 죽으심과 부활하심에 이르기까지 따라올 때 우리는 하나님의 모든 구속 역사 중 가장 멋진 역사를 만나게 된다. 십자가에서 하나님은 인간의 반역에 치명타를 날리시고 자신의 세상을 구원하신다.

하지만 십자가형은 하나님의 승리로 보기 어려운데 특별히 이 사건을 1세기 로마 문화의 맥락에서 본다면 그렇다.

로마인들은 관습에 따라 사형수가 자기 십자가의 무거운 가로 대(horizontal beam)를 지고 형을 당하게 될 곳으로 이동하도록 했다. 하지만 예수는 밤새 주무시지 못하고 무자비한 조롱과 특별히 잔인하고 참혹한 매질을 당하신 까닭에 그렇게 하실 수 없었다. 예수는 나무의 무게 아래서 휘청거리시고 군인들은 군중으로부터 구레네 시몬을 끌어내 나무를 대신 지고 가도록 한다. 이 소름 끼치는 행진은 "해골의 곳"이라는 골고다까지 이어지고 그곳에서 예수는 진정제(쓸개 탄 포도주)를 제안받으시지만 거절하신다. 아침 아홉 시에 사람들은 예수의 옷을 벗기고 그분의 손목과 발을 십자가에 못 박고 예수는 다른 두 명의 죄수 사이에 달리신다. 로마인들이 그분의 몸에 못을 박을 때 예수는 이렇게 말씀하신다.

"아버지, 저들을 사하여 주옵소서. 자기들이 하는 것을 알지 못함이니이다"(눅 23:34).

군인들은 나무 조각 위에 조롱하는 죄목을 다음과 같이 적고 예수의 머리 위 십자가에 고정시킨다. "이는 유대인의 왕 예수라"(마 27:37). 로마인들에게 스스로를 왕이라고 칭하는 것은 반역이자 황제의 주권에 대한 모욕이다. 유대인에게 이것은 신성모독이다. 하지만 이후 일어난 부활의 렌즈로 이 십자가형을 돌아본 이들에게 군인들이 적은 죄목은 얄궂게도 명백한 진실이다.

그동안 예수를 괴롭히고 그분을 죽이고자 음모를 꾸며온 유대 지도자들은 그분에게 경멸과 모욕을 퍼붓는다. "그가 남은 구원하셨으되 자기는 구원할 수 없도다. 이스라엘의 왕 그리스도가 지금 십자가에서 내려와 우리가 보고 믿게 할지어다"(막 15:31-32). 예수 옆의 십자가에 달린 죄수 중 하나도 이 같은 야유에 동참하는데 다른 쪽에 있던 죄수가 그를 나무란다. "우리는 우리가 행한 일에 상당한 보응을 받는 것이[지만] 이 사람이 행한 것은 옳지 않은 것이 없느니라." 그다음 그는 예수께 몸을 돌려 이렇게 고백한다. "당신의 나라에 임하실 때에 나를 기억하소서"(눅 23:40-42). 예수는 그의 믿음을 인정하시고 실제로 이 사람은 하나님 나라를 기업으로 받는다.

정오 이후 세 시간 동안 어둠이 온 땅을 덮는다. 예수는 극도의 고통 속에서 크게 소리치신다. "나의 하나님, 나의 하나님, 어찌하여 나를 버리셨나이까?"(막 15:34; 참조. 시 22:1) 이것은 그 순간 예수가 온 세상의 죄를 지셨기 때문이다. 버림받으신 예수는 하나님을 "아버지"가 아닌 "나의 하나님"이라고만 부르신다. 이후 예수는 "다 이루었다!"(요 19:30)라는 큰 외침과 "아버지, 내 영혼을 아버지 손에 부탁하나이다"(눅 23:46)라는 마지막 기도로 장렬한 전투를 마치신다. 마침내 하나님의 뜻을 성취하심으로써 예수의 역사는 완성되고 그분은 사랑하시는 아버지의 손안에 계신다.

한 로마 백부장이 십자가형을 감독하기 위해 멀지 않은 곳에 서 있었다. 예수가 어떻게 죽으셨는지를 보고 어떠한 말씀을 하셨는지를 들은 이 냉정한 직업 군인은 자기도 모르는 사이에 이렇게 고백한다. "이 사람은 진실로 하나님의 아들이었도다"(막 15:39). 같은 시간 이상한 일이 골고다에서 멀리 떨어진 예루살렘, 그것도 성전 내부 깊은 곳에서 일어난다. 거기에는 지성소를 다른 방으로부터 구분 짓고 하나님의 임재 장소를 사람들로부터 가리기 위한 무거운 휘장이 걸려 있었는데 이것이 위에서부터 아래로 찢어진 것이다. 이 일은 사람의 손으로 된 것이 아니다(막 15:38). 이것의 의미는 분명하다. 예수의 죽으심이 하나님의 임재 안으로 들어가는 길을 연 것이다(참조. 히 4:16).

로마 제국 안에서의 십자가형

"예수를 끌고 골고다라 하는 곳에 이르러…십자가에 못 박고"(막 15:22, 24) 이천 년이 지난 시간을 사는 우리에게 십자가형이 1세기 구경꾼들에게는 얼마나 끔찍하고 혐오스러웠는지 이해하기란 쉽지 않다. 설명하기 어려운 육체적 고통이 가능한 한 오래 지연되어 여러 시간 혹은 며칠 동안 지속되기도 했다. 희생자는 사람들이 다 보는 곳에서 발가벗겨져 십자가에 달리고 지나는 사람들의 조롱과 야유를 견디며 완벽한 모욕을 당했다. 특히 로마 시민들에게 그랬지만 로마 제국의 지배를 받는 이들에게도 십자가는 모욕과 육체적 고통의 강력한 상징이었다. 이것은 감히 자신을 대적하는 이들에게 로마가 무엇을 할 수 있고 또 할 것인지에 대한 잊기 어려운 무엇을 보여주었다.

하지만 초기 교회에는 이 같은 사건, 곧 그들의 지도자가 당했던 십자가형을 하나님의 가장 위대한 역사라고 가리킬 만한 무모함이 있었다. 얼마나 터무니없는 주장인가! 십자가형을 당한 신을 예배한다니 얼마나 우스꽝스러운가!

로마인들만 이렇게 생각한 것은 아니다. 십자가형에 의한 죽음의 순전한 공포와 모욕은 유대인들에게도 이것을 그들의 하나님의 손을 드러낼 수 있는 사건으로 받아들이는 것을 사실상 불가능하게 했다. 구약의 예언들이 이 메시아가 영광과 승리 가운데 오실 거라고 이야기하지 않았던가? 하지만 십자가에서의 죽음은 하나님이 그 사람의 삶을 저주하셨다는 뜻이다(신 21:23; 갈 3:13). 더욱이 십자가는 거짓 메시아들을 포함해 로마 제국에 저항했던 모든 이들이 자신의 삶을 마감한 장소였다. 예수의 죽으심이 승리라는 주장은 1세기 로마 세계 안에 있던 거의 모든 사람에게 완전히 터무니없는 이야기였다.

신약 안에서의 십자가형

고대 문헌 중에서 신약은 십자가형을 긍정적인 사건, 사실 역사 속 가장 위대한 하나님의 행위로 해석하는데 이것은 유일무이하다(고전 1:18). 하지만 바울과 다른 신약의 저자들은 이 사건에 대한 자신들의 견해가 경멸을 불러온다는 사실을 잘 알았다. 그들의 대담함은 근본적으로 다른 견해의 산물이며 그것은 그들이 의도적으로 십자가를 부활의 렌즈를 통해 돌아보았기 때문이다.

죽은 자들로부터 다시 사신 예수는 자신이 하나님의 기름 부음을 받은 메시아라는 주장을 입증하신다. 부활의 렌즈를 통해 십자가를 돌아볼 때 처음에는 어리석음으로 보였던 것이 하나님의 지혜로 드러난다. 연약함으로 보였던 것은 실제로 인간의 반역과 사탄의 악을 정복하는 하나님의 능력이다. 굴욕으로 보인 것은 하나님이 자신의 영광을 드러내시는 방법이다. 하나님의 희생적인 사랑과 긍휼, 성실, 은혜, 공의, 의로우심은 하나님이 자신의 창조세계에 대한 구원을 성취하신 사건을 통해 드러난다. 세상 사람들에게는 예수의 실패처럼 보이는 것을 초기 교회는 하나님의 선하신 창조세계에 반대하는 모든 원수에 대한 그분의 비상한 승리로 선언한다. 겉으로 보기에는 의미가 없는 폭력과 잔인함의 행위가 사실은 죄에 대한 그분의 심판과 창조세계를 새롭게 하시는 그분의 능력과 의지라는 하나님의 가장 온전한 목적을 드러내준다. 십자가에서 예수는 모든 역사에 대한 하나님의 목적을 성취하시고 온 창조세계를 구원하신다. 그리고 우리는 하나님이 예수의 죽으심을 통하여 성취하신 것에 동참할 수 있다.

십자가가 하나님이 구원을 성취하신 수단이라는 생각은 서신서들이 그것을 해석하기 위해 사용한 심상들을 통해 분명히 드러난다. 신생 교회들을 위한 신약의 편지들은 예수의 죽으심이 갖는 보편적 중요성을 해석하기 위해 여러 심상을 사용한다. 여기 세 가지가 있다.

첫째는 **승리**의 심상이다. 십자가형은 하나님과 사탄 사이에 벌어진 거대한 영적 전투의 장소다. 예수는 이 전투에서 승리하시고 사탄의 노예 생활을 하던 이들에게 자유를 선사하신다. 두 번째 심상은 **희생제사**로, 이것은 죄책을 가진 죄인을 대신해 흠이 없는 동물을 죽인 구약의 관행으로부터 온다. 죄인은 하나님과의 언약적 사귐으로 회복되는데 이것은 동물이 그의 죄를 상징적으로 취해갔기 때문이다. 이제 예수가 "세상 죄를 지고 가는 하나님의 어린양"이시다(요 1:29). 세 번째 심상은 예수를 **대표자**, 곧 모든 민족과 인류를 대신해 행동하신 분으로 묘사한다. 예수는 사탄과 죄 및 죽음과 씨름하시고 모든 사람을 대신해 죽으시면서 그것들을 정복하신다. 예수는 죄로 부패하고 오염된 창조세계에 대한 하나님의 심판을 지심으로써 온 우주를 위하여 죽으신다.

십자가는 하나님 나라의 절정의 승리를 상징한다. 하나님의 통치는 인간의 반역과 그것에 동반된 모든 것들, 곧 마귀의 세력과 질병, 고통, 고난, 죽음 등 온갖 종류의 악으로 방해를 받아왔다. 하나님의 통치에 대한 모든 저항의 뿌리는 인간의 반역인데 그것은 십자가에서만 파괴될 수 있다.

예수가 죽은 자들로부터 부활하시다

부활

예수가 죽으신 후 빌라도는 아리마대 요셉과 니고데모에게 예수의 몸을 십자가에서 내려 장사를 준비하고 시신을 무덤에 뉘도록 허락한다. 예수님을 따르던 몇몇 여성들은 그분이 어디에 장사 되는지를 확인하기 위하여 지켜본다(막 15:42-47; 요 19:38-42). 예수의 십자가형은 자연스레 그분의 제자들을 당황하고 낙심하도록 했다. 이들이 소망해온 모든 것들이 상실된 듯했다. 하지만 이 모든 것은 곧 달라지기 시작할 것이다. 빈 무덤의 발견과 그분의 부활을 알린 천사들, 부활하신 주님의 나타나심, 다시 사신 예수를 실제로 보았다는 이들의 증언까지 예수가 정말로 죽은 자들로부터 부활하셨다는 사실에 대한 확신은 그분을 따르던 이들 가운데 점점 더 커져간다.

예수의 장사를 지켜보았던 여성들이 예수의 몸에 향품을 바르기 위해 무덤을 찾은 첫 번째 사람들이었다. 하지만 굳게 닫힌 무덤 대신 그들이 발견한 것은 찬란한 옷을 입은 두 명의 남성이었다! 여성들은 당연히 깜짝 놀랐고 이 둘 중 한 사람이 그들을 진정시키며 예수의 몸이 더 이상 무덤 안에 계시지 않다고 알려준다. 그분은 죽은 자들로부터 육체의 부활을 하셔서 살아 계신다(눅 24:1-8).

여전히 떨리고 어리둥절한 (하지만 기쁨에 찬) 여성들은 성읍으로 돌아간다. 그들은 처음에는 아무에게도 이것을 말하지 않는다. 마침내 그들이 다른 제자들에게 털어놓았을 때 이것은 터무니없는 이야기로 들린다. 하지만 베드로와 요한이 무덤으로 향하고 그들은 이 이야기가 사실임을 확인한다. 무덤은 정말로 비어 있다(눅 24:9-12; 요 20:1-8). 요한복음은 이 제자들이 예수가 죽은 자들로부터 부활하셔야 한다는 말씀을 여전히 이해하고 있지 못하다는 사실을 들려준다(요 20:9). 보통의 유대인에게 (모든 사람이 아니라) 한 사람이 (이 세대의 마지막이 아니라) 역사의 한 가운데에서 부활한다는 생각은 상상조차 어려웠다. 따라서 예수가 그들에게 죽은 자들로부터 다시 사시겠다고 말씀하셨을 때 제자들이 이것의 의미를 자기들끼리 의논한 것이다(막 9:9-10).

예수의 나타나심을 통해 그들은 이 같은 진실을 온전히 받아들이게 된다. 복음서의 기록에서 우리가 발견하는 제자들은 예수의 살아 계심을 믿고 싶어 하는 순진하고 남의 말을 쉽게 믿는 사람들이 아니다. 오히려 우리는 예수의 나타나심을 통해 오직 점진적으로만 그와 같은 사실을 확신하게 된 매우 회의적인 제자들을 만난다. 예수는 마리아와 다른 여자들에게(요 20:11-18), 엠마오로 걸어가던 두 제자에게(눅 24:13-35), 작은 무리의 제자들에게 여러 번(눅 24:36-48; 요 20:19-25; 고전 15:5), 그분을 따르던 큰 무리에게(고전 15:6) 나타나신다. 그렇게 제자들은 결국 예수가 죽은 자들 가운데서 살아나셔서 정말로 살아 계신다는 사실을 받아들이기에 이른다. 하지만 이것은 다 무슨 뜻일까?

부활: 새로워진 창조세계의 시작

예수의 제자들은 부활을 어떻게 이해했을까? 우리가 "부활"로 번역하는 용어는 유대 사상에서 강렬한 심상으로 하나님의 백성들이 그들의 육체적 생명으로 돌아와 참여하게 될 이 세대의 마지막과 우주의 새로워짐을 의미했다. 따라서 몸의 부활이라는 생각은 전 창조세계의 새로워짐과 하나님 나라의 도래라는 유대 사상과 복잡하게 얽혀 있었다. 즉 그들에게 부활은 우주적 사건이었다.

모든 복음서는 예수가 죽은 자들로부터 몸의 부활을 하신 이후 살아 계신 예수를 만난 사람들의 목격담을 제공한다. 만일 이 같은 일이 역사의 마지막까지 일어나지 않을 예정이라면 지금 이것은 무슨 일일까? 예수의 첫 제자들은 이 새로운 실재를 "성경대로" 해석하기 위해 노력했고 씨름했다(고전 15:4). 우리는 부활에 대한 그들의 결론을 사도행전 속 설교, 사복음서의 서술, 신약 서신들을 통해 발견한다. 초기 교회는 예수의 부활을 궁극적인 **복음**, 우주적 결과를 지닌 사건, 하나님이 창조세계를 새롭게 하시는 시작으로 기쁘게 선언한다.

예수의 무덤으로부터의 귀환은 새날의 시작이다. 예수는 죽은 자들로부터 부활하신 첫 사람이시지만 하나님의 모든 백성과 모든 창조세계가 그분의 부활 생명에 참여하게 될 것이다. 신약의 세 가지 심상은 예수의 대표적 부활과 우리의 부활 사이에 밀접한 연관을 그려준다. 먼저, 그리스도는 죽은 자들 가운데서 **먼저 나신 분**이시다(골 1:18; 계 1:5). 그분의 형제들(독자들과 나 같은 신자들)은 그분의 새로운 생명 가운데 그들의 손위 형제를 따를 것이다. 둘째, 그리스도는 **첫 열매**(고전 15:20, 23)로 묘사되는데 이는 전체 수확이 이어질 것이라는 보증으로 거두어들이는 수확의 첫 일부다. 세 번째로 예수는 우리 구원의 **창시자**로 묘사되는데(히 2:10) 이는 새로운 땅으로 들어가 앞장 서 길을 내시고 그 길을 표시하시는 존재다. 예수는 다가올 세대 속으로 우리를 인도하시고 하나님 나라로 나아가는 길을 표시해주신다. 그분을 따를 때 우리는 그 부활 생명 속으로 들어가는데, 먼저는 (완성된 나라의 이쪽 편에서) 그것을 맛보아 알고, 마침내는 온전히 (새로운 땅으로) 들어가게 된다.

예수가 제자들을 파송하시다

부활 이후 예수는 자신의 제자들을 모아 그들에게 자신이 시작하신 일을 지속하도록 명령하신다. 사복음서는 이 마지막 명령을 의도된 독자들에 따라 각기 다른 방식으로 바라본다. 마태는 부활하신 그리스도의 이 같은 말씀을 기록한다. "하늘과 땅의 모든 권세를 내게 주셨으니"(마 28:18). 마태는 **모든**이라는 단어를 네 번 반복해 예수의 권위의 우주적 범주를 강조한다. 예수에게 **모든** 권세가 있다. 그분의 제자들은 **모든** 민족으로 제자를 삼아야 한다. 그들은 예수의 제자들이 예수가 분부하신 **모든** 것을 지키도록 가르쳐야 한다. 그리고 예수는 이 나라가 온전히 임할 때까지 **모든** 날 동안 그들 가운데 역사하실 것이다(마 28:18-20). 제자를 삼는 수수하지만 놀랍도록 효과적인 교회의 임무를 통해 높아지신 그리스도, 곧 모든 권세를 가지신 주님은 그분의 원수들을 사랑 가운데 "정복"하실 것이다. 이전의 원수는 이제 제자들의 공동체로 세례를 받고 예수의 길을 배울 것이다.

요한복음에서 예수는 아버지께서 생명을 가져다주도록 세상에 보내신 아들로 묘사된다. 부활 주일의 저녁에 예수는 제자들에게 나타나시고 이들에게 자신이 하던 일을 지속하도록 말씀하신다. "아버지께서 나를 보내신 것 같이 나도 너희를 보내노라"(요 20:21). 예수가 자신의 임무를 수행하신 것과 동일한 방식으로 새롭게 모인 공동체 역시 자신들의 임무를 수행해야 하고 그분의 생명을 어려운 세상 가운데로 계속해서 가져가야 한다.

누가복음에서 예수는 제자들에게 **증인**이 되라고 명령하신다. 증인은 사법 제도에서 나온 단어로서 자신이 경험한 것을 증언하도록 부름받은 사람을 가리킨다. 이 새로운 공동체는 먼저는 예수 그리스도의 죽으심과 부활에 대해, 이후에는 그분이 모든 백성을 회개와 용서로 부르신 사실에 대해 증언해야 한다. 다시 한번 누가는 이 증언이 아버지께서 약속하신 성령을 보내시고 예수의 제자들을 이 같은 임무를 수행하기 위해 필요한 능력으로 옷 입혀주시기 전까지 시작될 수 없음을 강조한다(눅 24:46-49; 참조. 행 1:8).

성경 이야기의 절정

예수가 인간의 역사로 들어오신 사실, 이 땅에서의 그분의 삶, 그분의 죽으심, 죽은 자들로부터의 부활은 성경 이야기의 절정을 표시한다. 예수는 그분의 공적 사역을 통해 다가오는 하나님 나라를 드러내주신다. 십자가에서 그분은 악 자체를 정복하신다. 그리고 예수가 죽은 자들로부터 다시 사실 때 모든 창조세계를 위한 부활의 새 아침이 시작된다. 이것은 하나님 나라가 즉시 온전한 형태로 시작한다는 의미일까? 그분의 제자들은 적어도 처음에는 그렇게 생각한 것이 분명하다(행 1:6). 하지만 하나님 나라의 도래가 즉각적이지 않다면 어떻게 되는 걸까? 예수의 제자들은 그 사이 어떻게 살아야 하는 걸까? 그들은 무엇을 해야 할까? 복음서를 갈무리하는 명령이 우리에게 단서를 제공한다.

마태와 마가, 요한은 예수의 부활과 함께 자신들의 이야기를 마무리하는 반면 누가는 사도행전을 통해 자신의 이야기를 이어간다. 우리는 이제 이 책으로 시선을 돌려 제자들이 예수의 나라가 임하는 시점과 그분의 지속적 임무 속에서 그들 자신(그리고 우리)의 자리에 관해 품었던 초기 질문들에 대한 답을 찾아볼 것이다.

오늘을 위한 묵상

십자가와 부활은 온 세상에 대한 참된 이야기의 절정에 위치하며 동시에 오늘 우리의 삶을 안내하는 나침반이다. 고난받는 사랑이 죄와 죽음을 정복한다. 하나님은 수치스러운 십자가를 통해 우주에 대한 자신의 통치를 회복하신다. 우리는 부활의 사람들, 곧 부활하신 주님을 따르는 사람들이다. 이것이 모든 것을 변화시킨다.

1920년대 초반 니콜라이 부하린(Nikolai Bukharin)이라는 한 공산주의 지도자가 신을 반대하는 집회에서 연설하기 위해 모스크바에서 키이우로 향했다. 그는 한 시간 동안 기독교의 신앙을 모욕하고 조롱했다. 이후 질문 시간이 되었다. 한 정교회 사제가 일어나 발언을 요청했다. 그는 몸을 돌려 모인 사람들을 향해 부활의 인사를 건넸다. "그분이 다시 사셨습니다." 곧바로 모든 참석자가 일어나 더 크고 분명한 소리로 대답했다. "그분이 참으로 다시 사셨습니다."

악으로 뒤틀리고 죄의 노예가 된 세상에 다른 어떤 메시지가 소망이 될 수 있을까? 그분이 다시 사셨다! 예수 그리스도의 부활을 통해 새로운 세상이 시작된다. 부활은 기독교 신앙의 중심에 자리한다.

이제 부활하신 주님은 오늘 우리를 불러 자신을 따르도록 하신다. "아버지께서 나를 보내신 것 같이 나도 너희를 보내노라"(요 20:21). 예수의 이 말씀은 우리가 우리의 질문에 집중하고 이 이야기 속 우리의 자리를 찾도록 도와준다. 아버지는 무엇을 위해 예수를 보내셨는가? 예수는 어떻게 그 일을 행하셨는가? 복음의 이야기가 우리의 삶 속에서 어떻게 나타나야 할지를 고심할 때 우리는 자신의 삶과 말씀 및 행동으로 다가오는 하나님 나라를 알리신 예수 자체에 집중해야 한다. 우리는 예수를 따르고 예수가 그분의 시대와 문화 안에서 행하신 일을 우리의 시대와 문화 안에서 행하도록 부름받는다. 이것을 위해서는 상상력과 창의력이 필요하다. 우리는 경솔하고 순진하게 예수를 흉내내지 않는다. 대신 예수가 행하신 바를 어떻게 우리의 문화적 환경 속에서 창의적으로 상상력을 발휘해 신실하게 옮겨내야 할지를 분별하려고 노력한다.

우리는 스스로에게 질문해야 한다. 예수가 주신 임무의 또 다른 측면들은 무엇일까? 그리고 오늘날 우리는 어떻게 예수를 창의적으로 따를 수 있을까? 우리가 진심으로 예수를 따를 때 우리는 우리 주변의 사람들이 어둠 가운데 비틀거리는 이 세상 속에서 하나님 나라의 빛을 드높이는 것이다.

레슬리 뉴비긴(Lesslie Newbigin)은 인도에서의 경험을 통해 이것의 예시를 제공한다.[1] 동쪽으로 걸어가야 닿을 수 있는 한 마을을 향해 뉴비긴은 (먼 거리를 걷기에 날이 아직은 선선한 시간) 동이 트기 전 출발을 하고 반대편에서 걸어오는 다른 여행자들을 만난다. 아직 밤이 끝나지 않았지만 뉴비긴과 그와 함께 여행하는 사람들의 얼굴은 어둠 속에서도 빛

---

1   Lesslie Newbigin, *Mission in Christ's Way: Bible Studies* (Geneva: World Council of Churches, 1987), 21.

이 난다. 그들은 동쪽을 향해 걷고 있었고 새벽의 여명이 그들의 얼굴을 비추고 있었다. 다른 여행자들은 서쪽을 향한 그들의 여정을 지속하는 한 그 빛의 원천을 직접적으로는 볼 수 없다. 그들은 잘못된 방향을 향해 있다. 하지만 동쪽을 향해 걷는 여행자들의 얼굴을 통해 그 빛을 보고 따라서 빛이 오고 있음을 안다.

우리의 세상 속 많은 사람이 잘못된 방향으로 여행하고 있다. 하지만 교회가 자신의 눈을 예수와 그분의 나라에 고정시키고 자신의 세상에서 그분의 삶을 구현하고자 노력한다면 우리는 우리의 삶 속에서 그분의 빛을 비추게 될 것이다. 그리고 우리가 그 길 위에서 만나는 사람들은 그 빛을 보기 위해 스스로 몸을 돌이킬 것이다.

· · · · · · · · · ·
이야기 안에서 우리의 자리를 찾다

1. 예수는 하나님의 애정 어린 목적이 온 창조세계와 인류의 생명을 그분의 자비로운 권위 아래로 회복하는 것이라고 가르치셨습니다. 그리고 이것을 "하나님 나라"라고 부르셨지요. 이 같은 용어는 오늘날 이해하기에 쉽지 않은데, 우리는 이 같은 거대한 진리를 어떠한 언어를 사용해서 소통할 수 있을까요?

2. 십자가와 부활은 우주적 사건입니다. 죄가 지배한 이전의 세대가 끝나고 새로운 창조세계가 시작한 것입니다. 우리는 이 사건들의 우주적인 범주를 때

로 어떻게 축소시키나요?

3. "아버지께서 나를 보내신 것 같이 나도 너희를 보내노라"(요 20:21). 예수가 취하신 임무 중 아래 요소들이 어떻게 오늘날 우리의 새로운 문화적 환경 속에서 제시되어야 할지 함께 논의해보세요.

- 예수는 말씀으로 하나님 나라를 선포하셨습니다.
- 예수는 행동으로 하나님 나라를 보여주셨습니다.
- 예수는 자신의 삶으로 하나님 나라를 구현하셨습니다.
- 예수는 하나님 나라의 공동체를 모으셨고 형성하셨고 가르치셨습니다.
- 예수는 가난하고 소외된 자들을 그분의 나라로 환영하셨습니다.
- 예수는 하나님 나라를 위하여 기도하셨습니다.
- 예수는 하나님 나라를 반대한 세력에 도전하심으로써 그 나라를 위하여 고난받으셨습니다.

The True Story of The Whole World

5막

왕의 소식이 퍼져나가다

교회의 소명

1장: 예루살렘에서 로마까지

예수는 그분의 죽으심을 통해 죄를 정복하셨고 그분의 부활을 통해 구원의 새 시대를 시작하셨다. 하나님 나라의 잔치는 만반의 준비를 갖추었지만 아직은 시작하지 않는다. 먼저 더 많은 사람이 이 잔치의 자리로 모여야 한다. 예수의 초림과 재림 사이의 시간은 모든 민족을 모으기 위한 시간으로, 교회 안에서 그리고 교회를 통해 성령으로 높아지신 그리스도가 이 일을 행하신다. 그리고 여기서 이 이야기는 오늘날 우리의 삶 속으로 이어진다.

복음서 저자 중 누가만이 예수의 죽으심과 부활 이후의 이야기를 기록한다. 사도행전은 누가복음의 후속편으로서 예수의 부활 이후 약 삼십 년 동안 하나님 나라가 임한 이야기를 들려준다.

승천하시고 하나님의 우편에서 통치하시는 그리스도는 지금 이 세상 위로 구원을 부어주신다. 누가가 사도행전을 열며 사용한 다음의 표현이 이 같은 사실을 시사한다. "데오빌로여, 내가 먼저 쓴 글에는 예수께서 행하시며 가르치시기를 **시작하심**부터…승천하신 날까지의 일을 기록하였노라"(행 1:1-2). 누가는 자기 이야기의 후속편이 예수가 아버지께 돌아가신 이후에도 **지속적으로** 행하시고 가르치신 모든 내용을 들려줄 것을 분명히 암시한다. 이제 예수는 오순절 날 교회로 부어진 성령을 통하여 역사하실 것이다. 이 땅에 가시적으로 살아 계셨을 때 예수는 대체로 자신의 역사를 이스라엘로 제한하셨다. 지금 높아지신 그리스도는 그분의 사역을 "땅끝까지" 확장하신다(행 1:8). 누가가 쓴 글의 후속편은 높아지신 그리스도가 지속하시는 임무, 곧 성령의 역사를 통해 교회에 그리고 교회를 통해 온 세상에 구원을 주시는 이야기를 들려준다. 초기 교회와 역사적 연속성 가운데 서 있는 우리 역시 이 같은 임무로 휩쓸려 들어간다. 이들의 이야기는 우리의 이야기이기도 하다.

그리스도가 하나님의 우편으로 높여지시다

사도행전이 시작되고 부활하신 그리스도는 사십 일에 걸쳐 자신의 제자들에게 나타나시는데 이 기간 동안 하나님 나라와 성령의 오심에 대한 많은 이야기가 오간다(행 1:3-5). 부활과 하나님 나라와 성령, 이 세 가지는 제자들로 하여금 예수께 가장 뻔한 질문을 던지도록 한다. "주께서 이스라엘 나라를 회복하심이 이때이니이까?"(행 1:6) 예수의 답은 의미심장하다. "때와 시기는 아버지께서 자기의 권한에 두셨으니 너희가 알

바 아니요, 오직 성령이 너희에게 임하시면 너희가 권능을 받고 예루살렘과 온 유대와 사마리아와 땅끝까지 이르러 내 증인이 되리라"(행 1:7-8). 마지막이 언제 올지 제자들은 알 수 없지만(참조. 막 13:32) 예수가 돌아오실 때까지 성령은 예수를 따르는 이들의 증언을 통해 하나님 나라의 생명을 모든 민족에게 가져다주실 것이다.

이후 예수는 하늘로 올라가시는데(행 1:9) 훗날 베드로가 고백한 것처럼 "하나님의 오른손으로…높"아지신 것이다(행 2:33; 참조. 5:31). 이것은 대관식이다! 이제 메시아는 모든 창조세계와 모든 백성을 다스리시는 하나님의 왕좌를 공유하신다.

하나님의 오른편에서 다스리기 위하여 승천하신 예수께 주어진 이름 역시 동일하게 중요하다. 초기 기독교의 찬송은 다음과 같이 고백한다.

하나님이 그[예수]를 지극히 높여 모든 이름 위에 뛰어난 이름을 주사 하늘에 있는 자들과 땅에 있는 자들과 땅 아래에 있는 자들로 모든 무릎을 예수의 이름에 꿇게 하시고 모든 입으로 예수 그리스도를 주라 시인하여 하나님 아버지께 영광을 돌리게 하셨느니라(빌 2:9-11).

이 "이름"은 초기 교회의 중심 고백이 된다. 예수는 **주님**(Lord), 그리스어로는 **퀴리오스**(*kyrios*)이시다(행 2:36; 롬 10:9; 고전 12:3). 이것은 최고의 권위를 말해주는 호칭이다. 그것은 구약에서 하나님을 가리킨 이름이었고 유대인들이 "야웨"(혹은 주님으)로 번역했던 그리스어 용어다. 이것은 로마 제국에서도 중요한 호칭이었다. 황제는 자신이 최고의 왕인 것을 표현하기 위해 이 호칭을 사용했다. 로마 군대의 장을 비롯해 사람들은 "황제가 왕(lord)이다"라고 고백해야 했다. 하지만 초기 기독교 교회는 그럴 수 없었다. 황제가 아니라 예수가 온 땅의 주이시기 때문이다. 다른 사람을 주로 부르지 않겠다는 초기 교회의 거절은 그들로 하여금 로마 권위와 충돌하도록 했고 그들을 많은 갈등과 고통으로 이끌었다.

베드로는 (행 2:32-36에서) 예수가 하나님의 우편으로 높아지셨다고 이야기하며 시편 110:1을 인용한다.

여호와(LORD)께서 내 주(lord)에게 말씀하시기를 "내가 네 원수들로 네 발판이 되게 하기까지 너는 내 오른쪽에 앉아 있으라" 하셨도다.

이 구절은 높아지신 그리스도의 임무를 정의하는데, 그것은 바로 그분의 모든 원수를 제압하시는 것이다. 이 시편의 나머지를 보면 하나님 나라는 이스라엘의 정치적 원수들에 대한 폭력적인 군사력으로 임할 것만 같다. 하지만 예수는 자신의 권위를 매우 다른 방식으로 사용하신다.

예수는 이전의 가르치심을 통해 **원수**라는 단어의 뜻과 원수를 "이기는" 것의 의미를 재정의하신 바 있다. 하나님 나라의 참된 원수는 로마인들이 아니라 하나님의 통치에 대한 모든 반대의 배후에 자리한 악의 영적 세력이다. 악의 최종적인 패배는 군사력이 아니라 십자가의 희생적 사랑으로 온다. 예수를 반대하는 원수들이 예수께 제압되는 것은 이들이 그분이 성취하신 구원에 참여하기 시작할 때다.

높아지신 그리스도가 그분의 성령을 부어주시다

예수가 아버지께로 올라가신 후 그분의 역사는 성령의 부으심을 통해 지속된다. 구약은 마지막 때 성령이 종인 메시아(사 42:1)와 이스라엘(겔 37:14) 및 만민 위로(욜 2:28-32) 부어질 것을 약속했다. 부활 이후 예수는 이 약속된 성령이 자신의 제자들, 즉 새로이 모인 이스라엘 위로 부어질 것을 말씀하신다. 그분은 이들에게 예루살렘에서 기다리라 명하신다(눅 24:49; 행 1:4-5).

이 대단한 하나님의 역사는 예수가 승천하시고 약 열흘 후 유대교의 오순절 날에 일어난다. 예수 당시 오순절은 이스라엘의 언약이 새로워지고 하나님과 이스라엘 사이의 언약 안으로 다른 민족들이 포함된 사실을 기념했다. 이제 그리스도의 부활 이후 첫 번째 오순절 날 성령이 그 같은 기대와 소망을 성취하기 위해 오신 것이다.

예수의 제자들이 오순절 날 함께 모여 있을 때 급하고 강한 바람 같은 소리가 그 집을 채운다(행 2:1-4). 불의 혀가 나타나 그들의 머리 위에 임하고 모든 사람이 성령의 충만함을 받는다. 바람은 새 생명을 가져다 주시는 하나님의 능력을 상징하는데(겔 37:9, 14), 히브리어와 그리스어에서 동일한 단어들은 문맥에 따라 "영", "숨" 혹은 "바람"의 뜻을 갖는다. 불은 가시나무 떨기에서의 모세나 시내산에서의 이스라엘에게와 같이 하나님의 임재를 상징한다(출 3:2; 13:21-22; 19:18). 여기서 오순절 날 성령은 그 나라의 생명을 가져다주시는 하나님의 강력한 임재로서 바람과 불로 임한다.

오순절 동안 로마 제국 전역에 흩어져 있던 유대인들이 예루살렘을 메운다. 성령의 임재를 나타내는 (바람과 불에 이은) 세 번째 기적은 제자들이 모든 사람이 그들 자신의 언어로 복음을 들을 수 있도록 각기 다른 언어로 말하기 시작한 것이다. 이 같은 기적을 통한 하나님의 메시지는 분명하다. 복음이 더 이상 유대 민족과 히브리어로 제한되지 않는다는 것이다. 하지만 사람들이 이것을 이해하기까지 좀 더 긴 시간이 걸린다. 이 시점에서 로마 제국 전역에 흩어져 있던 유대인들이 오순절을 맞이해 예언자들의 약속대로 한데 모인 것이다.

이 놀라운 사건은 그것을 목격한 이들을 당황케 한다. 이게 무슨 일이지? 베드로는 일어나 이 같은 질문에 대답하는 설교를 전한다(행 2:14-36). 바로 하나님이 마지막 때 그분의 영을 부어주시겠다던 요엘의 예언을 성취하고 계신다는 것이다(행 2:16-21). 이 마지막 때는 나사렛 예수의 삶과 죽으심, 부활, 높아지심으로 시작되었고 이제 임했다. 그분은 주시며 메시아시다. 아버지로부터 약속된 성령을 받으신 그리스도는 이제 자신의 제자들에게 동일한 영을 부어주신다(행 2:33-36).

높아지신 그리스도는 이제 그분의 영, 그러니까 땅끝까지 복음을 전하기 위해 사도행전의 주연 배우가 되신 성령을 통해 역사하실 것이다. 그 영의 첫 번째 역사는 모인 이스라엘을 충만케 하는 것인데, 이는 그들이 하나님 나라의 구원에 참여하고 예언자들의 예언대로 그 구원을 모든 민족에게 전하는 통로가 되도록 하기 위함이다(행 2:37-47).

성령이 공동체를 형성하시다

베드로가 하나님이 이들 가운데 어떻게 역사하고 계신지 설명하며 말씀을 마쳤을 때 사람들은 다음과 같은 질문으로 반응한다. "우리가 어찌할꼬?"(행 2:37) 베드로는 이렇게 대답한다. "너희가 회개하여 각각 예수 그리스도의 이름으로 세례를 받고 죄사함을 받으라. 그리하면 성령의 선물을 받으리니"(행 2:38). 하나님은 말씀에 반응한 사람들에게 회개, 곧 우상숭배로부터 돌이켜 그들의 삶의 초점을 다가오는 그리스도의 나라에 맞추고 지금 그 나라의 선물, 곧 성령을 받은 이 공동체 안으로 세례 받을 것을 요구하신다. 이 공동체 안에서 성령은 용서의 축복을 가져다주신다. 베드로의 설교에 반응하여 약 삼천 명이 "이날에 신도의 수[로]…더하"여졌다(행 2:41). 누가는 이어 이 초기 공동체의 삶을 묘사하는데(행 2:42-47) 이것은 모든 세대의 교회가 어떤 모습이어야 하는지에 대한 청사진이다.

이 신생 교회는 세 가지 결정적인 특징을 갖는다. 먼저, 이 교회는 자기 삶의 중심을 하나님 나라의 생명이 성령을 통해 모습을 드러내는 통로, 곧 사도들의 가르침과 교제, 떡을 나누는 것과 기도에 둔다(행

2:42). 이 수단들을 통해 이 신생 교회는 하나님 나라의 생명을 보다 더 경험한다. 둘째로, 그리스도의 생명이 성도의 개인적 삶뿐 아니라 전체로서의 공동체적 삶을 통해서도 드러난다. 교회는 그 안에 있는 하나님의 구원 능력의 설득력 있는 증거들에 의해 알려진다(행 2:43). 공동체 관계 안에서의 관대함과 공의, 긍휼(행 2:44-45), 잔치의 기쁨(행 2:46), 예배(행 2:47)를 통해서 말이다. 세 번째로, 자유케 하시는 그 나라의 생명이 교회 안에서 보다 더 분명해지면서 성경은 높아지신 주께서 "구원받은 사람을 날마다 더하게 하"신다고 이야기한다(행 2:47). 누가가 이 같은 성장의 공을 주님의 능력과 그 교회 내의 생명으로 돌린다는 사실에 주목하라. 이것 역시 하나님 나라에 대한 구약의 예언을 성취한다. 예언자들은 새로워진 이스라엘의 흡인력을 묘사한다(사 60:2-3; 슥 8:20-23). 믿음의 공동체 안에 있는 그리스도의 영의 생명과 능력은 그 나라의 빛을 내뿜고 따라서 사람들을 어둠으로부터 이끌어낸다.

교회가 예루살렘에서 예수의 증인이 되다

교회가 증인이 된 이야기는 예수의 약속대로(행 1:8) 예루살렘에서 시작하고(행 3:1-6:7) 유다와 사마리아로 퍼져나가며(행 6:8-11:18) 결국에는 로마 제국의 변방과 지방들에서 로마라는 도시 자체로까지 이동한다(행 11:19-28:31). 사도행전 3:1-6:7은 사도 공동체를 통해 성령이 하신 이 같은 증언의 첫번째 단계, 곧 이스라엘이 예루살렘에서 지속적으로 모이기 시작한 사실에 대해 더 많은 이야기를 들려준다.

이 같은 증언의 세 가지 동인에 주목하라. 먼저 이것은 **높아지신 그리스도**의 역사이고, 둘째로는 **성령**의 역사이며, 셋째로는 **교회**의 역사다. 사도행전은 이 세 가지 동인이 어떻게 함께 **하나님의 말씀**을 통해 일하는지 묘사한다. 사도행전의 모든 주요한 부분에서 우리는 "하나님의 말씀이 점점 왕성하여"라는 문구나 혹은 이것과 비슷한 구절을 읽는다(행 6:7; 12:24; 19:20). 복음의 메시지가 예루살렘에서 로마로 퍼져나가고, 이 메시지가 그들의 공동체 안에서 구현되며 그들의 삶에서 재현되고 그들의 말로 설명되면서 점점 더 많은 수의 추종자들이 모여갔다.

하나님이 성령을 부어주신 후(행 2:1-13) 베드로의 복음 선포에 반응하여 첫 믿음의 공동체가 예루살렘에 형성된다(행 2:14-47). 이 신자들의 무리는 예수가 하셨던 것처럼 하나님 나라를 증거하는 것으로써 그분을 따른다. 누가의 기록에서 신자들의 말과 행동을 통한 이 같은 증언은 베드로와 요한이 성전을 방문하여 나면서 못 걷게 된 자를 고치는 것으로 시작된다(행 3:1-10). 이것은 곧바로 사람들의 이목을 끌고 베드로는 이것을 기회로 다시 한번 복음을 선포할 기회를 얻는다(행 3:11-26).

이 두 제자의 말과 행동은 예수의 말과 행동이 그랬던 것처럼 즉시 적대적인 반응과 고난을 불러온다. 유대 지도자들은 베드로와 요한을 체포하고 감옥에 가두며 다시 공회 앞에 세워 "분란을 일으키는" 이들의 설교를 해명하도록 한다. 결국 그들은 경고를 받고 풀려난다(행 4:1-22).

풀려난 베드로와 요한은 교회 공동체로 돌아와 일어난 일을 보고하고 교회는 곧바로 기도를 시작한다. 그들은 모든 것을 다스리시는 주님이 계속해서 그들에게 담대함과 능력을 주시고 그들이 적대감 속에서도 증언을 멈추지 않기를 구한다(행 4:23-31). 기도의 결과는 극적이었다. "빌기를 다하매 모인 곳이 진동하더니 무리가 다 성령이 충만하여 담대히 하나님의 말씀을 전하니라"(행 4:31).

점점 더 많은 사람이 믿고 그리스도를 따르는 이들의 수가 더해지는데(행 5:14), 이 같은 운동의 성공은 유대 지도자들을 질투심으로 가득하게 한다. 그들의 앙갚음은 언어적 폭력에서 채찍질로 수위가 높아진다. 하지만 사도들은 예수의 이름을 위하여 능욕을 받는 일에 합당한 자로 여기심을 받았기 때문에 이 잔혹한 처우를 기쁨으로 받았다(행 5:40-41). 그들의 증언은 계속된다. "그들이 날마다 성전에 있든지 집에 있든지 예수는 그리스도라고 가르치기와 전도하기를 그치지 아니하니라"(행 5:42). 교회의 성장과 하나님 나라의 도래는 하나님의 역사이기 때문에 단순한 인간적 저항으로는 복음이 퍼져나가는 것을 막을 수 없다. 공회도 헤롯도 다른 어떤 정치적 권위도 복음의 강력한 증언을 잠잠케 할 수 없다(행 3장; 5장; 12장).

사도행전의 대부분은 사도들의 증언을 다룬다. 하지만 그 공동체는 성령의 강력한 역사를 구현하는 삶을 통해 복음이 참임을 인증한다. 그들의 생생하고 관대한 삶은 그들 공동체 바깥으로부터 더욱더 많은 이들의 이목을 끌며, 이들로 하여금 이 새로운 생명을 이미 소유한 이들에게 동참하도록 한다. 사도들의 증언은 그들의 매력적인 삶의 방식으로써 복음이 참임을 증명하는 공동체에 의존한다(행 4:32-35).

제자들이 예루살렘에서 복음을 증거하고 믿음의 공동체가 모이게 된 사실은 흩어진 이스라엘을 모으신다는 구약의 예언을 성취한다. 하지만 동일한 예언은 하나님의 구원이 모든 민족에게 확장될 것도 약속한다. 이야기의 이 지점에서 대부분의 초기 교회는 유대 공동체로 남아 있다. (일부 이방인들이 여기에 동참하기 시작했지만 말이다.) 이어지는 주요 국면에서 복음은 점점 더 유대의 맥락을 벗어나는데 이미 회당에서 예배를 드린 하나님을 경외하는 이방인들을 시작으로 그렇게 한다.

교회가 사마리아와 유대에서 예수를 증거하다

하나님 나라의 복음은 예루살렘에 갇혀 있을 수 없다. 그것은 "땅끝까지" 도달해야 한다. 복음이 예루살렘으로부터 유대와 사마리아 지방으로 퍼져가면서(행 6:8-12:24) 증언을 할 책임은 사도들을 벗어나 공동체의 다른 이들에게 확장된다. 누가는 특별히 예루살렘 교회의 일곱 집사 중 하나였던 스데반과 빌립의 사역을 강조한다(행 6:1-6). 스데반의 증언은 보다 더한 저항을 불러오고 그는 결국 복음을 위해 순교한 첫 번째 사람이 된다.

이후 예루살렘 교회에 대한 큰 박해가 일어난다. 제자들은 유대와 사마리아 주변 지역들로 떠나고 "그 흩어진 사람들이 두루 다니며 복음의 말씀을 전"한다(행 8:4). 교회가 이 같은 "선교적 확장"을 계획한 것은 분명 아니지만 성령은 이 흩어짐을 사용해 복음을 전파하신다. 이 박해로 예루살렘에서 쫓겨난 이들 모두가 복음을 전파하기 시작한다. 복음을 알린 사람들은 더 이상 교회의 공식 대변인들만이 아니다(행 8:4; 살전 1:8). 이제는 평범한 신자들도 자발적으로 자신의 친구와 이웃에게 복음을 전하기 시작한다.

이 박해 기간 동안 가장 중요한 사건은 의심의 여지 없이 다소 사람 사울이 회심하고 하나님이 그의 삶을 부르신 사건이다(행 9:1-30). 사울은 스데반이 돌에 맞아 순교했을 때 그 자리에 있었고 지금은 이 신생 교회에 대한 공회의 박해 운동을 이끌고 있다. 그는 예수의 제자들을 잡아 예루살렘으로 데려와 재판에 넘길 계획이다. 하지만 그는 다메섹 도상에서 눈 부신 빛을 보고 "사울아, 네가 어찌하여 나를 박해하느냐?"라는 음성을 듣는다. 사울이 "주여, 누구시니이까?"라고 물었을 때 그가 들은 대답은 "나는 네가 박해하는 예수라"였다(행 9:4-5). 이 순간부터 사울은 예수 그리스도의 제자가 된다. 그는 "[예수의] 이름을 이방인과 임금들과 이스라엘 자손들에게 전하기 위하여 택함 받은 [주님의] 그릇"(행 9:15)으로서 이방인들에게 복음을 전파하는 데 중요한 역할을 수행할 것이다.

복음은 예루살렘을 넘어 대개 유대 회당을 통해 팔레스타인과 그 너머로 퍼져나간다. 따라서 초기 교회는 유대의 종교 및 문화와 밀접한 관계를 유지한다. 하지만 이것은 곧 변화하고 그 변화는 베드로를 통해 시작한다.

복음이 이방인들에게도 들어가야 한다는 사실을 주님이 극적으로 확증해주신 환상 이후(행 10:9-23) 베드로는 이방인 고넬료의 집으로 불려간다. 그곳에서 베드로는 이 이방 가족에게 예수의 복음을 전한다. 그가 복음을 전하는 동안 성령이 듣고 있던 **모든** 이들에게 임하고 베드로와 다른 유대 그리스도인들은 하나님이 이방인들에게도 성령을 부어주신다는 사실을 직접 보고 크게 놀란다. 고넬료와 그의 가족들은 예수의 이름으로 세례를 받는다(행 10:44-48). 베드로가 예루살렘에 돌아왔을 때 그곳의 교회 공동체는 이방인들과 함께 식사한 그를 비난한다. 하지만 베드로는 자신과 고넬료가 받은 환상과 성령이 직접 이 이방인들의 믿음을 인정하신 사실을 설명한다. 예루살렘 교회의 유대 신자들은 이제 더 이상 반대하지 않는다(행 11:1-17). 그들은 "이방인에게도 생명 얻는 회개"를 주신 하나님을 찬송한다(행 11:18).

교회가 로마에 이르기까지 예수를 증거하다

복음이 예루살렘 밖으로 움직이기 시작했지만 대체로 로마 제국에 흩어져 있는 유대인들과 하나님을 경외한 이방인들 사이에 머물렀다. 하지만 새로운 무엇이 안디옥에서 일어나기 시작했는데 이곳은 유대인과 이방인을 아우른 신자들이 교회 공동체를 함께 형성한 장소였다(행 11:19-21). 이 교회는 대규모 선교 프로젝트를 위한 본부가 되어 바울을 로마 제국의 여러 지역으로 내보낸다. 안디옥 교회가 예배와 금식을 하던 중에 성령의 말씀이 임한다. "내가 불러 시키는 일을 위하여 바나바와 사울을 따로 세우라"(행 13:2). 좀 더 금식하고 기도한 후 교회 지도자들은 사울과 바나바에게 안수하고 그들이 로마 제국의 다른 도시들에서 복음을 전하도록 그들을 파송한다.

여기서 우리는 아직 복음이 전해지지 않은 곳으로 복음을 전하고자 하는 계획적인 노력을 발견한다. 안디옥 교회는 자신이 세워진 곳에서 여전히 자신의 지역적 선교를 수행한다. 하지만 이제는 하나님의 부르심에 순종해 "땅끝까지" 복음을 전할 사명을 마음속에 계획한다. 예루살렘 바깥으로 나가려는 첫 번째 주된 움직임은 **미리 계획하지 않은** 확장으로서, 복음이 유대와 사마리아, 일부 이방 지역들로 퍼져나갔다(행 6:8-12:25). 이제는 **조직적인** 확장이 등장하는데, 복음이 바울의 리더십 아래 안디옥 교회로부터 소아시아와 유럽으로 퍼져나간 것이다(행 12:25-19:20).

바울은 우리에게 초창기 교회를 잔혹하게 박해한 바리새인 사울로 소개된다. 사울은 부활하신 그리스도의 환상을 보고 난 후 극적 회심을 경험하고 "[그분의] 이름을 이방인과 임금들과 이스라엘 자손들에게 전하"라는 하나님의 부르심에 응답한다(행 9:15). 이 사람은 사도행전 13장부터 마지막에 이르기까지 복음의 이야기를 증거한 핵심 증인이 되고 신약 열세 편의 서신 또한 그가 쓴 것으로 알려진다.

바울의 선교 사역은 새로운 교회들을 개척하고 복음의 빛을 내뿜도록 그들을 세우는 일을 포함한다. 그의 목표는 로마 제국 모든 곳에서 하나님 나라를 증거할 공동체들을 세우는 것이다(롬 15:17-22). 더불어 그는 이 공동체들이 확실한 기초 위에 세워질 수 있도록 시간을 들였다. 바울은 구약성경의 이야기를 예수 안에서 성취된 말씀으로 가르치고 리더십을 세워 공동체의 성장을 감독하도록 하며 성만찬을 실시하며, 자신이 개척하거나 세운 교회에게 힘을 주기 위하여 선교 여행 중 이들을 다시 방문하기도 한다(행 15:41). 또한 이 신생 교회들에게 동일한 목적으로 편지들을 쓰기도 하는데 이 편지들은 지금 신약의 일부가 되었다.

바울은 소아시아와 그리스, 마케도니아에 교회들을 개척하고 세우기 위해 세 번의 여행을 떠나는데 언제나 다양한 이들과 동행한다. 첫 번째 여행에서 바울은 안디옥에서 구브로까지 소아시아(지금의 튀르키예) 내 여러 도시를 다니다가 안디옥으로 돌아와 자신을 파송한 교회에 결과를 보고한다(행 14:24-28).

첫 번째 선교 여행 중 바울의 습관은 도중에 위치한 회당에 들러 설교로 자신의 여정을 시작하는 것이었는데 이것은 그가 정통한 유대인으로서 하나님의 새롭게 하심이 이스라엘에서부터 시작한다는 구약의 약속을 아주 잘 알았기 때문이다(롬 1:16). 그가 회당에서 만난 많은 유대인이 그의 설교를 반대했지만 복음의 메시지를 믿게 된 이들도 많았다. 이후 유대인들의 저항이 강해지면서 바울은 회당 공동체를 벗어나 이방인들에게 직접 동일한 메시지를 전하기 시작하고 이방인들은 그것을 잘 받아들인다. 바울이 첫번째 여행을 통해 개척하고 양육한 교회들이 대부분 이방 신자들로 이루어진 것은 이 때문이다.

1세기 유대인들에게 오랫동안 그들의 종교적 정체성을 다른 이방인들로부터 구별되도록 지켜준 전통을 포기한다는 것이 얼마나 어려웠을지 오늘의 우리는 이해하기 어려울 수 있다. 바울은 지금 그들에게 하나님 나라, 이 "새로워진 이스라엘" 안에서 이방 신자들을 동등한 파트너로 받아들이도록 권면하고 있다.

　　당연히 이방인들을 포함시킬지를 두고 일어난 유대 그리스도인들 간의 다툼은 초기 교회의 이야기를 특징짓는다. 예루살렘에서 온 한 유대 그리스도인들의 무리는 심지어 갈라디아 이곳저곳을 다니며 바울이 그곳에 개척한 교회들을 방문하여 이방 그리스도인들이 유대인처럼 살도록 그들을 설득하기 시작한다. 하지만 바울은 갈라디아 교회들에게 자신의 분노와 열정을 담은 서신들을 보내 계속해서 복음에 충실하도록 강권한다. 하나님의 백성을 구별 짓는 것은 유대인의 정체성이 아니라 그리스도를 믿는 믿음이다. 이 중대한 다툼은 예루살렘에서 열린 공회가 이방인들에 대하여 그들이 유대인으로서 율법 아래 들어가지 않고도 교회의 동등한 일원으로 받아들여져야 한다고 결정할 때까지 이어진다(행 15:1-35). 이 같은 결정으로 교회는 한동안 평화를 누리지만 얼마간 논란은 여전히 지속된다.

　　바울의 2차 여행(행 15:36-18:22)은 두 가지 이유에서 중요하다. 먼저 그는 자신의 전략을 어느 정도 수정한다. 그는 각 지역의 주요 도시에서 더 많은 시간을 보내며 현지 교회를 견고히 세운다. 둘째, 그는 이후 자신에게서 목회 서신을 받게 될 대부분의 지역 교회들, 곧 빌립보, 데살

로니가, 고린도, 에베소 교회를 방문한다.

바울의 3차 여행에서 그의 주된 목표는 에베소라는 전략적 요충 지역에 교회를 세우는 것이다. (에베소는 2차 여행을 마무리하며 잠시 들렀던 곳이다.) 바울은 그곳에 성공적으로 교회를 개척하고 또한 그 도시에서 성행하던 주술 행위와 이방 예배에도 도전한다. 그는 에베소에서 2년을 머무는데(행 19:1-41) 이때 "주의 말씀이 힘이 있어 흥왕하여 세력을 얻"는다(행 19:20). 에베소에 머무는 동안 바울은 고린도 교회에 적어도 네 편의 편지를 보내(그중 두 편은 성경에 보존되어 있다) 고린도라는 이방 환경 속에서 복음을 구현하는 것이 어떠한 의미인지에 대한 많은 질문에 답한다.

바울은 에베소를 떠나 그리스에 들러 세 달을 보내고 예루살렘으로 향한다. 그리스에서 그는 로마의 그리스도인들에게 편지를 쓴다. 로마인들에게 보낸 이 서신은 아마도 교회 역사에서 다른 어떤 서신보다 더 많은 영향을 끼쳤을 것이다. 바울은 로마를 방문한 적이 없었기 때문에 서신의 어조는 보다 더 공적이며 이것을 통해 그는 복음 및 유대인들과 이방인들 사이의 관계에 대한 로마 그리스도인들의 이해를 보다 더 깊게 한다.

바울은 예루살렘으로 돌아와 자신의 선교적 노력을 보고하면서 자신의 마지막 여행을 마무리한다(행 21:17-26). 예루살렘에서 그는 유대 권위자들의 선동으로 로마군에 체포된다(행 21:27-36). 사도행전의 나머지는 바울이 예루살렘에서 가이사랴로, 이후에는 로마로 이동하면서 여러 사법 심문과 재판을 받은 사실을 보여준다. 이 같은 재판들을 통해서도 바울은 다양한 지도자를 포함해 많은 이들에게 복음을 선포할 기회를 얻는다(참조. 행 9:15). 로마에서 시간을 보내는 동안 바울은 빌립보와 에베소, 골로새에 있는 교회들과 도망한 어느 종의 주인인 빌레몬에게 편지를 써 보내는데 그 종은 바울이 그리스도께로 인도한 사람이었다. 누가는 신생 교회 가운데 드러난 예수의 역사에 대한 그의 이야기를 로마에서 2년을 가택 연금 상태로 보내면서도 바울이 하나님 나라와 주 예수 그리스도에 대하여 담대히 설교한 사실을 들려주며 마무리한다.

바울이 자신의 서신을 통해 복음을 펼쳐보이다

바울은 성경의 이야기 안에서 중요한 역할을 수행한다. 사도행전 후반부에서 중심인물인 그는 복음을 원래의 유대 환경으로부터 이방 세계로 들고 나아온다. 무엇보다 바울은 선교사로서 복음을 그것이 아직 들려지지 못한 곳으로 들고 가도록 부름받았다. 그에게는 또한 선교사이자 목회자의 마음이 있다. 그는 자신이 개척한 모든 교회가 부흥할 뿐 아니라 그들의 삶과 말, 행동을 통해 다가오는 하나님 나라를 충실하게 가리키며 증거하는 활력 넘치는 공동체가 되기를 간절히 바란다. 우리가 바울 서신을 통한 그의 가르침을 이해하기 위해서는 우선 그를 선교사이자 목회자로 바라보아야 한다.

　　바울의 서신들은 특정한 역사적 상황 가운데 처한 개별 교회들을 위해 예수 그리스도의 복음의 의미를 풀어낸다. 그것들은 하나님이 이 세상을 위하여 예수 그리스도의 삶과 죽으심, 부활 가운데 행하신 일에 대한 복음 위에 세워지고 그것으로부터 흘러나오며 그것을 설명한다. 바울은 그리스도 안에 있는 교회의 새로운 생명을 위한 복음의 의미와 그것의 영향을 자세히 설명한다. 각각의 바울 서신은 서로 다른 교회로 보내져 그들만의 문제와 질문들을 다룬다. 그가 쓴 책들의 범주를 생각할 때 우리는 바울이 가르친 기본 교리들을 간략하게만 묘사할 수 있다.

그리스도의 죽으심과 부활을 통해 다가올 세대가 시작되다

다소 사람 사울은 훌륭한 바리새 청년으로서 인류의 우주적 이야기가 현재의 세대와 다가올 세대로 나뉜다고 배웠다(막간 그림 3 참조). 유대식 사고에서 현재의 세대는 죄와 악, 죽음의 지배를 받지만 다가올 세대에서 하나님은 이스라엘에게로 돌아오실 뿐 아니라 그분의 나라를 시작하실 것이다. 예루살렘의 한 무리가 십자가에 못박히신 예수를 통해 이 같은 나라가 이미 임했다고 주장하기 시작했을 때 사울은 분개했다. 하지만 부활하신 예수가 그에게 직접 나타나셨을 때 모든 것이 달라졌다. 만일 예수가 죽은 자 가운데서 다시 살아나신 유대의 메시아가 맞다면 그것은 다가올 세대가 이미 시작되었고 하나님 나라가 이미 이곳에 임했다는 뜻이었다. 그리고 이 새로이 태어난 그리스도인 겸 이전의 바리새인은 자신이 안다고 생각했던 모든 것을 재고하기 시작한다.

　바울의 시작점은 하나님 나라, 곧 "다가올 세대"가 **예수 그리스도**

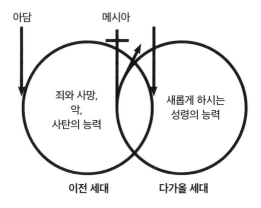

그림 5

바울이 본 역사

아담   메시아

죄와 사망,
악,
사탄의 능력

새롭게 하시는
성령의 능력

이전 세대   다가올 세대

의 죽으심과 부활을 통해 이미 도래했다는 것이다. 이 두 세대와 두 세상
의 입구에는 두 명의 위대한 인물들이 서 있다. 아담은 이전 세상의 입구
에 서 있고, 예수는 새 세상의 입구에 서 계신다. 아담의 첫 번째 죄는 이
전의 세대를 열었고 죄와 죽음, 정죄를 들여왔다. 이제 예수를 통해 의와
생명, 공의의 새날이 왔다(롬 5:12-21). 만일 우리가 "아담 안에" 있다면
우리는 이전 세대의 일부이며 그것의 지배를 받지만, 만일 "그리스도 안
에" 있다면 우리는 다가올 세대의 일부이며 생명을 주시는 하나님의 능
력을 이미 경험할 수 있다(그림 5 참조).

    예수의 부활은 하나님 나라에 대한 바울의 생각에 커다란 변화를
불러온 충격적인 사건이다. 다메섹 도상에서 부활하신 예수는 바울을
대면하여 만나신다. (1세기의 잘 훈련받은 유대의 랍비로서 사고한) 사울에게

부활은 다가올 세대의 생명으로 몸이 부활하는 것을 의미한다. 예수는 분명히 다시 살아 계시고 그것은 하나님 나라가 이미 임했다는 사실을 뜻한다. 다가올 세대는 이미 도래했다. 따라서 바울은 예수를 "많은 형제 중에서 맏아들"(롬 8:29), 죽은 자들 가운데서 첫 열매(고전 15:20)로 묘사한다.

바울에게 부활에 대한 이 새로운 견해는 십자가형에 대해서도 이와 흡사하게 새로운 견해를 요구한다. 이 예수가 메시아시고 하나님이 그분을 죽은 자들로부터 부활시키셨기 때문에 바울은 십자가 자체를 부활의 렌즈를 통해 다시 점검할 필요가 있다는 사실을 인정한다. 부활은 새로운 세대의 시작이며 새로운 세계로 들어가는 입구이기 때문에 그리스도의 십자가형은 이전 세대와 이전 세계의 종말을 의미해야만 한다(롬 6:1-11). 그리스도는 이 세상을 위하여 하나님의 저주와 이전의 세대를 다스려온 죄의 죄책과 능력을 짊어지셨다(갈 3:13-14). 십자가는 지금 세대에서 이 세상을 다스리는 죄와 악의 능력에 대한 하나님의 승리를 나타낸다(골 2:15).

하지만 만일 이전 것은 지나갔고 새것이 도래했다면 이 세상에는 왜 여전히 악과 죽음이 존재하는 걸까? 바울의 서신들은 우리가 앞서 예수의 가르치심을 통해 본 하나님 나라의 "이미"와 "그러나 아직" 사이의 동일한 긴장으로 가득 차 있다. 바울에게 이 나라는 예수의 죽으심이 이전 것의 종말을 가져오고 그분의 부활이 새것을 시작하신다는 측면에서 **이미** 이곳에 존재한다. 성령은 다가오는 하나님 나라에 대한 보증(혹은 계약금)으로 묘사된다(고후 1:22; 5:5; 엡 1:14). 보증은 단순히 차용증 혹은 미래에 대한 약속이 아니다. 대신 그것은 미래에 나머지 금액이 지불될 것이라는 보장으로서 지금 지불되는 실제 대금이다. 또한 성령은 우리가 지금 누릴 수 있는 첫 열매, 곧 추수의 첫 일부이며 나머지 추수 역시 다가오고 있다는 명백한 증거로 그려진다(롬 8:23).

하나님 나라는 **아직** 충만하게 임하지 않았다. 우리는 악한 세력의 영향으로부터 온전히 구원받지 못한 세상 속에 살고 있다(고후 4:4). 하나님께 대항하는 죄와 반역의 어두운 세력은 그들이 더 이상 없는 하나님 나라의 온전한 계시를 우리가 고대하는 중에도 여전히 우리를 둘러싸고 있다(엡 2:2-3). 우리는 두 세대가 겹쳐 있는 중간기에 살고 있다. 이 두 세대는 하나님의 계획 가운데 공존하도록 허용되었는데 교회의 선교 역사, 곧 이스라엘의 하나님께로 모든 민족을 모으는 일이 이 나라의 최종적 계시 이전에 성취되도록 하기 위함이다.

그리스도 안에 있는 우리의 새 생명이 자라가도록 돕다

우리가 이미 살펴본 것처럼 선교사로서 바울의 첫 번째 관심은 복음이 아직 들려지지 않은 곳으로 그것을 들고 가는 것이다. 바울에게 복음은 구원을 가져다주며 남녀를 불문하고 모든 이들을 다가올 세대로 인도하는 하나님의 능력이다. 따라서 바울은 언제나 복음의 이야기를 전하는 것에 열정적이었고 심지어 그렇게 하지 않고는 견딜 수 없어 했다(롬 1:14-15; 고전 9:16). 그가 전한 복음을 들은 사람들이 믿음 안에서 반응하여 자신들이 따랐던 이전 삶의 방식에 대하여 죽고 그리스도 안에서 그분의 백성 가운데 새로운 생명으로 부활한 것을 상징하기 위해 세례를 받으면서 바울이 두루 다니던 로마 제국 곳곳마다 신생 교회들이 세워진다.

이 공동체들은 현재 세대 속에서 자신들의 삶을 살고 하나님 나라가 온전히 임하기까지 이 세상 속에서 여전히 역사하는 악을 마주하며 그 나라의 실재를 증거한다. 따라서 선교사로서 바울의 두 번째 관심은 이 신자들의 공동체를 믿음과 증거 가운데 성숙으로 이끄는 것이다. 바울은 성숙을 향한 이 같은 과정을 포착하기 위해 주로 두 가지 심상을 사용한다. 첫째로 그는 교회를 지금 하나님이 성령으로 거하시는 하나님의 새로운 성전으로 묘사한다(고전 3:16; 엡 2:21-22). 성전의 기초는 복음이며, 성전은 그 기초 위에 세워질 때 성숙해간다(엡 4:12). 둘째로 바울은 성숙해가는 교회의 과정을 유아기에서 성인기까지 사람의 몸이 유기적으로 성장하는 일(엡 4:15)에 비유하거나, 혹은 예수 그리스도 안에 "뿌리를 내"리고 (엡 3:17; 골 2:7) 성숙하여 열매를 맺을 수 있도록 돌봄을 받는 농작물(고전 3:5-9)에 비유한다.

교회의 생명은 복음을 통하여 성령의 생명을 받는 것으로 시작한다. 교회는 그리스도 위에 세워지며 그분 안에 뿌리를 내린다. 하지만 성령이 신자들을 성숙과 성인기, 열매 맺음으로 양육해가면서 이 공동체는 복음 안에서 믿음의 지속적 성장을 이룬다(갈 3:2-3; 골 2:6-7). 그리스도는 두 번째 아담, 곧 새로운 인간이시기 때문에 신자들은 그분 안에서 자라 그분과 같이 된다(엡 4:11-16). 바울은 성령이 교회의 온전함을 끌어내시기 위해 교회에 주시는 다양한 은사와 사역들을 상세히 논한다.

새로운 생명과 새로운 순종

그리스도 안의 온전함으로 나아가는 일은 진행 중인 과제다. 따라서 바울은 새롭게 세워진 교회들이 복음에 합당한 삶을 살도록 반복해 권면한다. 하지만 새롭게 세워진 교회는 그의 도덕적 권면의 패턴에 주목할 필요가 있다. 먼저 바울은 이 신생 그리스도인들에게 **하나님**이 그들에게 새로운 생명과 믿음과 세례를 통한 하나님의 백성으로서의 새로운 정체성을 주시기 위해 무엇을 행하셨는지를 들려준다. 그다음 그는 이 새로운 정체성에 합당하게 살기 위하여 그들이 무엇을 해야 할지를 들려준다. 하나님이 자신의 나라에서 새로운 생명을 그들에게 주셨고 따라서 그들은 그 나라의 순종적 시민으로 살아가야 한다. 다른 말로 표현하자면, 그들은 자기들이 이미 된 바를 실현해야 한다.

교회의 새로운 생명은 예수 그리스도의 죽으심과 부활을 통해 하나님이 이루신 일을 기초로 한다. 하나님은 그리스도의 죽으심을 통해 이 현재 세대를 다스리는 능력, 곧 죄와 악, 죽음을 이기셨다. 그리스도의 부활하심을 통해서 생명과 사랑, 평화의 약속과 함께 다가올 세대가 시작되었다(롬 6:1-11). 교회의 새로운 생명은 성령의 능력을 받고 성령은 신자들의 공동체 안에 사시며 그 안에 지속적으로 새 생명을 가져다주신다(롬 8장; 갈 5장).

이 새로운 생명의 핵심은 하나님과의 새로운 관계인데 바울은 이것을 의와 화목, 그리고 양자 됨의 용어로 묘사한다. 우리는 의롭다고 선포되고 다시 한번 하나님과의 올바른 관계 가운데 선다. 하나님으로부터의 소원함이 제거되고 우리는 그분과 화목하게 된다. 우리는 하나님의 가족으로 입양된다. 우리는 이제 하나님을 예수가 그러셨던 것처럼 "아바 아버지"라고 부를 수 있다(롬 8:14-15).

교회는 새로운 세상에서 새로운 정체성을 품고 하나님과의 새로운 관계 속에서 살아가는 사람들이다. 따라서 바울은 이 교회에 하나님 나라의 새로운 생명을 더욱더 살아내도록, 더러운 옷과 같은 이전의 자신을 벗어던지고 새로운 자신을 입도록 명령한다(엡 4:22-24; 골 3:9-10). 다른 말로 표현하자면, 그들은 현재 세대에서의 경험으로 빚어진 삶의 방식에 작별을 고하고 다가올 세대의 일부인 새로운 삶의 방식을 받아들여야 한다. 그리고 이 새로운 생명은 삶의 모든 부분에서 하나님의 율법에 대한 새로운 종류의 순종, 곧 사랑 안에 뿌리를 내린 순종을 요구한다.

순종에 대한 이 같은 요구는 인간 생명 전체가 회복될 것을 포함한다. 그리스도는 모든 창조세계를 다스리시고 구속하신다(골 1:15-20). 인간 생명의 모든 것, 심지어 먹고 마시는 것과 같은 평범한 활동까지도 하나님의 영광을 위하여 행해져야 한다(고전 10:31). 우리 몸의 모든 생명이 하나님께 드려졌기 때문에(롬 6:13; 12:1-2) 말과 행동으로 된 무엇이든지 주 예수의 이름 안에서 하나님 아버지에 대한 감사로 이루어져야 한다(골 3:17). 또한 바울은 이 포괄적인 순종의 뿌리를 우리와 함께 구속되는 창조세계의 선에 둔다(고전 10:26; 딤전 4:1-5). 하지만 동시에 하나님이 인간의 모든 생명을 창조하셨고 그리스도가 그것을 구속하셨지만 이것이 여전히 죄의 오염으로 고통당한다는 사실을 인정한다. 따라서 그는 신자들에게 하나님의 선한 창조세계를 누릴 자유가 있지만 그것을 오염시킨 죄의 악영향을 받지 않도록 조심해야 한다는 사실을 경고한다(고전 6:12).

그리스도 안에서 교회가 순종으로 살아내야 할 새로운 삶의 기준은 구약에서 주어진 하나님의 율법 안에 남아 있다. 바울은 예수가 가르치신 대로 율법의 핵심이 사랑이라는 사실을 인정한다(롬 13:8, 10; 갈 5:14). 이 사랑은 성령이 주시는 새로운 생명의 "열매"이며 다양한 형태를 지닌다. 바울 서신들에서 사랑은 기쁨, 평화와 짝을 이루어 삼화음을 형성하기도 한다(롬 5:1-8). 또한 사랑은 하나님 나라의 다른 특징들로도 나타나는데 그 특징들은 바로 겸손과 인내, 자비, 양선, 충성, 온유, 절제, 의, 감사다(갈 5:22-23).

세상을 위하여

교회는 세상을 위하여 이 새로운 생명과 순종을 드러내 보인다. 교회가 불신자들에게 성령의 새로운 생명을 분명히 보일 때 그들 역시 이 "복음"이 참이라는 사실을 믿고 그리스도께로 이끌릴 것이다. 바울이 하나님 나라의 새로운 생명을 충실하게 구현할 공동체를 양육하기 위해 애쓰는 동안 그의 시선은 언제나 교회 밖 사람들에게 향해 있었다. 교회가 살아내야 할 사랑과 기쁨, 관대함, 용서의 삶을 묘사하면서 바울은 다음과 같이 이야기한다. "모든 사람 앞에서 선한 일을 도모하라"(롬 12:17). 신자의 온유와 은혜는 모든 사람에게 분명히 드러나야 한다(빌 4:5; 골 4:5-6). 바울은 "그들이 일상에서 불신자들에게 존경을 받도록 최선을 다할 것"(살전 4:12)과 모든 사람에게 유익한 것을 행하기 위해 자신을 헌신하도록 그들을 강권한다(딛 2:7-8).

따라서 교회의 증거는 공적인 삶으로 흘러나가 다가올 세대에서 구원의 포괄적 범주를 실증한다. 바울은 신약 교회에 그들의 민족의 공적인 삶에 관여하고 그것의 안녕을 추구하도록 요구한다. 빌립보서 1:27-2:18에서 바울은 "복음에 합당한 방식으로 **국가**[*politeia*, 국가의 공적 생활]라는 세상에서 '시민으로 살아야' 할 그리스도인들의 의무"를 논한다.[1] 주변 문화의 오염과 만연한 우상숭배를 피하면서 그 문화 속에서 자신을 드러내고 관여하는 것으로써 그리스도인들은 "어그러지고 거스르는 세대"(빌 2:15) 가운데 "별처럼" 빛날 것이다.

주님의 오심

바울의 서신들은 우리가 이미 본 것처럼 "이미"와 "그러나 아직" 사이의 긴장으로 가득 차 있다. 하나님 나라가 인간의 역사 안으로 진입했지만

---

1   Bruce W. Winter, *Seek the Welfare of the City: Christians as Benefactors and Citizens* (Milton Keynes, UK: Paternoster, 1994), 82.

그 나라의 완성은 그리스도의 재림을 기다린다. 이 나라는 현재 교회의 삶 속에 **실재**하지만, 그것이 미래에 완성될 것에 대한 교회의 기대는 교회의 큰 소망, 곧 하나님의 백성들이 지금의 세대를 살며 순종 가운데 자라게 하는 동기가 되는 소망이다.

초기 교회의 이야기가 지속되다

바울에 대해 우리가 마지막으로 듣는 이야기는 그가 로마에서 재판을 기다리며 셋집에 머물고 있다는 것이다. 비록 가택 연금 중이었지만 바울은 모든 방문자를 맞이할 수 있었다. 그는 "하나님의 나라를 전파하며 주 예수 그리스도에 관한 모든 것을 담대하게 거침없이 가르치더라!"(행 28:31) 여기서 누가는 교회의 임무에 대한 첫 몇십 년 동안의 이야기를 마무리 짓는다.

누가의 두 번째 책이 이 지점에서 다메섹 도상에서 하나님으로부터 받은 자신의 선교적 임무를 활발하게 감당하는 바울로 마무리되는 것은 적절한데 이는 사도행전의 이야기가 아직 끝나지 않았기 때문이다. 이 이야기는 예수가 그 이야기를 완성하시기 위해 다시 오실 때까지 지속되어야 한다. 예수와 그분의 제자들이 시작한 역사는 예수의 승천 이후 초기 교회가 이어갔으며 이후에는 바울과 다른 이들의 노력으로 로마 전역에 퍼져나갔다. 지금 독자들이 이 글을 읽고 있는 와중에도 이 이야기는 완성을 향해 움직이고 있다.

누가는 자신의 복음서에서 "예수께서 행하시며 가르치시기를 **시작하신**"(행 1:1) 모든 이야기를 들려준다. 그리고 사도행전에서는 예수의 제자들이 어떻게 그 일을 초창기의 교회를 통해 수행했는지를 들려준다. 이 이야기에는 우리의 자리도 있는데 우리가 이 교회 이야기의 일부가 되고 예수를 따르며 맨 처음 예수를 따랐던 제자들의 발자취를 따라 하나님 나라의 임무를 지속하도록 우리 또한 초청, 심지어 강권을 받기 때문이다.

2장: 그리고 온 세상으로

5막을 완성하는 일관성과 혁신성

N. T. 라이트를 통해 유명해진 한 가지 심상을 수정해, 학자들이 잃어버렸던 셰익스피어의 각본 하나를 발견했다고 생각해보자. 원래의 각본에는 여섯 개의 막이 있었는데 그중 첫 네 막과 5막 1장 및 마지막 막이 발견된 것이다. 어느 셰익스피어 극단의 연기자들에게 이 각본이 주어졌고 그들은 5막의 나머지를 직접 구상해보라는 부탁을 받았다. 그들은 셰익스피어의 문화와 언어 및 발견된 대본에 몰두했고 원작의 궤적과 인물들이 자신의 연기를 빚어가도록 하면서 즉흥적으로 극을 구성했다.

이미 기존에 존재해왔던 첫 네 막은 진행하고 있는 연기에 대해 확실한 "권위"로 작용할 것이다.…첫 네 막이 갖는 이와 같은 "권위"는 배우들이 각본의 앞 부분들을 계속해서 반복해야 한다는 함축적 명령에 있지 않다. 이 권위는 사실상 아직은 완성되지 못한 드라마에 있는데 이 드라마는 그 자체의 힘과 추진력을 갖고 적절한 방식의 결론을 요구하며 동시에 이야기를 그대로 전달해주는 책임감 있는 배우들을 필요로 한다. 배우들은 가장 먼저 이야기의 줄거리가 어떻게 서로 적절히 엮일 수 있을지를 이해해야 하고 그다음에는 그 같은 이해를 **혁신성**과 동시에 **일관성**을 가지고 대사와 행동으로 연기해야 한다.[2]

이 비유는 성경의 권위가 어떻게 우리의 삶을 빚어갈 수 있을지를 이해하는 데 도움이 된다. 성경의 구속 드라마는 다섯 개의 막으로 펼쳐지는데 그것은 (1) 창조, (2) 죄로의 타락, (3) 이스라엘의 이야기, (4) 예수 그리스도의 이야기, (5) 교회의 이야기다. 그것들은 아직 완성되지 않은 하나님의 구속 계획이 완성되는 것(6막)으로 이어진다.

우리는 또한 이 이야기의 저자, 곧 하늘의 극작가가 배우들에게 자신의 영을 주셨다는 사실을 안다. 이때까지 들은 이야기의 궤적을 유념하고 특히 우리에게 5막, 곧 교회를 통한 예수의 임무를 계속해서 수행

2   N. T. Wright, "How Can the Bible Be Authoritative? (The Laing Lecture for 1989)," *Vox Evangelica* 21 (1991): 7-32, http://ntwrightpage.com/2016/07/12/how-can-the-bible-be-authoritative/.

하도록 하신 사실을 기억할 때 오늘날 우리의 삶을 어떻게 살아가야 할까? 이 이야기가 하나님이 이미 기록하신 결론을 향하여 나아가도록 우리는 우리의 역할을 어떻게 수행해야 할까?

라이트에 따르면 이것을 위해서는 일관성과 혁신성이 필요하다. 일관성은 마치 우리 앞에 아무 일도 없었다는 듯이 이야기의 우리 부분을 아무렇게나 적어 연기에 뛰어들 수 없다는 뜻이다. 앞선 네 개의 막은 "권위"를 갖는다. 우리는 그것들과 지속성을 갖고 살기 위해 우리 자신을 충분히 몰입시켜 그것들의 내용을 잘 이해해야 한다. 하지만 동시에 혁신성도 필요하다. 우리는 마치 컴퓨터 프로그램인 것처럼 이미 일어난 일을 말 그대로 반복하기만 할 수 없다. 인물은 정해졌고 행동 패턴은 명확하며 감독도 확실하다. 이제 우리는 우리 자신의 시간과 장소 안에서 창의력과 신실함을 가지고 왕이 다시 오시고 그분의 나라가 도래하기를 고대하며 나머지 이야기를 살아낸다.

성경의 이야기는 우리보다 시간상으로는 수천 년 전에, 거리상으로는 (서구에 사는 우리에게는) 지구 반 바퀴를 돌아 서 있다. 각기 다른 이 모든 사람이 각자의 먼 시간과 장소에서 신실하게 살고자 씨름한 방식에 대한 성경의 이야기는 독자들과 나에게 무관하게 보일 수 있다. 하지만 사실은 그렇지 않다. 성경의 세계는 우리의 세계이고 성경의 구속 이야기 역시 우리의 이야기다. 우리의 삶이 말씀으로 빚어지고 형성되기 위해서는 우리가 성경의 이야기를 잘 알아야 할 뿐 아니라 뼈저리게 느껴야 한다. 한걸음 더 나아가 그 안에서 우리 자신의 자리, 곧 **우리가** 그 이야기 속 어디에 위치하는지, 그리고 우리의 삶에서 그것을 어떻게 살아내야 할지 반드시 알아야 한다.

세상의 빛이 되다: 이스라엘의 임무를 이어가다

지금까지 우리는 성경 이야기의 중심 줄거리를 따라왔고 여기에는 이스라엘과 예수, 초기 교회의 역사가 포함된다. 이스라엘은 다른 민족들을 위한 빛이 되도록 부름받았다. 이스라엘이 실패했을 때 예수가 이 임무를 다시 시작하셔서 세상의 구원을 성취하셨다. 이후 예수는 교회가 자신의 임무를 지속하도록 명령하셨고 초기 교회는 순종하기 시작했다. 이 이야기의 세 부분은 모두 우리에게 중요한데 우리가 이제 이스라엘의 임무, 예수의 임무, 초기 교회의 임무를 지속하도록 부름받았기 때문이다.

　하나님은 아브라함을 큰 민족으로 만드시고 그를 통하여 모든 민족에게 창조세계의 복을 회복해주신다고 약속하셨다(창 12:1-3). 그는 복이 되기 위하여 복을 받은 것이다. 아브라함으로부터 나오는 민족은 하나님이 인류를 위하여 원래 품으신 창조적 의도를 구현할 것이고 따라서 모든 민족을 위한 복의 통로가 될 것이다(출 19:3-6). 처음부터 하나님의 구속 사역은 자신의 선한 창조에 대한 복구와 회복을 목적으로 했다. 따라서 이스라엘은 하나의 공동체로서 창조세계 자체만큼이나 너른 회복을 구현해야 했다. 만일 이스라엘이 이 같은 부르심에 순종했다면 이들은 이 세상에 대한 빛이 되었을 것이다. 이들의 삶이 갖는 매력이 모든 민족을 하나님께로 이끌었을 것이다. 오늘날 다른 민족들에게 빛이 되어야 하는 이스라엘의 임무는 예수 그리스도의 세계적 교회로서 우리의 임무가 되었다(벧전 2:9-12).

하나님의 나라를 알게 하다: 예수의 임무를 지속하다

이스라엘은 모든 민족에게 빛이 되라는 부르심에 대부분 실패했지만 예수는 실패하지 않으셨다. 그분은 이스라엘을 위한 하나님의 목적을 성취하셨고 자신을 따르는 자들의 공동체를 모으셨으며 이들에게 자신이 시작하신 일을 지속하라는 과제를 맡기셨다(요 20:21). 우리는 이 공동체의 일부이며 우리의 과제는 예수의 임무를 지속하는 것이다.

앞서 살펴본 것처럼 예수의 임무는 하나님 나라의 도래와 그분의 통치가 모든 창조세계와 인간 생명에 이루어지는 회복에 초점을 맞춘다. 오늘날 일부 그리스도인들이 예수가 오신 것은 우리를 이 창조세계로부터 탈출시켜 내세의 장소에서 영원히 살도록 하기 위함이라고 믿지만 구원에 대한 이 같은 이해는 구약의 예언자들과 1세기 유대인들은 물론 예수 자신에게도 완전히 낯설었다. 구원은 창조세계의 삶으로부터 "영적" 존재로의 도망이 아니라 하나님의 통치가 회복되는 것이다.

또 그리스도인들은 구원을 단순히 하나님과의 개인적 관계가 회복되는 것으로 오해했다. 그것이 가장 중요하지만 구원은 훨씬 더 멀리 확대되어나간다. 그것은 온 인류의 생명과 궁극적으로는 인간 이외의 피조물들까지 전 창조세계를 향한 하나님의 원래 의도로 회복시킨다. 성경적 구원은 이처럼 거대한 범주를 아우른다.

우리의 부르심의 범위는 이 구원을 증거하는 것이다. 예수는 자신의 삶을 통해 하나님 나라를 구현하셨다. 그분은 자신의 말씀으로 그 나라를 선포하셨고 행동으로 그 나라가 **이미** 임하였음을 보여주셨다. 그분은 소외된 자들을 환영하셨고, 하나님 나라 공동체를 형성하셨으며, 이 공동체 안에서 어떻게 신실하게 살아야 하는지를 교훈과 예시로 가르치셨고, 당시 우상숭배의 문화에 도전하시며 그 공동체를 위하여 고통당하셨다. 그리고 그 나라를 위하여 기도하셨다. 이 모든 것이 오늘날 예수를 따르는 우리의 임무를 빚는다.

하지만 우리 자신의 문화적 상황은 1세기 팔레스타인의 상황과 매우 다르다. 그러므로 우리는 예수의 임무를 상상력과 창의력을 가지고 수행할 필요가 있다. 예수는 우리에게 융통성 없는 임무 모형을 주셔서 우리가 아무 생각없이 그것을 모방하도록 하지 않으신다. 오히려 우리가 그분의 임무를 새롭고 다른 문화적 맥락 안에서 창의적으로 지속할 수 있도록 초청하신다.

신실한 증인이 되다: 초기 교회의 임무를 지속하다

신약은 우리에게 하나님 나라 임무를 수행하시는 예수의 예시 및 그분의 존재와 그분이 행하시고 말씀하신 모든 것을 증거하면서 예수를 따른 초기 교회의 예시 모두를 제공한다(행 1:8). 예수는 자신이 "이스라엘 집의 잃어버린 양"(마 15:24)을 모으는 일에 집중하시는 동안 자신의 교회를 내보내셔서 이와 같은 임무를 모든 민족에게로 확장하신다. 제자들은 하나님 나라의 복음을 모든 곳에서, 그러니까 모든 백성 가운데서 그들의 삶과 말과 행동으로 증거해야 하고 그제야 끝이 올 것이다(마 24:14).

성령의 강림으로 교회는 하나님 나라의 구원을 맛보았다. 이 나라의 잔치는 그리스도의 사역으로 만반의 준비를 마쳤지만 모든 손님이 한자리에 모일 미래의 때를 기다리는 중이다(눅 14:15-24). 하지만 그리스도를 따르는 이들은 구원의 능력을 이미 맛보기 시작했다. 교회가 앞으로 열릴 잔치를 맛보는 동안 이것은 미래의 하나님 나라가 어떠한 모습일지에 대한 시사가 된다. 아직은 개봉되지 않은 영화의 실제 장면들을 몇 분 안에 담은 영화의 예고편을 떠올려 보라. 이 예고편의 목적은 이 영화를 볼 잠재 관객들이 이 영화가 전체 상영을 위한 준비를 마쳤을 때 어떤 모습일지를 살짝 들여다볼 수 있도록 하기 위함이다. 따라서 교회의 한 가지 중요한 기능은 하나님 나라 안의 미래가 어떠한 모습일지를 시사하는 것이다.

예루살렘과 안디옥 초기 교회의 공동체들은 그리스도 안에서 새로운 삶을 세우고자 말씀과 기도, 교제, 성만찬에 자신을 헌신함으로써 하나님 나라를 증거하는 건강한 양식을 세웠다(행 2:42-47; 11:19-21; 13:1-3). 이것의 결과로 실제 이 공동체들은 다가오는 하나님 나라에 대한 효과적인 시사가 되어 대단히 많은 수의 새로운 회심자들을 이끌어낸다(행 2:43-47). 그들의 삶에는 하나님의 은혜에 대한 증거가 넘쳤고 따라서 사람들은 이 그리스도인들에게 이끌렸다. 이와 같은 지역적 증거를 넘어 안디옥 교회는 또한 바울과 바나바를 더 멀리 떨어진 곳으로 보내어 복음을 들고 가도록 했는데 이는 로마 제국 곳곳의 새로운 장소에 신자들의 증거 공동체를 세우기 위함이었다(행 13:1-3). 따라서 당시의 교회는 근방에서의 증거와 먼 곳에서의 선교에 대한 열정으로 특징지어졌다(지금의 교회도 이러해야 한다).

　　증거는 하나님의 이야기 중 이 기간이 갖는 의미를 특징짓는다. 하지만 이것은 오해되어 **기독교의 증거**가 단순히 전도나 서로 다른 문화 간의 선교로 축소되기 쉽다. 그것들은 교회의 임무에 중요한 부분이지만 전부는 아니다. 우리가 하나님 나라의 구원이 창조세계(그리고 그것의 전부)를 회복한다는 사실을 이해할 때 우리는 하나님 나라에 대한 증거가 창조세계만큼 드넓어야 한다는 사실을 깨닫는다! "증거"의 참된 의미는 정치와 시민 됨, 경제와 기업, 교육과 학문, 가족과 이웃, 미디어와 예술, 여가 생활과 놀이에서 하나님의 새롭게 하시는 능력을 구현하는 것이다. 이 같은 삶의 영역들에서 단순히 개인적인 전도를 수행하는 것만으로는 충분하지 않다. 우리의 삶 전체, 그러니까 우리가 시민으로, 소비자로, 학생으로, 배우자로, 부모로, 친구로 사는 방식이 회복하시는 하나님의 능력을 증거해야 한다. 우리는 하나님이 의도하신 대로의 참된 인간이 된다는 것의 의미를 증거한다. 우리의 문화를 빚어가기 위해 노력하는, 동일하게 포괄적이고 경쟁적인 다른 종교의 이야기들을 대면하면서 우리는 고통을 당할 수도 있다. 그럼에도 폭넓은 임무는 우리의 존재의 핵심이다.

오늘날 하나님의 이야기 속에서 살다

이제까지 우리는 성경의 이야기를 따라 제법 멀리 함께 여행해왔다. 지금 즈음이면 독자들은 하나님이 자신의 세상과 자신의 백성 가운데 어떻게 역사하고 계신지, 그러니까 이 세상과 이 백성들을 처음부터 계획하신 위대한 나라로 어떻게 빚어가고 계신지에 대한 우리의 비전에 공감하기 시작할 것이다. 그런데 정말로 이 이야기 가운데 우리 각자의 자리가 있다면 그것은 무엇일까? 그리고 하나님의 거대한 나라라는 이 같은 견해는 어떻게 우리를 도와 우리가 그 자리를 찾을 수 있도록 할까? 이어지는 부분에 기록된 두 개의 이야기를 통해 우리는 개인의 삶이 어떻게 성경의 이야기로 통합되는지를 제시하려고 한다. 이 이야기들은 실제 사실이다. 우리는 이 세상에서 지속적인 하나님의 역사에 참여할 흥미로운 방법을 발견한 이들을 소개한다.

게리 긴터(Gary Ginter)는 한때 하나님이 자신이 다문화 선교사가 되길 원하신다고 생각했다. 대신 하나님은 게리를 다문화 선교사보다는 기업이라는 세계에서 평생 섬기도록 인도하셨다.

(선구적인 선물 옵션 거래소이자 「월 스트리트 저널」[*Wall Street Journal*]에 따르면 "업계의 선망"을 받는) 시카고 리서치 트레이딩 그룹(Chicago Research and Trading Group)의 창립 파트너인 게리는 VAST 파워 시스템(VAST Power Systems)에서 회장 겸 CEO를 역임했고 다른 영리 회사 세 군데에서 사장을 지냈다. 게리는 자신의 놀라운 경력을 통해 스무 곳 이상의 **다른** 기업들을 세웠는데 그 기업 중 일부는 세계 곳곳에서 가난한 지역 사회들을 돕는 서비스 산업 기업들이다. 기업 세계가 인정하는 어느 기준으로 보아도 게리 긴터의 경력은 성공적이었다.

하지만 게리 자신은 이윤과 권력이라는 전통적 잣대로 성공을 정의하려 하지 않는다. 그에게 기업에서의 성공은 인생의 다른 모든 것들과 마찬가지로 다가오는 하나님 나라와 관련하여 정의된다. 게리의 말을 빌리자면 기업 세계 내에서 성경 이야기가 갖는 의미를 살아내도록 부름받은 사람은 누구든 "하나님 나라의 전문가"(Kingdom Professional)다.

하나님 나라의 전문가들은 성공을 돈이나 직업 또는 지위로 정의하지 않습니다. 그들은 자신의 수입이나 안정 혹은 지위를 극대화하기 위해 또는 자신의 경력을 부풀리기 위해 노력하지 않습니다. 대신 하나님이 자신을 부르신 사람들과 장소들에 끼치는 영향을 극대화하기 위해 노력합니다. 그들은 자신이 살고 있는 곳에서 하나님이 행하시려고 하는 일에 자신이 기여하는 공헌으로 성공을 계산합니다. 그들이 보는 성공은 하나님이 자신을 이끄신 곳에서, 자신의 은사가 잘 사용되는 방식으로, 하나님이 자신을 부르신 일을 행하는 것입니다. 이보다 못한 무엇도 충분하지 않습니다. 지위의 얄팍함, 부의 덧없는 환상, 권력의 망가뜨리는 힘은 충분하지 않습니다. 하나님 나라의 전문가들은 자신들의 일상과 자신들이 살고 일하는 곳에서 하나님 나라가 보다 더 침투하는 것 사이에 조화가 이뤄지는지를 중요하게 생각합니다.[3]

기업을 운영하며 성경의 이야기에 충실하기 위해서는 "청지기적 기업인", 곧 하나님이 주신 기회와 재능, 시간, 돈의 청지기가 되어 다가오는 그분의 나라를 증거하는 일에 헌신해야 한다. 게리는 하나님이 자신을 돈을 벌고 가능한 한 적은 돈으로 생활하며 나머지는 이웃과 나누도록 부르셨다고 말한다. 이 같은 원리를 따라 그는 특별히 다문화 환경 속에서 "하나님 나라의 기업"(kingdom companies) 곧 여러 선교 법인들을 세울 수 있었다. 이 기업들은 이익을 창출하기보다는 일자리를 만들고 가장 필요한 곳에 필수 상품과 서비스를 제공하기 위해 운영되었다. 많은 나라가 전통적 선교 단체들에 대해서는 국경을 닫았지만 이 같은 그리스

---

3   Gary Ginter, "Kingdom Professional: An Old Idea in New Wineskins," *Paraclete Perspective* 2, no. 1 (Spring 2002): 8.

도인 기업인들(혹은 "천막 짓는 사람들")은 환영할 것이다. 이 기업들은 하나님이 그분의 신실한 백성들의 삶 속에서 살아 계신 실재임을 강력하게 증거할 것이다.

이 "하나님 나라의 기업"들을 세운 것 외에도 게리는 시카고에서 경제적으로 침체된 지역에 사는 저소득 가정들의 필요를 그들의 동네에서 채워주는 조직인 서클 어번 미니스트리(Circle Urban Ministries)에도 개인적·재정적으로 관여해왔다.

자신이 사는 지역과 보다 가난한 다른 나라들에서의 전도와 선교, 헌신적 나눔, 긍휼과 공의의 증진—이것들 모두는 실재하는 하나님 나라에 대한 게리 긴터의 신실한 증거의 중요한 부분이다. 하지만 문제의 핵심은 따로 있다.

게리의 삶의 중심에는 **기업**이라는 세계에서 하나님의 창조 목적을 따르는 그의 신실함이 자리한다. 게리는 기업이 하나님의 첫 번째 명령에 대한 반응으로 개발된(창 1:28) 창조세계의 선한 일부라고 생각한다. 기업체는 하나님의 세상에서 중요하고 긍정적인 역할을 할 수 있다. 우리가 이웃들에게 꼭 필요한 물건과 서비스를 청지기적 방식으로 제공하는 것은 이웃을 사랑하는 한 가지 방법이다. 게리는 기업을 향한 하나님의 선한 의도를 이윤보다 이웃을 향한 사랑과 하나님의 자원에 대한 청지기적 관리 및 공의를 앞세우는 것으로 증거한다. 그는 "하나님 나라의 기업"이라는 이상, 곧 성경의 이야기로 빚어진 기업체를 향하여 매진한다. 이 같은 기업은 직원들과 그들의 가족들, 거래처들과 고객들의 삶을 축복할 수 있다. 하지만 우상숭배적인 이윤 추구가 전통적 기업 대다수를 주도하는 시대에 회사에 대해 이 같은 목표를 설정하기란 쉽지 않다. 기업 안에서 하나님의 목적에 충실하다 보면 게리의 발견대로 재정적 손실과 명성 모두에서 고난을 겪을 수도 있다. 하지만 이것은 우리가 우리의 증거 가운데 예상해야 하는 바다.

두 번째 이야기를 통해 우리는 피터 해리스와 미란다 해리스(Peter and Miranda Harris)를 만나는데 이 두 사람은 모두 열정적인 조류 관찰자들이다.

하나님 나라에는 열정적인 조류 관찰자의 은사를 위한 자리도 있을까? 피터와 미란다는 그 같은 자리가 있음을 발견했다. 당시 한 영국 교회의 부목사로 섬기던 피터는 탄자니아에서의 선교 사역을 알아보던 중이었는데, 이때 하나님은 그와 미란다에게 그들 가족을 향한 꽤나 다른 계획을 보여주신다. 하나님의 창조세계, 특히 새들을 향한 사랑에 이끌려 피터와 미란다, 그들의 세 자녀, 그리고 또 다른 영국인 부부는 1983년 기독교 환경 보호 단체인 아 로샤(A Rocha, "반석")를 설립하기 위해 포르투갈로 이주한다. 당시에는 환경에 대해 진심으로 염려하는 그리스도인들을 찾아보기 어려웠다. 하지만 성경의 이야기는 하나님이 인간 이외의 창조세계를 깊이 사랑하시고 인류를 그것의 보호자이자 관리자로 세우셨음을 분명히 한다. 성경 이야기의 이 부분이 해리스 가족을 행동하게 한 것이다.

당시 포르투갈에는 헌신된 그리스도인 환경 운동가와 기독교 현장

조사 센터 모두가 부족했다. 포르투갈 남쪽 해안에 있는 취약한 서식지들은 보호될 필요가 있었다. 특히 수많은 철새가 이동하면서 잠시 머무는 중간 기착지가 되는 한 어귀에 초점을 맞추어 보호 작업이 진행되었다. 해리스 가족과 직원들은 철새들의 이동 패턴을 파악하고 그것들의 수를 세며 그 지역에 있는 종을 조사하는 일에 착수했다. 이 같은 데이터는 이후 공식 보고서로 작성되었고 전국적인 환경 보존 로비 단체들도 그것을 공유했다. 피터의 『빛나는 날개 아래』(*Under the Bright Wings*)라는 책은 초창기 조직의 모습과 그들이 마주했던 일부 어려움을 묘사해준다. 하지만 그들의 노력은 성공을 거둔다. 포르투갈 정부가 아 로샤 부근의 어귀에 대한 환경 보호를 승인한 것이다.

아 로샤 센터는 공동체를 강조한다는 점에서 독특하다. 배경이 매우 다르고 조류학 풋내기들로부터 박사에 이르기까지 실력의 차이도 큰 사람들이 이곳에 모여 데이터의 수집을 돕고 그 지역의 생태를 배운다. 처음에는 오직 새들에 대한 사랑이라는 공통점 때문에 이곳에 모였지만 아 로샤는 이 그룹을 통해 사람들을 그리스도에게로 이끄는 참된 하나님 나라의 공동체가 되었다. 다양한 배경을 지닌 사람들이 크루진야(Cruzinha)에 있는 현지 센터를 방문했고 이곳에서는 매일 현장에 필요한 기술적인 작업부터 신학에 대한 대화까지 다양한 활동이 이루어졌다. "밖"으로부터 온 이들이 아 로샤의 이 같은 기독교적 요소에 대해 질문할 수도 있다. 해리스는 『빛나는 날개 아래』를 통해 이렇게 대답한다. "우리는 현장에서 작업을 할 때나 함께 생활하는 학생들과 예수에 대한 이야기를 나눌 때나 특별한 차이를 느끼지 못했습니다. 전자의 경우라고 세속적이지 않고 후자의 경우라고 영적이지 않았습니다. 모든 것이 예배와 순종에서 이루어지며 모든 것이 이 세상의 창조주이자 구원자께 중요하기 때문입니다."[4] 하나님을 섬기기 위해, 그분의 창조세계를 이해하고 돌보기 위해 생태 사역을 한다는 접근은 그 일을 예배와 순종의 행위, 침투하는 하나님 나라를 증거하기 위한 하나의 방식이 되도록 한다.

하나님이 아 로샤의 직원들에게 주신 은사와 경향들을 통하여 역사하시면서 현장 작업은 증거를 위한 기회가 된다. 방문자들은 창조세계를 통해, 그리고 그리스도를 위해 사는 공동체의 삶을 통해 드러나는 하나님의 영광을 본다. 해리스가 기록한 것처럼 "크루진야에서의 현장 연구들이 진행되면서 우리는… 방문객들이 그리스도 안에 있는 우리의 삶으로 어떻게 빚어지는지에 대해 함께 이야기하는 시간을 가졌습니다. 이것을 의식적으로 연습하는 일이 필요했습니다. 우리 모두의 내면에는 구분하려는 본능이 깊이 자리하고 있음을 알게 되었기 때문입니다. 시간이 지나면서야 이것은 보다 덜 학습되었고 보다 더 자연스러워졌습니다."[5]

이십여 년 전 아 로샤가 설립되었을 때 함께 모여 씨를 뿌린 사람들은 소수에 불과했다. 이후로 하나님은 그 씨앗을 자라게 하셨고 번성케

---

4   Peter Harris, *Under the Bright Wings* (London: Hodder & Stoughton, 1993; repr., Vancouver: Regent College Publishing, 2000), 117.

5   Harris, *Under the Bright Wings*, 108-9.

하셨다. 오늘날 아 로샤는 스무 개 이상의 국가에서 활동하는 국제 조직이 되었다.

소망 안에서 살다: 앞에 놓인 것을 향해 나아가다

우리는 말씀으로부터 하나님이 언젠가 "모든 무릎을…꿇게 하시고 모든 입으로 예수 그리스도를 주라 시인하게 하"(빌 2:10-11)실 것임을 안다. 언젠가 모든 창조세계가 회복될 것도 안다. 따라서 우리는 그날을 소망을 갖고 고대하며 오늘날에도 우리가 속한 공동체들이 이 나라를 알 수 있도록 우리의 삶을 복음 가운데 깊이 뿌리 내려야 한다. 우리는 소망 안에서 앞에 놓인 것을 간절히 고대하며 그것을 향하여 힘차게 나아간다(빌 3:13-14).

소망은 오늘날 우리의 임무를 빚어가야 하는 믿음의 필수 요소다. 소망은 미래에 대한 확고하고 확실한 신념, 현재의 삶에 의미를 부여하고 그것을 빚어가는 확신이다. 우리는 이것을 일상의 수많은 상황 속에서 본다. 예로 당신이 언젠가 의사가 된다는 소망을 품고 대학에 들어간다면 그 소망은 수강할 수업을 고르는 것 말고도 당신이 공부에 들이는 시간과 노력(그리고 돈)을 좌지우지하며 당신의 삶을 빚어갈 것이다. 따라서 당신의 삶 전부가 새로운 모습, 새로운 초점을 갖게 되는데 이것은 미래가 가져올 것에 대한 당신의 소망 때문이다.

하나님 나라의 계시라는 그리스도인의 궁극적 소망에 관한 한 패턴은 동일하다. 하지만 그것의 규모는 훨씬 크다. 독자들과 내가 역사의 목적이라고 믿는 것이 오늘날 우리의 삶에 특정한 의미와 형식을 부여**할 것이다**. 우리가 우리의 세상에 다가오는 하나님 나라를 시연하는 일로 부름받았음을 인정한다면 그 나라의 도래에 대한 우리의 소망은 지금 여기서 우리가 말하고 행동하는 모든 것을 빚어갈 것이다. 우리는 우리의 임무 가운데 이 드라마의 1-5막에서 본 자극과 전진으로 앞으로 **밀려** 나아가는 동시에 예수가 다시 오실 때에 드러날 미래의 하나님 나라에 대한 소망에 찬 기대로 앞으로 **끌려** 나아간다.

따라서 우리가 특별히 무엇을 소망하는가는 매우 중요하다. 하지만 우리는 그리스도인으로서 우리가 소망하는 내용, 곧 역사가 향해가는 곳에 대한 우리의 의식에 분명한 관심을 보이지 못할 때도 있다. 그리고 우리의 소망이 늘 신중한 검토를 거치는 것은 아니기 때문에 그 내용이 언제나 철저히 성경적이지 못할 위험도 어느 정도 존재한다. 이것은 매우 중요한데 우리가 미래에 소망하는 것이 현재 우리의 임무를 빚어갈 것이기 때문이다. 기독교 소망의 본질은 무엇일까? 성경은 역사의 끝, 곧 우주적 드라마의 마지막 막에 대해 무엇을 가르치는가? 우리는 이 같은 질문을 6막에서 다룬다.

. . . .
이야기 안에서 우리의 자리를 찾다

1. 오늘날의 교회는 예루살렘 교회(행 2:42-47)나 안디옥 교회(행 11:19-30; 13:1-3)에 대한 묘사와 어떻게 부합하나요?
2. 하나님의 이야기 안에서 사는 삶의 예시로 왜 게리 긴터와 피터 해리스 및 미란다 해리스의 이야기가 선택되었을지 나누어보세요.
3. 여러분이 받은 부르심은 이 같은 성경의 이야기와 서로 어떻게 어울리나요?
4. 하나님의 백성으로서 우리의 증거는 모든 창조세계만큼 넓어야 한다는 점을 고려할 때 우리가 어떻게 우리의 삶의 다음의 영역들에서 하나님의 원래 의도에 신실할 수 있을지를 나누어보세요.

- 돈
- 성
- 가족생활
- 교육
- 일
- 가난한 사람들을 돌보는 일
- 우정
- 오락
- 기술의 사용
- 정치

6막

왕이 돌아오시다

—

회복의 완성

하나님이 자신의 창조세계를 죄와 죄가 이 세상에 끼친 영향에서 새롭게 하고자 작정하셨을 때 하나님의 궁극적 의도는 한때 **선하게** 창조되었던 것의 완전한 회복이었다. 온 우주는 다시 한번 합당한 왕의 통치 아래 살고 번영해야 한다. 성경은 이 최종적인 우주의 회복을 향한 하나님의 점진적인 행진의 이야기를 들려준다. 이 책의 마지막 부분에서 우리는 하나님의 선한 창조가 회복되고 새롭게 되는 역사의 결론을 바라본다.

하나님은 역사를 그것의 결론으로 이끄는데, 요한계시록 마지막 장들은 창조세계를 위해 예비된 것에 대한 환상을 우리에게 보여준다. 하나님 나라에 대한 가장 분명한 그림은 하나님의 아들 예수 그리스도의 인격과 역사 및 행위 안에 있다. 하지만 우리는 성경 전체를 통해 창조세계에 대한 하나님의 궁극적인 의도에 관해 잠시 열린 창들을 통해 하나님의 구속 이야기가 어디를 향하고 있는지를 얼핏 보도록 허용되었을 뿐이다.

이야기의 끝

요한계시록의 마지막 장들(특히 계 21:1-5)을 통해 하나님의 최종적 목적이 드러난다. 요한은 죄와 악이 완전히 제거된, 새로워진 하늘과 새로워진 땅의 환상을 본다. (죄와 사망이 지배했던) 이전의 하늘과 땅은 주님이 다시금 다스리시는 새로운 통치에 굴복한다. 거룩한 성, 하나님의 하늘 처소, "새 예루살렘"이 하늘에서 땅으로 내려온다. 이것은 이 땅을 향한 하나님의 완벽한 질서가 새로워져 하나님 나라가 도래하고 그분의 뜻이 이 땅에서 영원히 성취될 것을 시사한다.

하나님의 보좌로부터 큰 소리가 나 선언한다. "하나님의 장막이 사람들과 함께 있으매 하나님이 그들과 함께 계시리니 그들은 하나님의 백성이 되고 하나님은 친히 그들과 함께 계셔서 모든 눈물을 그 눈에서 닦아주시니, 다시는 사망이 없고 애통하는 것이나 곡하는 것이나 아픈 것이 다시 있지 아니하리니 처음 것들이 다 지나갔음이러라"(계 21:3-4). 하늘과 땅의 재통합은 창조주와 창조세계 사이에 회복된 평화와 조화를 보여주는 극적인 그림이다. 하나님은 죄와 그것의 모든 영향을 제거하시고 새 땅에서 인류와 함께 거하시기 위해 직접 내려오신다. 하나님과 인류 사이의 관계가 치유되고 따라서 사망이나 질병이나 고통이 없다. 동산에서 아담과 하와와 함께 걸으셨을 때처럼 하나님은 다시 한번 우리와 가까워지신다. 사람들 사이의 관계 역시 치유되고 사랑과 정의가 다스린다. 인간의 생명 전체가 깨끗케 되며 인간 외 창조세계조차 죄와 사망에 대한 이전의 노예 생활로부터 해방된다. 여기 성경의 이야기, 온 세상에 대한 참된 이야기의 놀라운 목적과 운명이 있다. 그것은 곧 치유되고 해방되고 회복된 새로워진 창조세계다.

새로운 창조세계에 대한 이 같은 이상은 성경의 마지막 책에서 절정을 이루지만 요한계시록의 주된 관심사는 미래가 아니다. 오히려 이책은 우리로 하여금 역사 전체를 통한, 그리고 우리 자신의 시간 안에 있는 하나님의 목적들, 정확히 이와 같은 결론으로 이끈 목적들을 얼핏 들여다보도록 한다. 성경의 대부분은 우리에게 이 땅에서의 인류 역사, 특히 하나님의 백성이 지나온 경험들을 보여준다. 이 마지막 책에서 하나님의 하늘 보좌가 거하는 곳의 커튼이 열리고, 우리는 지금까지 우리 세상의 역사를 빚어온 영적 전쟁, 이 땅에 매이고 역사적으로 제한된 우리의 관점으로는 볼 수 없었던 전쟁을 보게 된다.

요한은 로마의 박해 아래 끔찍한 고통을 받고 있는 소아시아 신자들의 작은 공동체에게 편지한다. 그들은 자신이 홀로 악의 세력을 마주하고 있다고 느꼈을 것이다. 하지만 요한은 이 1세기 교회가 마주한 복음에 대한 지역적 저항의 배후에는 그리스도와 그분의 백성에 대한 사탄 자신의 지속적이고 누그러지지 않는 증오가 자리한다는 사실을 보았고 그것을 자신의 독자들에게 드러낸다. 소아시아의 작은 교회들은 계속해서 진행 중인 우주적 규모의 영적 전쟁에서 소규모 교전을 벌이고 있는 셈이었다. 하지만 그들은 하나님과 어둠의 나라 사이에 일어나고 있는 전쟁의 거대한 범주를 볼 수 없었다. 따라서 요한계시록의 메시지가 겁먹은 이들을 찾아간다. 하나님이 승리하실 것이다. 그리고 그분을 충실히 섬기는 자들은 궁극적 승리에 동참하게 될 것이다. 지금은 비록 이들이 싸우는 전투의 결과가 불확실하지만 예수는 이 세상에서 일어나는 모든 일을 확실히 통제하시고 역사를 승리의 목적을 향해 인도해가신다.

요한은 높아지신 그리스도에 대한 놀라운 환상으로 요한계시록을 시작한다. 이어서 그는 역사 가운데 (1세기 그의 시대 안에서) 지금 일어나고 있는 일과 앞으로 미래에 일어날 일에 대하여 기록하도록 자신이 명령받았다는 사실을 설명한다(계 1:19). 하지만 요한은 우선 소아시아를 대표하는 일곱 교회가 그들이 처한 고난 가운데 복음에 충실할 수 있도록 그들을 격려하는 일로 부름받는다(계 2-3장). 이후 요한은 하나님이 영광과 광채 가운데 다스리시는 하늘 보좌를 본다(계 4장). (구약의 이스라엘 민족과 신약의 교회를 통해 하나님의 온 백성을 상징적으로 대표하는) 이십사 장로들과 (모든 창조세계를 상징하는) 네 생물이 하나님 앞에 절하고 그분을 예배한다.

요한은 이 세상 역사의 방향과 목적에 대한 주권적 통치를 상징하는 일곱 인으로 봉인된 두루마리를 발견한다. 하나님의 목적이 담긴 이 두루마리가 마침내 열릴 때 악은 정복되고 (그 두루마리에 이름이 적힌) 하나님의 백성은 그분의 구원에 동참할 것이다(계 5장). 한 천사가 묻는다. "누가 그 두루마리를 펴며 그 인을 떼기에 합당하냐?"(계 5:2) 이것은 "누가 역사를 그것의 목적으로 인도할 수 있는가? 누가 악을 정복하고 구원을 성취할 수 있는가?"라는 뜻이다. 처음에는 이 천사의 물음에 대답할 수 있는 이가 아무도 없었다. 요한은 비통하게 울기 시작하는데 누구도 역사의 항로를 지휘할 수 없다면 인류는 악과 고난, 고통, 죽음의 무의미한 순환 속에 갇힐 것이기 때문이다. 하지만 한 장로가 요한을 위로하고 그에게 눈을 들어 자신의 적을 이기셨고 두루마리를 떼실 강한 능력의 사자를 보도록 권면한다. 하지만 요한이 눈물을 흘리며 본 것은 왕 같은 모습의 사자가 아니라 마치 도살된 것처럼 피범벅이 된 가련한 양이었다. 하나님의 승리는 어떠한 전장에서 호전적인 사자에 의해 성취되는 것이 아니라 십자가에서 자신의 삶을 내어주신 어린양에 의해 성취되었다.

그 어린양이 하나님으로부터 두루마리를 받을 때에 이십사 장로들이 찬송의 노래를 시작하고 천천의 천사들이 동참하며 마침내 하늘과 땅의 모든 생물이 함께 외치면서 어린양 앞에 엎드려 그를 예배한다.

"두루마리를 가지시고 그 인봉을 떼기에 합당하시도다. 일찍이 죽임을 당하사 각 족속과 방언과 백성과 나라 가운데에서 사람들을 피로 사서 하나님께 드리시고 그들로 우리 하나님 앞에서 나라와 제사장들을 삼으셨으니 그들이 땅에서 왕 노릇 하리로다" 하더라(계 5:9-10).

"죽임을 당하신 어린양은 능력과 부와 지혜와 힘과 존귀와 영광과 찬송을 받으시기에 합당하도다" 하더라(계 5:12).

보좌에 앉으신 이와 어린양에게 찬송과 존귀와 영광과 권능을 세세토록 돌릴지어다(계 5:13).

요한계시록은 일련의 선명한 심상들을 통해 높아지신 어린양, 곧 예수가 두루마리의 인을 떼시고 역사를 그것의 최종 목적인 모든 창조세계에 대한 하나님의 온전하고 완전한 통치로 인도하신다는 사실을 보여준다. 십자가에 못 박히신 승리자가 그 인을 떼시고 역사의 두루마리를 여시며 심판과 구원이 이 세상 위로 임한다. 요한은 역사의 참된 행위가 언제나 이 같은 영적 전투였음을 보여주는데 이것은 보통 인간의 인식으로부터 숨겨져왔지만 이제 선명한 심상들을 통해 그에게 드러난 것이다. 이 심상들은 복잡하고 때로는 당혹스러우며 무섭기도 하지만 대체적인 의미는 분명하다. 하나님이 그분의 사랑하시는 아들을 통해 역사의 항로를 주관하시는 분이시라는 것이다. 하나님의 목적은 성취되고 하나님 나라는 임할 것이다. 이것이 요한계시록 21-22장에 나타난 새로워진 하늘과 땅의 영광스런 결론의 심상이다.

요한이 기록한 이 책이 그가 마음에 품고 있었던 작고 고통받는 교회에 주었을 위안과 희망을 상상해보라. 그들은 비록 그 수가 적고 영향력도 미미하며 한동안은 로마의 끔찍한 세력 아래 계속해서 고통받아야 하겠지만, 그들의 대의에는 의미가 있는데 이는 그들이 이기는 편을 지지하고 있었기 때문이다. 그들은 주권적으로 역사를 다스리시는 분, 자신의 나라에 대한 모든 저항을 으스러뜨리실 분을 따르고 있다. 그들 역시 그리스도의 승리에 동참할 것이다.

마지막에 앞서 일어날 사건들

세 가지 주요 사건이 창조세계의 회복과 온전한 하나님 나라의 도래를
예고할 텐데 그것들은 바로 예수의 재림과 죽은 자들의 몸의 부활(일부는
새로운 창조세계의 생명에 동참하기 위해, 나머지는 마지막 진노를 받기 위해 부활
할 것이다) 및 심판을 받기 위해 그리스도 앞으로 나아올 세상이다.

　불행하게도 종말의 사건들에 대한 세부 사항들이 그리스도인들 사
이에서 무익한 논쟁을 일으킨 적도 있다. 하지만 우리의 초점을 그것들
에게 두는 것은 태어날 아이를 생각해야 할 때 산통의 본질과 강도 및
빈도에 집착하는 것과 비슷하다. 마지막 때의 "진통"은 넋을 잃게 만들
겠지만 우리는 그것을 통해 태어날 새 세상에 관심을 두는 것이 마땅하
다. 따라서 마지막 몇 가지 통증에 대한 우리의 초점은 지금도 태어나기
를 고대하고 있는 새로운 세상 "아기"에게 있다.

새로운 창조세계: 만물의 회복

요한계시록 21장은 원래의 선으로 완전하게 회복된 창조세계에 대한 환
상이다. 요한계시록이 우리에게 주는 그림은 하늘에서 영적인 존재로
영원히 살기 위하여 갑자기 이 세상 밖으로 이동하는 모습이 **아니다**. 그

리스도인들 중에는 구원이 이 땅으로부터 인간의 영혼이 영원히 사는 영화된(spiritualized) 천국으로 탈출하는 것이라고 생각하는 사람들이 있는데 성경은 이 같은 생각을 지지하지 않는다. 대신 요한은 구원이 하나님의 창조세계가 **회복되는 것**, 곧 새(로워진) 땅임을 발견하고 우리에게 그것을 보여준다. 이것의 절정은 "새 예루살렘"(하나님의 성과 처소)이 "하나님께로부터 하늘에서 내려"(계 21:10)올 때 나타난다. 하나님의 구원을 받는 자들은 죄와 그것의 영향으로부터 자유로운 새로워진 창조세계 안에서 부활한 몸을 입고 살게 될 것이다. 이것은 그리스도의 제자들이 이미 맛보아 즐거워했던 하나님 나라다.

(파괴와 재건이 아니라) 창조세계의 회복이라는 구원 개념은 우리가 아는 세상과 다가올 세상 사이의 중요한 연속성을 암시한다. 현재의 삶과 드러나게 될 삶 사이에는 연속성과 비연속성이 모두 존재할 것이다. 상당 부분은 우리에게 익숙할 것이고 일부는 낯설 것이다.

창조세계의 회복은 포괄적일 것이다. 이는 창조세계 **전체**의 문맥 안에서 인간 생명의 **전체**가 회복된다는 뜻이다. 미래에 대한 우리의 견해는 너무나도 자주 사람들이 자신들의 삶을 사는 온전한 창조적·관계적 맥락을 벗어나 오직 개인의 구원만을 강조해왔다. 성경 이야기 전체가 "나"를 중심으로 돌아가는 것이다. 하지만 요한계시록의 환상, 사실상 성경 전체의 이야기는 우리로 하여금 온전함으로 회복된 창조세계에 대한 희망을 품고 앞을 바라보도록 한다. 창조세계의 모든 양상은 지금까지 그것을 위해 하나님이 의도해오신 대로 돌아갈 것이다. 그 영광스러운 온전함과 완벽한 완전함 가운데 우리를 위한 자리가 있다.

　사람은 하나님이 지으신 세상 속에서 하나님과 즐겁게 교제하도록 창조되었다. 아담과 하와를 유혹해 하나님께 반역하도록 한 사탄은 하나님의 계획을 망가뜨리고자 했고 지금 죄와 죄의 영향이 모든 창조세계에 닿은 범위만큼 성공을 거두었다. 하지만 하나님이 죄와 죄의 파괴적인 결과를 다루고자 작정하셨을 때 그분의 계획은 자신의 선한 창조세계의 **원수**를 파괴하는 것이었지, 창조세계 자체를 파괴하는 것이 아니었다. 자신이 "심히 좋"게 창조하신 것을 파괴한다면 그것은 사탄에게 놀라운 승리를 허용하는 것이다. 대신 성경의 이야기는 회복케 하시는 하나님의 역사가 사탄의 **모든** "장난"을 완전히 되돌리는 결론을 향하여 나아간다. 하나님은 쓸모없는 것들을 만들지 않으시고 자신이 만드신 것을 쓸모없이 내버리지 않으신다.

　말씀 곳곳에서 하나님 나라는 **우주적** 회복이 일어나는 장소와 시간으로 묘사된다. 구약의 예언에서 하나님은 "보라, 내가 새 하늘과 새 땅을 창조하나니"(사 65:17; 참조. 벧후 3:13; 계 21:1-5)라고 말씀하신다. 예수는 "세상이 새롭게"(마 19:28) 될 것을 약속하신다. 그분이 십자가에서 죄를 정복하시고 사망 자체를 이기시며 무덤에서 살아나신 이후 베드로는 예루살렘에서 복음을 선포하며 이렇게 이야기한다. "하나님이 영원 전부터 거룩한 선지자들의 입을 통하여 말씀하신 바 **만물을 회복하실** 때까지는 하늘이 마땅히 그[예수]를 받아 두리라"(행 3:21). 바울 또한 하나님의 구속 역사의 보편적 범주를 강조한다. "아버지께서는 모든 충만으로 예수 안에 거하게 하시고 그의 십자가의 피로 **화평을 이루사 만물** 곧 땅에 있는 것들이나 하늘에 있는 것들이 그로 말미암아 자기와 화목하게 되기를 기뻐하심이라"(골 1:19-20). 에덴 이후 창조세계 안에 죄의 영향이 닿지 않는 곳이 없는 것처럼 십자가에서 그리스도가 승리하신 이후 하나님의 회복이 닿지 않는 곳은 없을 것이다.

한 가지 예로 하나님의 구속 사역의 포괄적 범주는 인간 생명의 맥락을 형성하는 인간 이외의 창조세계가 하나님이 이제까지 의도하셨던 대로 회복될 것을 의미한다(사 65:17-25). 바울은 인류가 죄로 타락하면서 찾아온 비참함에 인간 이외의 창조세계가 오랫동안 동참해왔고 이제는 다가올 새로워짐을 고대하고 있다고 말한다(롬 8:19-21).

또한 포괄적 구속은 인간의 문화적 개발과 작업이 지속될 것을 의미하기도 한다. 역사의 문화적 성취는 정화되어 새로운 땅 위로 다시 등장할 것이다(계 21:24-26). 인류는 계속해서 창조세계를 가꾸고 개발할 기회를 얻을 텐데, 이때에는 청기지들과 이 땅 모두가 죄의 짐으로부터 자유할 것이다.

따라서 우리는 여기서도 이야기의 마지막에 도달하지 못한다. 온 세상에 대한 하나님의 참된 이야기는 영원토록 지속될 텐데, 이 이야기를 들려주시는 분이 영원한 사랑의 하나님이시기 때문이다.

내가 속히 오리니!

요한계시록 21장과 22장의 놀라운 심상은 우리의 시선을 역사의 마지막과 창조세계 전체의 회복으로 인도한다. 요한은 자신의 책을 "보라, 내가 속히 오리니"(계 22:7, 12, 20에서 세 번 반복)라는 예수의 약속으로 마무리한다. 그는 독자들에게 믿음 안에서 굳게 서 있기를 권면하고 하나님 나라 밖에 있는 자들에게는 들어와 그것의 일부가 되기를 경고하며 요한의 환상을 통해 드러난 하나님의 구원을 "갈망하는" 자들에게는 자유롭게 와서 그 생명의 물을 마시기를 초청한다. 예수를 믿고 소망하는 모든 이들은 사도 요한이 그랬던 것처럼 이렇게 소리치며 반응할 것이다. "아멘. 주 예수여, 오시옵소서."

· · · · · · · · · ·
이야기 안에서 우리의 자리를 찾다

1. 다음의 문장을 논의해보세요. "어떤 그리스도인들은 우리의 영혼이 천국에서 영원히 살 것이라고 믿습니다. 하지만 이것은 신약의 가르침이 아닙니다."
2. 죄와 저주의 왜곡하는 영향이 없는 이 세상은 어떤 모습일까요? 스포츠, 기술, 일, 예술, 기업의 영역에서 어떠한 변화가 있을지를 논의해보세요.

온 세상에 대한 참된 이야기

성경 드라마 안에서 당신의 자리를 찾다

Copyright ⓒ 새물결플러스 2024

1쇄 발행 2024년 3월 13일

지은이 마이클 W. 고힌 / 크레이그 G. 바르톨로뮤
옮긴이 장혜영
펴낸이 김요한
펴낸곳 새물결플러스

편 집 왕희광 정인철 노재현 이형일 나유영 노동래
디자인 황진주 김은경
마케팅 박성민
총 무 김명화 이성순
영 상 최정호 곽상원
아카데미 차상희

홈페이지 www.holywaveplus.com
이메일 hwpbooks@hwpbooks.com
출판등록 2008년 8월 21일 제2008-24호
주 소 (우) 04114 서울특별시 마포구 신촌로28가길 29
전 화 02) 2652-3161
팩 스 02) 2652-3191

ISBN 979-11-6129-274-8 03230

책값은 뒤표지에 있습니다.